Deutsches Nahrungsmittelrecht

für

Juristen, Mediziner, Chemiker und Gewerbetreibendee

von

Dr. Georg Lebbin, und **Dr. Georg Baum,**
Öffentlich angestelltem und beeidigtem Chemiker im Bezirke der Handelskammer
Rechtsanwalt am Kammergericht
zu Berlin.

Zweiter Teil.

Berlin 1907.
J. Guttentag, Verlagsbuchhandlung,
G. m. b. H.

Amtliche Untersuchungsmethoden

für Chemiker.

Zusammengestellt

von

Dr. Georg Lebbin,
Öffentlich angestelltem und vereidigtem Chemiker
im Bezirk der Berliner Handelskammer.

Berlin 1907.
J. Guttentag, Verlagsbuchhandlung,
G. m. b. H.

Vorwort.

Die hier zusammengetragenen amtlichen Untersuchungsvorschriften enthalten alle in Anlehnung an die Nahrungsmittelgesetzgebung von seiten der Reichsregierung festgesetzten Methoden. Daneben sind diejenigen Vorschriften berücksichtigt, welche im Interesse der Zoll- und Steuerbehörden erlassen wurden, soweit sie in den Rahmen der Nahrungsmitteluntersuchung gehören bezw. den mit steueramtlichen Untersuchungen betrauten Chemikern obzuliegen pflegen. Diese Methoden haben zum Teil nur wenig Eingang in die Handbücher gefunden, so daß die vorliegende Zusammenstellung eine willkommene Ergänzung der analytischen Literatur für alle Laboratorien bedeuten dürfte, umsomehr als eine vollständige Zusammenstellung dieser Methoden, soweit bekannt, bisher auch von anderer Seite noch nicht gegeben worden ist.

Deshalb kann der vorliegende Band auch als Ergänzung zu den im Kaiserlichen Gesundheitsamte von einer besonders einberufenen Kommission ausgearbeiteten „Vereinbarungen zur einheitlichen Untersuchung und Beurteilung von Nahrungs- und Genußmitteln sowie Gebrauchsgegenständen für das Deutsche Reich“ sowohl als auch zu der in der Guttentagschen Sammlung deutscher Reichsgesetze unter Nr. 54 erschienenen Ausgabe „Die Reichsgesetzgebung über den Verkehr mit Nahrungsmitteln, Genußmitteln und Gebrauchsgegenständen“ angesehen werden.

Um einem vorzeitigen Veralten vorzubeugen, hat sich die Verlagsbuchhandlung bereit erklärt, das Werkchen durch Herausgabe von erforderlich werdenden Nachträgen bezw. Deckblättern vollständig zu erhalten.

Ein ausführliches Schlagwortverzeichnis soll die Benutzung erleichtern.

Dr. Lebbin.

Inhaltsverzeichnis.

III. Zubereitete Fette.

IV Olivenöl.

VIII. Alkohol, alkoholische Flüssigkeiten und deren Denaturierungsmittel.

XI. Kakao und Kakaowaren.

XII. Mehl.

I. Fleisch.

Ausführungsbestimmungen zu dem Gesetze betr. die Schlachtvieh- und Fleischbeschau vom 3. Juni 1900 (RGBl. S. 547). Vom 30. Mai 1902. (Beilage zum Zentralblatt f. d. Deutsche Reich. Nr. 22.)

Grundsätze für die gesundheitliche Untersuchung des in das Zollinland eingehenden Fleisches.

§ 11. (3) Die chemischen Untersuchungen sind von einem besonders hierzu verpflichteten Nahrungsmittel-Chemiker, und nur wenn ein solcher nicht zur Verfügung steht, von einem in der Chemie hinreichend erfahrenen anderen Sachverständigen vorzunehmen. Die Vorprüfung der Fette ist von dem Chemiker oder dem Fleischbeschauer vorzunehmen. Ausnahmsweise können hiermit andere Personen, welche genügende Kenntnisse nachgewiesen haben, betraut werden.

§ 12. (1) Die Untersuchung des Fleisches hat sich insbesondere auf die in §§ 13 bis 15 aufgeführten Punkte zu erstrecken.

(2) Sie ist bei frischem Fleische an jedem einzelnen Tierkörper, bei zubereitetem Fleische, und zwar bei Därmen und Fetten an den einzelnen Packstücken, im übrigen an den einzelnen Fleischstücken vorzunehmen, soweit nicht eine Beschränkung der Untersuchung auf Stichproben nach den Bestimmungen des folgenden Absatzes zulässig ist.

(3) Bei Sendungen von zubereitetem Fleische kann die Untersuchung auf Stichproben beschränkt werden, und zwar bei Fett und Därmen die gesamte Prüfung, bei sonstigem Fleische die Prüfung auf die im § 14 Abs. 1 unter b bis d bezeichneten Punkte. Die Beschränkung der Untersuchung auf Stichproben ist jedoch nur insoweit zulässig, als die Sendung nach Inhalt der Begleitpapiere (Rechnungen, Frachtbriefe, Konnossemente, Ladescheine u. dgl.) eine bestimmte gleichartige, aus derselben Fabrikation

stammende Ware enthält, die auch äußerlich nach der Art der Verpackung und Kennzeichnung als gleichartig angesehen werden kann. Die Auswahl der Stichproben erfolgt nach den Bestimmungen im § 14 Abs. 4 und § 15 Abs. 5.

(4) Führt die Untersuchung bei einer Stichprobe zu einer Beanstandung, so ist sie in Bezug auf den Beanstandungsgrund bei Därmen und Fett an der Gesamtheit der Packstücke, im übrigen an jedem einzelnen Fleischstücke der ganzen Sendung auszuführen, insoweit nicht eine unschädliche Beseitigung (§ 19 Abs. 1 unter I) oder eine Zurückweisung (§ 19 Abs. 1 unter II, § 21 Abs. 3) oder eine freiwillige Zurückziehung (nachstehender Abs. 6) erfolgt.

§ 13. (1) Bei frischem Fleische ist zu prüfen:

a) ob es den Angaben in den Begleitpapieren entspricht;
b) ob es unter die Verbote im § 5 fällt;
c) ob es den Bestimmungen im § 6 entspricht;
d) ob es in gesundheits- oder veterinärpolizeilicher Beziehung zu Bedenken Anlaß gibt. Insbesondere ist Schweinefleisch auf Trichinen zu untersuchen.

(2) Eine chemische Untersuchung des frischen Fleisches hat stattzufinden, wenn der Verdacht vorliegt, daß es mit einem der im § 5 Nr. 3 aufgeführten Stoffe behandelt worden ist.

Anweisung für die Probeentnahme zur chemischen Untersuchung von Fleisch.

(Vgl. §§ 11 bis 14 und 16 der Ausführungsbestimmungen D.)

Die Probeentnahme geschieht, soweit angängig, durch den mit der Untersuchung betrauten Chemiker, sonst durch den als Beschauer bestellten approbierten Tierarzt.

I. Die Auswahl der Proben geschieht nach folgenden Grundsätzen:

1. Bei frischem Fleische (§ 13 Abs. 2 der Ausführungsbestimmungen D):

Es ist von jedem verdächtigen Tierkörper eine Durchschnittsprobe in der Weise zu entnehmen, daß an mehreren (etwa 3 bis 5) Stellen Proben im Gesamtgewichte von etwa 500 g abgetrennt werden. Die einzelnen Proben sind möglichst der Außenseite in Form dicker Muskelstücke an saftigen Stellen des Tierkörpers zu entnehmen.

2. Bei zubereitetem Fleische:

a) Zur Feststellung, ob dem Verbote des § 5 Nr. 2 der Ausführungsbestimmungen D zuwider Pferdefleisch unter falscher Bezeichnung einzuführen versucht wird, ist aus jedem verdächtigen Fleischstück eine Durchschnittsprobe im Gesamtgewichte von 500 g zu entnehmen, wobei möglichst Stellen mit fetthaltigem Bindegewebe auszusuchen sind.

b) Zur Untersuchung, ob das Fleisch mit einem der im § 5 Nr. 3 der Ausführungsbestimmungen D verbotenen Stoffe behandelt worden ist, sind die Proben nach folgenden Grundsätzen zu entnehmen:

α) Durchschnittsproben im Gesamtgewichte von 500 g sind zu entnehmen:

Bei Sendungen von Schinken unter 10 Stück und bei Sendungen von Speck nur aus etwaigen verdächtigen Stücken, bei Sendungen von Därmen nur aus etwaigen verdächtigen Packstücken; bei allen sonstigen Sendungen, sofern sie gleichartig im Sinne des § 12 Abs. 3 der Ausführungsbestimmungen D sind, aus den nach den Grundsätzen des § 14 Abs. 4 ebenda auszuwählenden Fleischstücken und, sofern die Sendungen nicht gleichartig sind, aus jedem einzelnen Fleischstücke.

Führt die chemische Untersuchung auch nur bei einer Probe aus einer gleichartigen Sendung zu einer Beanstandung, so sind Proben aus allen Fleisch- bezw. Packstücken dieser Sendung zu entnehmen (vgl. § 12 Abs. 4, 5 und 6 ebenda).

Die Durchschnittsprobe ist, abgesehen von Därmen, so auszuwählen, daß neben möglichst großen Flächen der Außenseite auch tiefere Fleisch- oder Fettschichten mitgenommen werden.

Sind an der Außenseite Anzeichen von Konservierungsmitteln wahrnehmbar, so sind diese Stellen bei der Probeentnahme zu berücksichtigen.

β) Bei Fleisch, welches von Pökellake eingeschlossen ist oder äußerlich die Anwendung von Konservesalz erkennen läßt, wird außerdem eine Probe der Lake (mindestens 200 ccm) oder, wenn möglich des Salzes (bis zu 50 g) entnommen.

II. Die weitere Behandlung der Proben geschieht nach folgenden Grundsätzen:

1. Die Proben sind dergestalt zu kennzeichnen, daß ohne weiteres festgestellt werden kann, aus welchen Packstücken sie entnommen wurden.

2. In einem besonderen Schriftstücke sind genaue Angaben zu machen über die Herkunft und Abstammung des Fleisches sowie über den Umfang der Sendung, der die Proben entnommen wurden. Werden bei der Probenentnahme besondere Beobachtungen gemacht, welche vermuten lassen, daß das Fleisch unter das Verbot im § 5 Nr. 2 und 3 der Ausführungsbestimmungen D fällt, oder wurde die Probeentnahme auf Grund der-

artiger Beobachtungen veranlaßt, so ist eine Angabe hierüber gleichfalls in das Schriftstück aufzunehmen. Bei gesalzenem Fleische ist zugleich anzugeben, ob dasselbe in Pökellake oder Konservesalz eingehüllt lag.

3. Zur Verpackung sind sorgfältig gereinigte und gut verschlossene Gefäße aus Porzellan, Steingut, glasiertem Ton oder Glas zu verwenden; in Ermangelung solcher Gefäße dürfen auch Umhüllungen von starkem Pergamentpapier zur Verwendung gelangen.

4. Die Aufbewahrung oder Versendung der Pökellake erfolgt in gut gereinigten, dann getrockneten und mit neuen Korken versehenen Flaschen aus farblosem Glase.

5. Konservesalz wird ebenfalls in Glasgefäßen aufbewahrt und verschickt.

6. Die Proben sind, sofern nicht ihre Beseitigung infolge Verderbens notwendig wird, so lange in geeigneter Weise aufzubewahren, bis die Entscheidung über die zugehörige Sendung getroffen ist.

Anweisung für die chemische Untersuchung von Fleisch.

Die chemische Untersuchung von Fleisch wird nach dem ersten Abschnitte dieser Bestimmungen ausgeführt.

Erster Abschnitt.

Untersuchung von Fleisch.

(Vgl. §§ 11 bis 14 und 16 der Ausführungsbestimmungen D.)

Proben, bei denen ein bestimmter Verdacht vorliegt, sind zunächst auf den Verdachtsgrund zu untersuchen.

I.

Bei der Untersuchung auf Grund von § 5 Nr. 2 der Ausführungsbestimmungen D kommt für die chemische Untersuchung zur Zeit lediglich der Nachweis von Pferdefleisch in Frage. Dieser ist in der Regel nach den folgenden Verfahren unter 1 und 2 zu erbringen. Für den Fall, daß nach diesen beiden Verfahren einander widersprechende Ergebnisse erhalten werden, ist nach dem Verfahren unter 3 weiter zu untersuchen. Das Ergebnis des letzteren gibt dann den Ausschlag.

1. Verfahren, welches auf der Bestimmung des Brechungsvermögens des Pferdefetts beruht.

Aus Stücken von 50 g möglichst mit fetthaltigem Bindegewebe durchsetztem Fleische wird das Fett durch Ausschmelzen bei 100° oder, falls dies nicht möglich ist, nach dem Trocknen des Fleisches durch Ausziehen mit Petroleumäther gewonnen und im Butterrefraktometer der Firma Carl Zeiß, optische Werkstatt in Jena (s. die Anweisung zur chemischen

Untersuchung von Fetten und Käsen, Zentral-Blatt für das Deutsche Reich 1898 S. 201 ff.) bei 40° geprüft. Wenn die erhaltene Refraktometerzahl den Wert 51,5 übersteigt, so ist auf die Gegenwart von Pferdefleisch zu schließen.

2. Verfahren, welches auf der Bestimmung des Glykogens beruht.

Diese Bestimmung zerfällt in 3 Teile.

a) Bestimmung des Glykogens.

Man bringt 50 g von anhaftendem Fett möglichst befreites, zerhacktes Fleisch in 200 ccm kochendes Wasser und erhält es in einer Porzellanschale eine halbe Stunde unter Ersatz des verdampfenden Wassers im Sieden. Dann gießt man die Flüssigkeit vorsichtig ab, zerreibt den Rückstand ohne Verlust in einer großen Porzellanreibschale möglichst fein, bringt ihn in die Flüssigkeit zurück, fügt 2 g Kaliumhydroxyd hinzu und läßt auf dem Wasserbade eindunsten, bis die Flüssigkeitsmenge 100 ccm beträgt. Wenn noch nicht alles gelöst oder auf der Oberfläche eine Haut vorhanden ist, bringt man den Inhalt der Schale in ein Becherglas und erhitzt bei aufgelegtem Uhrglase, bis vollständige Lösung erfolgt ist. Man muß hierzu 4 bis 8 Stunden erhitzen. Nach dem Erkalten neutralisiert man mit Salzsäure und setzt abwechselnd tropfenweise Salzsäure und Kaliumquecksilberjodidlösung (Brücke'sches Reagens)[1]) hinzu. In dem reichlichen, flockigen Niederschlag ist alles Eiweiß (Pepton ꝛc.) enthalten. Man filtriert den Niederschlag ab,[2]) nimmt ihn noch feucht vom Filter, rührt ihn in einer Schale mit Wasser, dem einige Tropfen Salzsäure und Kaliumquecksilberjodidlösung zugesetzt sind, zu einem dünnen Brei an und bringt ihn nochmals auf das Filter. Diese Behandlung muß viermal wiederholt werden. Man fügt zu den vereinigten Filtraten unter Umrühren die doppelte Raummenge 96 prozentigen Alkohol, läßt 12 Stunden absetzen und filtriert. Den

[1]) Zu einer 5 bis 10 prozentigen Kaliumjodidlösung wird unter Erwärmen und Umrühren so lange Quecksilberjodid gesetzt, bis ein Teil desselben ungelöst bleibt und die Lösung nach dem Erkalten abfiltriert.

[2]) Es kommt zuweilen vor, daß die letzten Teile des Eiweißniederschlags sich nicht abscheiden, sondern in Form einer milchigen Trübung in Lösung bleiben. In diesem Falle versetzt man die Flüssigkeit mit der doppelten Raummenge 96 bis 98 prozentigem Alkohol, läßt stehen, bis sich der Niederschlag vollkommen abgesetzt hat, und hebt den Alkohol ab oder trennt ihn vom Niederschlage durch Filtration. Man löst den Niederschlag in 2 prozentiger Kalilauge, neutralisiert und fällt von neuem mit Salzsäure und Kaliumquecksilberjodidlösung, so lange noch ein Niederschlag entsteht. Jetzt gelingt die vollkommene Fällung stets.

Niederschlag löst man in wenig warmem Wasser, versetzt nach dem Erkalten mit einigen Tropfen Salzsäure und Kaliumquecksilberjodidlösung, um Spuren von Eiweiß zu entfernen, filtriert und fällt das Filtrat wieder mit Alkohol. Das Glykogen wird auf gewogenem Filter gesammelt, zunächst mit Alkohol, darauf mit Äther, zuletzt nochmals mit absolutem Alkohol gewaschen, bei 110° getrocknet und gewogen.

Das so dargestellte Glykogen muß folgende Eigenschaften besitzen:

1. es muß ein amorphes, weißes Pulver sein,
2. die wässerige Lösung muß eine starke weiße Opaleszenz zeigen,
3. diese Lösung muß mit Jod eine burgunderrote Färbung geben,
4. die Lösung darf Fehling'sche Lösung nicht reduzieren und weder Stickstoff noch Asche enthalten.

b) Bestimmung des Zuckers (Traubenzucker).

100 g von anhaftendem Fette möglichst befreites, fein zerhacktes Fleisch werden mit der fünffachen Menge destilliertem Wasser 2 Minuten gekocht und die Masse dann durch ein Koliertuch filtriert. Der auf dem Tuche verbleibende Rückstand wird gut ausgepreßt, in einer Reibschale gründlich verrieben, darauf noch zweimal mit geringeren Mengen Wasser ausgekocht und weiter wie vorstehend behandelt. Nachdem man den schließlich verbliebenen Rückstand gut ausgepreßt hat, dampft man die vereinigten Filtrate auf dem Wasserbade auf weniger als 100 ccm ein und filtriert darauf durch gewöhnliches Filtrierpapier. Das klare Filtrat wird mit Natronlauge schwach alkalisch gemacht und auf 150 ccm aufgefüllt. In einem abgemessenen Teile dieser Lösung wird der Traubenzucker unter sinngemäßer Anwendung des Verfahrens unter I 1 a der Anlage B der Ausführungsbestimmungen zum Zuckersteuergesetze vom 27. Mai 1896 bestimmt (Zentral-Blatt für das Deutsche Reich 1896 S. 264). (S. im Kapitel X dieser Zusammenstellung.)

c) Bestimmung der fettfreien Trockensubstanz.

Man bringt 2 g der zu untersuchenden Probe in eine Mischung von Alkohol und Äther, läßt ½ Stunde darin stehen, filtriert und wäscht mit Äther nach. Der Rückstand wird auf 100° erwärmt, wiederum mit Äther gewaschen, bei 110° getrocknet und gewogen. Der so erhaltene Rückstand ist fettfreie Trockensubstanz.

Die gefundene Glykogenmenge wird auf Traubenzucker umgerechnet[1]) und diese Zahl zu der gefundenen Menge Traubenzucker zugezählt. Die so erhaltene Summe darf 1% der fettfreien Trockensubstanz der Fleisch-

[1]) 162 Teile Glykogen entsprechen 180 Teilen Traubenzucker oder 10 Glykogen 11 Traubenzucker. Also erhält man durch Multiplikation der Glykogenmenge mit 1,11 die entsprechende Traubenzuckermenge.

waren nicht übersteigen. Andrenfalles ist anzunehmen, das Pferdefleisch vorliegt.

3. Verfahren, welches auf der Bestimmungen der Jodzahl beruht.

Dieses Verfahren beruht auf der Prüfung des zwischen den Muskelfasern abgelagerten Fettes. Aus Stücken von 100 bis 200 g möglichst mit fetthaltigem Bindegewebe durchsetztem Fleische wird das Fett in der gleichen Weise wie beim Verfahren unter 1 gewonnen und seine Jodzahl nach der im zweiten Abschnitt unter III gegebenen Anweisung bestimmt. Unter den vorliegenden Umständen ist die Anwesenheit von Pferdefleisch als erwiesen anzusehen, wenn die Jodzahl des Fettes 70 und mehr beträgt.

II.

Bei der Untersuchung auf verbotene Zusätze (§ 5 Nr. 3 der Ausführungsbestimmungen D) ist nach der folgenden Anweisung zu verfahren:

Liegt ein Anhalt dafür vor, daß ein bestimmter verbotener Stoff zugesetzt worden ist, so ist zunächst auf diesen zu untersuchen. Im übrigen ist auf die nachstehend unter 1 angeführten Stoffe in allen Fällen zu untersuchen. Verläuft diese Untersuchung ergebnislos, so ist mindestens noch auf einen der übrigen Stoffe je nach Lage des Falles zu prüfen.

Wird einer der genannten Stoffe gefunden, so braucht auf die übrigen nicht weiter untersucht zu werden.

Für die Untersuchung werden etwa 200 g jeder Durchschnittsprobe möglichst fein zerkleinert, gut durchgemischt und von der Mischung die angegebenen Mengen für die Einzelprüfungen verwendet.

Bei Untersuchungen von Pökellake und von Konservesalz finden die unten angegebenen Vorschriften sinngemäße Anwendung. Die Untersuchung der Lake und des Konservesalzes hat derjenigen des Fleisches voranzugehen.

1. Nachweis von Borsäure und deren Salzen.

Der Nachweis der Borsäure oder deren Salze in der Fleischmasse wird in folgender Weise ausgeführt:

30 g der zerkleinerten Fleischmasse werden in einer Platinschale mit 5 ccm einer gesättigten Natriumkarbonatlösung gut durchgemischt, getrocknet und verascht. Die erhaltene Asche wird in wenig Salzsäure gelöst und mit letzterer ein Streifen Kurkumapapier befeuchtet, den man auf einem Uhrglase bei 100° trocknet. — Entsteht hierbei auf dem

Kurkumapapier an der benutzten Stelle eine rote Färbung, die durch Auftragen eines Tropfens Natriumkarbonatlösung in Blau übergeht, so ist Borsäure nachgewiesen. Der übrige Teil der alkalisch gemachten Aschenlöschung wird eingedampft, der Rückstand mit Salzsäure schwach angesäuert, die Flüssigkeit in eine Woulff'sche Flasche gebracht, mit Methylalkohol versetzt, Wasserstoff durchgeleitet und letzterer angezündet; bei Gegenwart von Borsäure brennt er mit grün gesäumter Flamme.

2. Nachweis von Formaldehyd.

30 g der zerkleinerten Fleischmasse werden in einem Kolben von etwa 500 ccm Inhalt mit einer Mischung von 200 ccm Wasser und 10 ccm einer wässerigen 25 prozentigen Lösung von Phosphorsäure übergossen. Von dem Gemenge destilliert man nach halbstündigem Stehen etwa 40 ccm ab. 10 ccm des Destillats werden mit 1 ccm einer durch schweflige Säure entfärbten Fuchsinlösung vermischt. Die Anwesenheit von Formaldehyd bewirkt Rotfärbung. Tritt letztere nicht ein, so bedarf es einer weiteren Prüfung nicht. Im anderen Falle wird der Rest des Destillats mit Ammoniakflüssigkeit im Überschusse versetzt und eingedampft. Bei Gegenwart von Formaldehyd hinterbleiben charakteristische Kristalle von Hexamethylentetramin. Diese werden in ein paar Tropfen Wasser gelöst, von der Lösung je ein Tropfen auf einen Objektträger gebracht und mit den beiden folgenden Reagentien geprüft:

1. mit Quecksilberchlorid im Überschusse. Es entsteht hierbei sofort ein regulärer krystallinischer Niederschlag; bald sieht man drei- und mehrstrahlige Sterne, später Oktaëder. Letztere entstehen in großer Menge bei einer Konzentration von 1 : 10000, aber auch noch sehr deutlich bei 1 : 100000.

2. mit Kaliumquecksilberjodid und ein wenig verdünnter Salzsäure. Es bilden sich hexagonale, sechsseitige, hellgelb gefärbte Sterne; bei einer Konzentration von 1 : 10000 noch sehr deutlich.

Die Gegenwart von Formaldehyd darf als erwiesen nur betrachtet werden, wenn der erhaltene kristallinische Rückstand die beiden vorstehend beschriebenen Reaktionen zeigt.

3. Nachweis von schwefliger Säure und deren Salzen und von unterschwefligsauren Salzen.

a) 30 g der zerkleinerten Fleischmasse werden mit 200 ccm ausgekochtem Wasser in einem Destillierkolben von etwa 500 ccm Inhalt unter Zusatz von Natriumkarbonatlösung bis zur schwach alkalischen Reaktion angerührt. Nach einstündigem Stehen wird der Kolben mit einem zweimal durchbohrten Stopfen verschlossen, durch welchen zwei Glasröhren in das

Innere des Kolbens führen. Die erste Röhre reicht bis auf den Boden des Kolbens, die zweite nur bis in den Hals. Die letztere Röhre führt zu einem Liebig'schen Kühler: an diesen schließt sich luftdicht mittelst durchbohrten Stopfens eine kugelig aufgeblasene U-Röhre (sogenannte Peligot'sche Röhre).

Man leitet durch das bis auf den Boden des Kolbens führende Rohr Kohlensäure, bis alle Luft aus dem Apparate verdrängt ist, bringt dann in die Peligot'sche Röhre 50 ccm Jodlösung (erhalten durch Auflösen von 5 g reinem Jod und 7,5 g Kaliumjodid in Wasser zu 1 Liter), lüftet den Stopfen des Destillierkolbens und läßt, ohne das Einströmen der Kohlensäure zu unterbrechen, 10 ccm einer wässerigen 25 prozentigen Lösung von Phosphorsäure einfließen. Alsdann schließt man den Stopfen wieder, erhitzt den Kolbeninhalt vorsichtig und destilliert unter stetigem Durchleiten von Kohlensäure die Hälfte der wässerigen Lösung ab. Man bringt nunmehr die Jodlösung, die noch braun gefärbt sein muß, in ein Becherglas, spült die Peligot'sche Röhre gut mit Wasser aus, setzt etwas Salzsäure zu, erhitzt das Ganze kurze Zeit und fällt die durch Oxydation der schwefligen Säure entstandene Schwefelsäure mit Baryumchloridlösung (1 Teil krystallisiertes Baryumchlorid in 10 Teilen destilliertem Wasser gelöst). Im vorliegenden Falle ist eine Wägung des so erhaltenen Baryumsulfats nicht unbedingt erforderlich. Liegt jedoch ein besonderer Anlaß vor, den Niederschlag zur Wägung zu bringen, so läßt man ihn absetzen und prüft durch Zusatz eines Tropfens Baryumchloridlösung zu der über dem Niederschlage stehenden klaren Flüssigkeit, ob die Schwefelsäure vollständig ausgefällt ist. Hierauf kocht man das Ganze nochmals auf, läßt dasselbe 6 Stunden in der Wärme stehen, gießt die klare Flüssigkeit durch ein Filter von bekanntem Aschengehalte, wäscht den im Becherglase zurückbleibenden Niederschlag wiederholt mit heißem Wasser aus, indem man jedesmal absetzen läßt und die klare Flüssigkeit durch das Filter gießt, bringt zuletzt den Niederschlag auf das Filter und wäscht so lange mit heißem Wasser, bis das Filtrat mit Silbernitrat keine Trübung mehr erzeugt. Filter und Niederschlag werden getrocknet, in einem gewogenen Platintiegel verascht und geglüht; hierauf befeuchtet man den Tiegelinhalt mit wenig Schwefelsäure, raucht letztere ab, glüht schwach, läßt im Exsikkator erkalten und wägt.

Lieferte die Prüfung ein positives Ergebnis, so ist als erwiesen anzusehen, daß entweder schweflige Säure, schwefligsaure oder unterschwefligsaure Salze angewendet sind. Liegt ein Anlaß vor, festzustellen, ob die schweflige Säure unterschwefligsauren Salzen entstammt, so ist in folgender Weise zu verfahren:

b) 50 g der zerkleinerten Fleischmasse werden mit 200 ccm Wasser und Natriumkarbonatlösung bis zur schwach alkalischen Reaktion unter wiederholtem Umrühren in einem Becherglase eine Stunde ausgelaugt. Nach dem Abpressen der Fleischteile wird der Auszug filtriert, mit Salzsäure stark angesäuert und unter Zusatz von 5 g reinem Natriumchlorid aufgekocht. Der erhaltene Niederschlag wird abfiltriert und so lange ausgewaschen, bis im Waschwasser weder schweflige Säure noch Schwefelsäure nachweisbar sind. Alsdann löst man den Niederschlag in 25 ccm 5prozentiger Natronlauge, fügt 50 ccm gesättigtes Bromwasser hinzu und erhitzt bis zum Sieden. Nunmehr wird mit Salzsäure angesäuert und filtriert. Das vollkommen klare Filtrat gibt bei Gegenwart von unterschwefligsauren Salzen im Fleische auf Zusatz von Barhumchloridlösung sofort eine Fällung von Baryrumsulfat.

4. Nachweis von Fluorwasserstoff und dessen Salzen.

25 g der zerkleinerten Fleischmasse werden in einer Platinschale mit einer hinreichenden Menge Kalkmilch durchgeknetet. Alsdann trocknet man ein, verascht und gibt den Rückstand nach dem Zerreiben in einen Platintiegel, befeuchtet das Pulver mit etwa drei Tropfen Wasser und fügt 1 ccm konzentrierte Schwefelsäure hinzu. Sofort nach dem Zusatze der Schwefelsäure wird der behufs Erhitzens auf eine Asbestplatte gestellte Platintiegel mit einem großen Uhrglase bedeckt, das auf der Unterseite in bekannter Weise mit Wachs überzogen und beschrieben ist. Um das Schmelzen des Wachses zu verhüten, wird in das Uhrglas ein Stückchen Eis gelegt.

Der Nachweis von Flourwasserstoff ist als erbracht anzusehen, sobald das Glas sich an den beschriebenen Stellen angeätzt zeigt.

5. Nachweis von Salizylsäure und deren Salzen.

50 g der zerkleinerten Fleischmasse werden mit 200 ccm einer 1prozentigen Natriumkarbonatlösung zunächst eine Stunde kalt ausgelaugt, darauf zum Sieden erhitzt, mit Salzsäure angesäuert und nach Zusatz von 5 g Natriumchlorid abgepreßt und filtriert. Das Filtrat ist alsdann mit Natriumkarbonatlösung bis zur schwach alkalischen Reaktion zu versetzen, auf 30 ccm einzuengen und nötigenfalls nochmals zu filtrieren. Die mit Schwefelsäure angesäuerte Flüssigkeit wird mit Eisenchloridlösung versetzt. Eine Violettfärbung zeigt Salizylsäure an.

6. Chlorsaure Salze.

30 g der zerkleinerten Fleischmasse werden mit 100 ccm Wasser eine Stunde lang kalt ausgelaugt, alsdann bis zum Kochen erhitzt. Nach dem Erkalten wird die wässerige Flüssigkeit abfiltriert und mit Silbernitrat-

lösung im Überschuß versetzt. 50 ccm der von dem durch Silbernitrat entstandenen Niederschlag abfiltrierten klaren Flüssigkeit werden mit 2 ccm einer 10prozentigen Lösung von schwefligsaurem Natrium und 2 ccm konzentrierter Salpetersäure versetzt und hierauf bis zum Kochen erhitzt. Ein hierbei entstehender Niederschlag, der sich auf erneuten Zusatz von kochendem Wasser nicht löst und aus Chlorsilber besteht, zeigt die Gegenwart chlorsaurer Salze an.

7. Nachweis von Farbstoffen oder Farbstoffzubereitungen.

Je 20 g der zerkleinerten Fleischmassen werden:

a) mit 40 ccm einer schwach angesäuerten Mischung aus gleichen Teilen Glyzerin und Wasser,

b) mit 40 ccm einer wässerigen 4prozentigen Lösung von Natriumsalizylat in einem Becherglase ½ Stunde unter bisweiligem Umrühren im siedenden Wasserbade erhitzt; alsdann wird abgepreßt und klar filtriert. Ist das eine oder sind beide Filtrate rot gefärbt, so liegen künstlich zugesetzte Farbstoffe vor. Das Filtrat a läßt nach Übersättigung mit Ammoniakflüssigkeit und Zusatz von Alaunlösung bei mehrstündigem Stehen in einem Glaszylinder etwa vorhandenes Karmin durch einen rot gefärbten Bodensatz erkennen. Zum Nachweise von Teerfarbstoffen wird ein Faden aus ungebeizter Wolle mit einem Teile der gefärbten Auszüge und mit 10 ccm einer 10prozentigen Kaliumbisulfatlösung längere Zeit gekocht. Bei Gegenwart von Teerfarbstoffen wird der Faden rot gefärbt und behält die Färbung auch beim Auswaschen mit Wasser.

Schlußbericht.

Nach Beendigung der Untersuchung ist der Ausfall derselben dem zum Beschauer bestellten Tierarzt schriftlich mitzuteilen.

II. Butter, Margarine, Schmalz, Speisefette, Öle und Käse.

(Zentralbl. f. d. Deutsche Reich. 1898. Nr. 26. S. 201—216.)

Bekanntmachung,
betreffend
Vorschriften für die chemische Untersuchung von Fetten und Käsen.

Auf Grund des § 12 Ziffer 2 des Gesetzes, betreffend den Verkehr mit Butter, Käse, Schmalz und deren Ersatzmitteln, vom 15. Juni 1897 (Reichs-Gesetzbl. S. 475) hat der Bundesrat in seiner Sitzung vom 22. März d. J. die nachstehend abgedruckte Anweisung zur chemischen Untersuchung von Fetten und Käsen festgestellt.

Berlin, den 1. April 1898.

Der Reichskanzler.
In Vertretung: Graf v. Posadowsky.

Anweisung
zur chemischen Untersuchung von Fetten und Käsen.

I. Untersuchung von Butter.

A. Probenentnahme.

1. Die Entnahme der Proben hat an verschiedenen Stellen des Buttervorrats zu erfolgen, und zwar von der Oberfläche, vom Boden und aus der Mitte. Zweckmäßig bedient man sich dabei eines Stechbohrers aus Stahl. Die entnommene Menge soll nicht unter 100 g betragen.

2. Die einzelnen entnommenen Proben sind mit den Handelsbezeichnungen (z. B. Dauerbutter, Tafelbutter usw.) zu versehen.

3. Aufzubewahren und zu versenden ist die Probe in sorgfältig gereinigten Gefäßen von Porzellan, glasiertem Tone, Steingut (Salbentöpfe der Apotheker) oder von dunkel gefärbtem Glas, welche sofort möglichst luft- und lichtdicht zu verschließen sind. Papierumhüllungen sind zu vermeiden. Die Versendung geschehe ohne Verzug. Insbesondere für die Beurteilung eines Fettes auf Grund des Säuregrads ist jede Verzögerung, ungeeignete Aufbewahrung sowie Unreinlichkeit von Belang.

B. Ausführung der Untersuchung.

Die Auswahl der bei der Butteruntersuchung auszuführenden Bestimmungen richtet sich nach der Fragestellung. Handelt es sich um die Untersuchung einer Butter auf fremde Fette, so ist zunächst die Prüfung auf Sesamöl, die refraktometrische Prüfung und demnächst die Bestimmung der flüchtigen Fettsäuren auszuführen. Je nach dem Ausfalle dieser Bestimmungen kann die Anwendung anderer Prüfungsverfahren notwendig werden; die Wahl der Verfahren hat der Chemiker von Fall zu Fall unter Berücksichtigung der näheren Umstände vorzunehmen.

1. Bestimmung des Wassers.

5 g Butter, die von möglichst vielen Stellen des Stückes zu entnehmen sind, werden in einer mit gepulvertem, ausgeglühtem Bimssteine beschickten, tarierten flachen Nickelschale abgewogen, indem man mit einem blanken Messer dünne Scheiben der Butter über dem Schalenrand abstreift; hierbei ist für möglichst gleichförmige Verteilung Sorge zu tragen. Die Schale wird in einen Soxhletschen Trockenschrank mit Glyzerinfüllung oder einen Vakuumtrockenapparat gestellt. Nach einer halben Stunde wird die im Trockenschrank erfolgte Gewichtsabnahme festgestellt; fernere Gewichtskontrollen erfolgen nach je weiteren 10 Minuten, bis keine Gewichtsabnahme mehr zu bemerken ist; zu langes Trocknen ist zu vermeiden, da alsdann durch Oxydation des Fettes wieder Gewichtszunahme eintritt.

2. Bestimmung von Kaseïn, Milchzucker und Mineralbestandteilen.

5 bis 10 g Butter werden in einer Schale unter häufigem Umrühren etwa 6 Stunden im Trockenschranke bei 100° C. vom größten Teile des Wassers befreit; nach dem Erkalten wird das Fett mit etwas absolutem Alkohol und Äther gelöst, der Rückstand durch ein gewogenes Filter von

bekanntem geringem Aschengehalte filtriert und mit Äther hinreichend nachgewaschen.

Der getrocknete und gewogene Filterinhalt ergibt die Menge des wasserfreien Nichtfetts (Kaseïn + Milchzucker + Mineralbestandteile).

Zur Bestimmung der Mineralbestandteile wird das Filter samt Inhalt in einer Platinschale mit kleiner Flamme verkohlt. Die Kohle wird mit Wasser angefeuchtet, zerrieben und mit heißem Wasser wiederholt ausgewaschen; den wässerigen Auszug filtriert man durch ein kleines Filter von bekanntem geringem Aschengehalte. Nachdem die Kohle ausgelaugt ist, gibt man das Filterchen in die Platinschale zur Kohle, trocknet beide und verascht sie. Alsdann gibt man die filtrierte Lösung in die Platinschale zurück, verdampft sie nach Zusatz von etwas Ammoniumkarbonat zur Trockne, glüht ganz schwach, läßt im Exsikkator erkalten und wägt.

Zieht man den auf diese Weise ermittelten Gehalt an Mineralbestandteilen von der Gesamtmenge von Kaseïn + Milchzucker + Mineralbestandteilen ab, so erhält man die Menge des im wesentlichen aus Kaseïn und Milchzucker bestehenden „organischen Nichtfetts“.

Die Bestimmung des Chlors erfolgt entweder gewichtsanalytisch oder maßanalytisch in dem wässerigen Auszuge der Asche, beziehungsweise bei hohem Kochsalzgehalte der Asche in einem abgemessenen Teile des auf ein bestimmtes Volumen gebrachten Aschenauszugs nach folgenden Verfahren:

a) Gewichtsanalytisch.

Der wässerige Auszug der Asche oder ein abgemessener Teil derselben wird mit Salpetersäure angesäuert und das Chlor mit Silbernitratlösung gefällt. Der Niederschlag von Chlorsilber wird auf einem Filter von bekanntem geringen Aschengehalte gesammelt und bei 100° getrocknet. Dann wird das Filter in einem gewogenen Porzellantiegel verbrannt. Nach dem Erkalten befeuchtet man den Rückstand mit einigen Tropfen Salpetersäure und Salzsäure, verjagt die Säuren durch vorsichtiges Erhitzen, steigert dann die Hitze bis zum Schmelzen des Chlorsilbers und wägt nach dem Erkalten. Jedem Gramm Chlorsilber entsprechen 0,247 g Chlor oder 0,408 g Chlornatrium.

b) Maßanalytisch.

Man versetzt den wässerigen Aschenauszug beziehungsweise einen abgemessenen Teil desselben mit 1 bis 2 Tropfen einer kalt gesättigten Lösung von neutralem, gelbem Kaliumchromat und titriert ihn unter fortwährendem sanften Umschwenken oder Umrühren mit $^{1}/_{10}$-Normal-Silbernitratlösung; der Endpunkt der Titration ist erreicht, wenn eine nicht mehr verschwindende Rotfärbung auftritt. Jedem Kubikzentimeter $^1/_{10}$-Normal-Silbernitratlösung entsprechen 0,003545 g Chlor oder 0,00585 g Chlornatrium.

Zur Bestimmung des Kaseïns wird aus einer zweiten etwa gleichgroßen Menge Butter durch Behandlung mit Alkohol und Äther und darauffolgendes Filtrieren durch ein schwedisches Filter die Hauptmenge des Fettes entfernt. Filter nebst Inhalt gibt man in ein Rundkölbchen aus Kaliglas, fügt 25 ccm konzentrierte Schwefelsäure und 0,5 g Kupfersulfat hinzu und erhitzt zum Sieden, bis die Flüssigkeit farblos geworden ist. Alsdann übersättigt man die saure Flüssigkeit in einem geräumigen Destillierkolben mit ammoniakfreier Natronlauge, destilliert das dadurch freigemachte Ammoniak über, fängt es in einer abgemessenen überschüssigen Menge $^1/_{10}$-Normalschwefelsäure auf und titriert die Schwefelsäure zurück. Durch Multiplikation der gefundenen Menge des Stickstoffs mit 6,25 erhält man die Menge des vorhandenen Kaseïns.

Der Milchzucker wird aus der Differenz von Kaseïn + Milchzucker + Mineralbestandteilen und den einzeln ermittelten Mengen von Kaseïn und Mineralbestandteilen berechnet.

3. Bestimmung des Fettes.

Der Fettgehalt der Butter wird mittelbar bestimmt, indem man die für Wasser, Kaseïn, Milchzucker und Mineralbestandteile gefundenen Werte von 100 abzieht.

4. Nachweis von Konservierungsmitteln.

a) Borsäure.

10 g Butter werden mit alkoholischem Kali in einer Platinschale verseift, die Seifenlösung eingedampft und verascht. Die Asche wird mit Salzsäure übersättigt. In die salzsaure Lösung taucht man einen Streifen gelbes Kurkumapapier und trocknet das Papier auf einem Uhrglase bei 100° C. Bei Gegenwart von Borsäure zeigt die eingetauchte Stelle des Kurkumapapiers eine rote Färbung, die durch Auftragen eines Tropfens verdünnter Natriumkarbonatlösung in Blau übergeht.

b) Salizylsäure.

Man mischt in einem Probierröhrchen 4 ccm Alkohol von 20 Volumprozent mit 2 bis 3 Tropfen einer verdünnten Eisenchloridlösung, fügt 2 ccm Butterfett hinzu und mischt die Flüssigkeiten, indem man das mit dem Daumen verschlossene Probierröhrchen 40 bis 50 Mal umschüttelt. Bei Gegenwart von Salizylsäure färbt sich die untere Schicht violett.

c) Formaldehyd.

50 g Butter werden in einem Kölbchen von etwa 250 ccm Inhalt mit 50 ccm Wasser versetzt und erwärmt. Nachdem die Butter geschmolzen ist, destilliert man unter Einleiten von Wasserdampf 25 ccm Flüssigkeit ab. 10 ccm Destillat werden mit 2 Tropfen ammonikalischer Silberlösung versetzt; nach mehrstündigem Stehen im Dunklen entsteht bei Gegenwart von Formaldehyd eine schwarze Trübung. (Die ammoniakalische Silberlösung erhält man durch Auflösen von 1 g Silbernitrat in 30 ccm Wasser, Versetzen der Lösung mit verdünntem Ammoniak, bis der anfänglich entstehende Niederschlag sich wieder gelöst hat, und Auffüllen der Lösung mit Wasser auf 50 ccm.)

5. Untersuchung des Butterfettes.

Zur Gewinnung des Butterfettes wird die Butter bei 50 bis 60° C. geschmolzen und das flüssige Fett nach einigem Stehen durch ein trockenes Filter filtriert. Zu allen im Folgenden beschriebenen Untersuchungsverfahren wird das geschmolzene, klar filtrierte und gut durchgemischte Butterfett verwendet.

a) Bestimmung des Schmelz- und Erstarrungspunkts.

Zur Bestimmung des Schmelzpunktes wird das geschmolzene Butterfett in ein an beiden Enden offenes, dünnwandiges Glasröhrchen von $^1/_2$ bis 1 mm Weite von U-Form aufgesaugt, so daß die Fettschicht in beiden Schenkeln gleich hoch steht. Das Glasröhrchen wird 2 Stunden auf Eis liegen gelassen, um das Fett völlig zum Erstarren zu bringen. Erst dann ist das Glasröhrchen mit einem geeigneten Thermometer in der Weise durch einen dünnen Kautschuckschlauch zu verbinden, daß das in dem Glasröhrchen befindliche Fett sich in gleicher Höhe wie die Quecksilberkugel des Thermometers befindet. Das Thermometer wird darauf in ein etwa 3 cm weites Probierröhrchen, in welchem sich die zur Erwärmung dienende Flüssigkeit (Glyzerin) befindet, hineingebracht, und die Flüssigkeit erwärmt. Das Erwärmen muß, um jedes Überhitzen zu vermeiden, sehr allmählich geschehen. Der Augenblick, da das Fettsäulchen vollkommen klar und durchsichtig geworden, ist als Schmelzpunkt festzuhalten.

Zur Ermittelung des Erstarrungspunkts bringt man eine 2 bis 3 cm hohe Schicht des geschmolzenen Butterfetts in ein dünnes Probierröhrchen oder Kölbchen und hängt in dasselbe mittelst eines Korkes ein Thermometer so ein, daß die Kugel desselben ganz von dem flüssigen Fette bedeckt ist. Man hängt alsdann das Probierröhrchen oder Kölbchen in ein mit warmem Wasser von 40 bis 50° gefülltes Becherglas und läßt allmählich erkalten. Die Quecksilbersäule sinkt nach und nach und bleibt bei einer bestimmten Temperatur eine Zeitlang stehen, um dann weiter zu sinken. Das Fett erstarrt während des Konstantbleibens; die dabei herrschende Temperatur ist der Erstarrungspunkt.

Mitunter findet man bis zum Anfange des Erstarrens ein Sinken der Quecksilbersäule und alsdann während des vollständigen Erstarrens wieder ein Steigen. Man betrachtet in diesem Falle die höchste Temperatur, auf welche das Quecksilber während des Erstarrens wieder steigt, als den Erstarrungspunkt.

b) Bestimmung des Brechungsvermögens mit dem Butterrefraktometer der Firma Carl Zeiß, optische Werkstätte in Jena.

Die wesentlichen Teile des Butterrefraktometers (vgl. Abbildung 1)[1]) sind 2 Glasprismen, die in den zwei Metallgehäusen *A* und *B* enthalten sind. Je eine Fläche der beiden Glasprismen liegt frei. Das Gehäuse *B* ist um die Achse *C* drehbar, so daß die beiden freien Glasflächen der Prismen aufeinandergelegt und voneinander entfernt werden können. Die beiden Metallgehäuse sind hohl; läßt man warmes Wasser hindurchfließen, so werden die Glasprismen erwärmt. An das Gehäuse *A* ist eine Metallhülse für ein Thermometer *M* angesetzt, dessen Quecksilbergefäß bis in das Gehäuse *A* reicht. *K* ist ein Fernrohr, in dem eine von 0 bis 100 eingeteilte Skala angebracht ist; *J* ist ein Quecksilberspiegel, mit Hilfe dessen die Prismen und die Skala beleuchtet werden.

Zur Erzeugung des für die Butterprüfung erforderlichen warmen Wassers kann die in Abbildung 2 gezeichnete Heizvorrichtung dienen. Der einfache Heizkessel ist mit einem gewöhnlichen Thermometer T^1 und einem sogenannten Thermoregulator S^1 mit Gasbrenner B^1 versehen. Der Rohrstutzen A^1 steht durch einen Gummischlauch mit einem $^1/_2$ bis 1 m höher stehenden Gefäße C^1 mit kaltem Wasser (z. B. einer Glasflasche) in Verbindung; der Gummischlauch trägt einen Schraubenquetschhahn E^1. Vor Anheizung des Kessels läßt man ihn durch Öffnen des Quetschhahns E^1 voll Wasser fließen, schließt dann den Quetschhahn, verbindet das Schlauchstück G^1 mit der Gasleitung und entzündet die Flamme bei B^1. Durch Drehen an der Schraube P^1 reguliert man den Gaszufluß zu dem Brenner B^1 ein für allemal in der Weise, daß die Temperatur des Wassers in dem Kessel 40 bis 45° C. beträgt. An Stelle der hier beschriebenen Heizvorrichtuug können auch andere Einrichtungen verwendet werden, welche eine möglichst gleichbleibende Temperatur des Heizwassers gewährleisten. Falls eine Gasleitung nicht zur Verfügung steht, behilft man sich in der Weise, daß man das hochstehende Gefäß C^1 mit Wasser von

[1]) Die Abbildungen werden hier nicht wiedergegeben.

etwa 45° füllt, dasselbe durch einen Schlauch unmittelbar mit dem Schlauchstücke *D* des Refraktometers verbindet und das warme Wasser durch das Prismengehäuse fließen läßt. Wenn die Temperatur des Wassers in dem hochstehenden Gefäße C^1 bis auf 40° gesunken ist, muß es wieder auf die Temperatur von 45° gebracht werden.

Dem Refraktometer werden zwei Thermometer beigegeben; das eine ist ein gewöhnliches, die Wärmegrade anzeigendes Thermometer, das andere hat eine besondere, eigens für die Prüfung von Butter beziehungsweise Schweineschmalz eingerichtete Einteilung. An Stelle der Wärmegrade sind auf letzterem diejenigen höchsten Refraktometerzahlen aufgezeichnet, welche normales Butterfett beziehungsweise Schweineschmalz erfahrungsgemäß bei den betreffenden Temperaturen zeigt. Da die Refraktometerzahlen der Fette bei steigender Temperatur kleiner werden, so nehmen die Gradzahlen des besonderen Thermometers, im Gegensatze zu den gewöhnlichen Thermometern, von oben nach unten zu.

a. Aufstellung des Refraktometers und Verbindung mit der Heizvorrichtung.

Man hebt das Instrument aus dem zugehörigen Kasten heraus, wobei man nicht das Fernrohr *K*, sondern die Fußplatte anfaßt, und stellt es so auf, daß man bequem in das Fernrohr hineinschauen kann. Zur Beleuchtung dient das durch das Fenster einfallende Tageslicht oder das Licht einer Lampe.

Man verbindet das an dem Prismengehäuse *B* des Refraktometers (Abbildung 1) angebrachte Schlauchstück *D* mit dem Rohrstutzen D^1 des Heizkessels; gleichzeitig schiebt man über das an der Metallhülse des Refraktometers angebrachte Schlauchstück *E* einen Gummischlauch, den man zu einem tiefer stehenden leeren Gefäß oder einem Wasserablaufbecken leitet. Man öffnet hierauf den Schraubenquetschhahn E^1 und läßt aus dem Gefäße C^1 (Abbildung 2) Wasser in den Heizkessel fließen. Dadurch wird warmes Wasser durch den Rohrstutzen D^1 (Abbildung 2) und mittelst des Gummischlauchs durch das Schlauchstück *D* (Abbildung 1) in das Prismengehäuse *B*, von hier aus durch den in der Abbildung 1 gezeichneten Schlauch nach dem Prismengehäuse *A* gedrängt und fließt durch die Metallhülse des Thermometers *M*, den Stutzen *E* und den daran angebrachten Schlauch ab. Die beiden Glasprismen und das Quecksilbergefäß des Thermometers werden durch das warme Wasser erwärmt.

Durch geeignete Stellung des Quetschhahns regelt man den Wasserzufluß zu dem Heizkessel so, daß das aus *E* austretende Wasser nur in schwachem Strahle ausfließt und daß bei Verwendung des gewöhnlichen Thermometers dieses möglichst nahe eine Temperatur von 40° anzeigt.

β. Aufbringen des geschmolzenen Butterfetts auf die Prismenfläche und Ablesung der Refraktometerzahl.

Man öffnet das Prismengehäuse des Refraktometers, indem man den Stift *F* (Abbildung 1) etwa eine halbe Umdrehung nach rechts dreht, bis Anschlag erfolgt; dann läßt sich die eine Hälfte des Gehäuses (*B*) zur Seite legen. Die Stütze *H* hält *B* in der in Abbildung 1 dargestellten Lage fest. Man richtet das Instrument mit der linken Hand so weit auf, daß die freiliegende Fläche des Glasprismas *B* annähernd horizontal liegt, bringt mit Hilfe eines kleinen Glasstabs drei Tropfen des filtrierten Butterfetts auf die Prismenfläche, verteilt das geschmolzene Fett mit dem Glasstäbchen so, daß die ganze Glasfläche davon benetzt ist, und schließt dann das Prismengehäuse wieder. Man drückt zu dem Zwecke den Teil *B* an *A* an und führt den Stift *F* durch Drehung nach links wieder in seine anfängliche Lage zurück; dadurch wird der Teil *B* am Zurückfallen verhindert und zugleich ein dichtes Aufeinanderliegen der beiden Prismenflächen bewirkt. Das Instrument stellt man dann wieder auf seine Bodenplatte und gibt dem Spiegel eine solche Stellung, daß die Grenzlinie zwischen dem hellen und dunklen Teile des Gesichtsfeldes deutlich zu sehen ist, wobei nötigenfalls der ganze Apparat etwas verschoben oder gedreht werden muß. Ferner stellt man den oberen ausziehbaren Teil des Fernrohrs so ein, daß man die Skala scharf sieht.

Nach dem Aufbringen des geschmolzenen Butterfetts auf die Prismenfläche wartet man etwa 3 Minuten und liest dann in dem Fernrohr ab, an welchem Teilstriche der Skala die Grenzlinie zwischen dem hellen und dunklen Teile des Gesichtsfeldes liegt; liegt sie zwischen zwei Teilstrichen, so werden die Bruchteile durch Abschätzen ermittelt. Sofort hinterher liest man das Thermometer ab.

1. Bei Verwendung des gewöhnlichen Thermometers sind die abgelesenen Refraktometerzahlen in der Weise auf die Normaltemperatur von 40° umzurechnen, daß für jeden Temperaturgrad, den das Thermometer über 40° zeigt, 0,55 Teilstriche zu der abgelesenen Refraktometerzahl zuzuzählen sind, während für jeden Temperaturgrad, den das Thermometer unter 40° zeigt, 0,55 Teilstriche von der abgelesenen Refraktometerzahl abzuziehen sind.

2. Bei Verwendung des Thermometers mit besonderer Einteilung zieht man die an dem Thermometer abgelesenen Grade von der in dem Fernrohr abgelesenen Refraktometerzahl ab und gibt den Unterschied mit dem zugehörigen Vorzeichen an. Wurde z. B. im Fernrohre die Refraktometerzahl 44,5, am Thermometer aber 46,7° abgelesen, so ist die Refraktometerdifferenz des Fettes 44,5 —46,7 = —2,2.

Die Refraktometerprobe kann nur als Vorprüfung herangezogen werden; sie hat für sich allein keinen ausschlaggebenden Wert.

γ. Reinigung des Refraktometers.

Nach jedem Versuche müssen die Oberflächen der Prismen und deren Metallfassungen sorgfältig von dem Fette gereinigt werden. Dies geschieht durch Abreiben mit weicher Leinwand oder weichem Filtrierpapier, wenn nötig unter Benutzung von etwas Äther.

δ. Prüfung der Refraktometerskala auf richtige Einstellung.

Vor dem erstmaligen Gebrauch und späterhin von Zeit zu Zeit ist das Refraktometer daraufhin zu prüfen, ob nicht eine Verschiebung der Skala stattgefunden hat. Hierzu bedient man sich der dem Apparate beigegebenen Normalflüssigkeit.[1]) Man schraubt das zu dem Refraktometer gehörige gewöhnliche Thermometer auf, läßt Wasser von Zimmertemperatur durch das Prismengehäuse fließen (man heizt also in diesem Falle die Heizvorrichtung nicht an), bestimmt in der vorher beschriebenen Weise die Refraktometerzahl der Normalflüssigkeit und liest gleichzeitig den Stand des Thermometers ab. Wenn die Skala richtig eingestellt ist, muß die Normalflüssigkeit bei verschiedenen Temperaturen folgende Refraktometerzahlen zeigen:

Bei einer Temperatur von	Skalenteile	Bei einer Temperatur von	Skalenteile
25° Celsius	71,2	16° Celsius	76,7
24° "	71,8	15° "	77,3
23° "	72,4	14° "	77,9
22° "	73,0	13° "	78,6
21° "	73,6	12° "	79,2
20° "	74,3	11° "	79,8
19° "	74,9	10° "	80,4
18° "	75,5	9° "	81,0
17° "	76,1	8° "	81,6

Weicht die Refraktometerzahl bei der Versuchstemperatur von der in der Tabelle angegebenen Zahl ab, so ist die Skala bei der seitlich kleinen Öffnung *G* (Abbildung 1) mit Hilfe des dem Instrumente beigegebenen Uhrschlüssels wieder richtig einzustellen.

c) Bestimmung der freien Fettsäuren (des Säuregrads).

5 bis 10 g Butterfett werden in 30 bis 40 ccm einer säurefreien Mischung gleicher Raumteile Alkohol und Äther gelöst und unter Ver-

[1]) Dieselbe ist von der Firma Carl Zeiß in Jena zu beziehen.

wendung von Phenolphtaleïn (in einprozentiger alkoholischer Lösung) als Indikator mit $^1/_{10}$-Normal-Alkalilauge titriert. Die freien Fettsäuren werden in Säuregraden ausgedrückt. Unter Säuregrad eines Fettes versteht man die Anzahl Kubikzentimeter Normal-Alkali, die zur Sättigung von 100 g Fett erforderlich sind.

d) Bestimmung der flüchtigen, in Wasser löslichen Fettsäuren (der Reichert-Meißlschen Zahl).

Genau 5 g Butterfett werden mit einer Pipette in einem Kölbchen von 300 bis 350 ccm Inhalt abgewogen und das Kölbchen auf das kochende Wasserbad gestellt. Zu dem geschmolzenen Fette läßt man aus einer Pipette unter Vermeidung des Einblasens 10 ccm einer alkoholischen Kalilauge (20 g Kaliumhydroxyd in 100 ccm Alkohol von 70 Volumprozent gelöst) fließen. Während man nun den Kolbeninhalt durch Schütteln öfter zerteilt, läßt man den Alkohol zum größten Teile weggehen; es tritt bald Schaumbildung ein, die Verseifung geht zu Ende und die Seife wird zähflüssig; sodann bläst man so lange in Zwischenräumen von etwa je $^1/_2$ Minute mit einem Handblasebalg unter gleichzeitiger schüttelnder Bewegung des Kolbens Luft ein, bis durch den Geruch kein Alkohol mehr wahrzunehmen ist. Der Kolben darf hierbei nur immer solange und soweit vom Wasserbade entfernt werden, als es die Schüttelbewegung erfordert. Man verfährt am besten in der Weise, daß man mit der Rechten den Ballon des Blasebalges drückt, während die Linke den Kolben, in dessen Hals das mit einem gebogenen Glasrohre versehene Schlauchende des Ballons eingeführt ist, faßt und schüttelt. Auf diese Art ist in 15, längstens in 25 Minuten die Verseifung und die vollständige Entfernung des Alkohols bewerkstelligt. Man läßt nun sofort 100 ccm Wasser zufließen und erwärmt den Kolbeninhalt noch mäßig einige Zeit, während welcher der Kolben lose bedeckt auf dem Wasserbade stehen bleibt, bis die Seife vollkommen klar gelöst ist. Sollte hierbei ausnahmsweise keine völlig klare Lösung zu erreichen sein, so wäre der Versuch wegen ungenügender Verseifung zu verwerfen und ein neuer anzustellen.

Zu der etwa 50° warmen Lösung fügt man sofort 40 ccm verdünnte Schwefelsäure (1 Raumteil konzentrierte Schwefelsäure auf 10 Raumteile Wasser) und einige erbsengroße Bimssteinstückchen. Der auf ein doppeltes Drahtnetz gesetzte Kolben wird darauf sofort mittelst eines schwanenhalsförmig gebogenen Glasrohrs (von 20 cm Höhe und 6 mm lichter Weite), welches an beiden Enden stark abgeschrägt ist, mit einem Kühler (Länge des vom Wasser umspülten Teiles nicht unter 50 cm) verbunden, und sodann werden genau 110 ccm Flüssigkeit abdestilliert (Destillationsdauer nicht über $^1/_2$ Stunde). Das Destillat mischt man durch Schütteln, filtriert durch ein trockenes Filter und mißt 100 ccm ab. Diese werden nach Zusatz von 3 bis 4 Tropfen Phenolphtaleïnlösung mit $^1/_{10}$-Normal-Alkalilauge titriert. Der Verbrauch wird durch Hinzuzählen des zehnten Teiles auf die Gesamtmenge des Destillats berechnet. Bei jeder Versuchsreihe führt man einen blinden Versuch aus, indem man 10 ccm der alkoholischen Kalilauge mit so viel verdünnter Schwefelsäure versetzt, daß ungefähr eine gleiche Menge Kali wie bei der Verseifung von 5 g Fett ungebunden bleibt, und sonst wie bei dem Hauptversuche verfährt. Die bei dem blinden Versuche verbrauchten Kubikzentimeter $^1/_{10}$-Normal-Alkalilauge werden von den bei dem Hauptversuche verbrauchten abgezogen. Die so erhaltene Zahl ist die Reichert-Meißlsche Zahl. Die alkoholische Kalilauge genügt den Anforderungen, wenn bei dem blinden Versuche nicht mehr als 0,4 ccm $^1/_{10}$-Normal-Alkalilauge zur Sättigung von 110 ccm Destillat verbraucht werden.

Die Verseifung des Butterfetts kann statt mit alkoholischem Kali auch nach folgendem Verfahren ausgeführt werden. Zu genau 5 g Butterfett gibt man in einem Kölbchen von etwa 300 ccm Inhalt 20 g Glyzerin und 2 ccm Natronlauge (erhalten durch Auflösen von 100 Gewichtsteilen Natriumhydroxyd in 100 Gewichtsteilen Wasser, Absetzenlassen des Ungelösten und Abgießen der klaren Flüssigkeit). Die Mischung wird unter beständigem Umschwenken über einer kleinen Flamme erhitzt; sie gerät alsbald ins Sieden, das mit starkem Schäumen verbunden ist. Wenn das Wasser verdampft ist (in der Regel nach 5 bis 8 Minuten), wird die Mischung vollkommen klar; dies ist das Zeichen, daß die Verseifung des Fettes vollendet ist. Man erhitzt noch kurze Zeit und spült die an den Wänden des Kolbens haftenden Teilchen durch wiederholtes Umschwenken des Kolbeninhalts herab. Dann läßt man die flüssige Seife auf etwa 80 bis 90° abkühlen und wägt 90 g Wasser von etwa 80 bis 90° hinzu. Meist entsteht sofort eine klare Seifenlösung; andernfalls bringt man die abgeschiedenen Seifenteile durch Erwärmen auf dem Wasserbade in Lösung. Man versetzt die Seifenlösung mit 50 ccm verdünnter Schwefelsäure (25 ccm konzentrierte Schwefelsäure im Liter enthaltend) und verfährt weiter wie bei der Verseifung mit alkoholischem Kali.

e) Bestimmung der Verseifungszahl (der Köttstorferschen Zahl).

Man wägt 1 bis 2 g Butterfett in einem Kölbchen aus Jenaer Glas von 150 ccm Inhalt ab, setzt 25 ccm einer annähernd $^1/_2$-normalen alkoholischen Kalilauge hinzu, verschließt das Kölbchen mit einem durchbohrten Korke, durch dessen Öffnung ein 75 cm langes Kühlrohr aus Kaliglas führt. Man erhitzt die Mischung auf dem kochenden Wasserbade 15 Minuten lang zum schwachen Sieden. Um die Verseifung zu vervollständigen, ist der Kolbeninhalt durch öfteres Umschwenken, jedoch unter Vermeidung des Verspritzens an den Kühlrohrverschluß, zu mischen. Das Ende der Verseifung ist daran zu erkennen, daß der Kolbeninhalt eine gleichmäßige, vollkommen klare Flüssigkeit darstellt, in der keine Fetttröpfchen mehr sichtbar sind. Man versetzt die vom Wasserbade genommene Lösung mit einigen Tropfen alkoholischer Phenolphtaleïnlösung und titriert die noch heiße Seifenlösung sofort mit $^1/_2$-Normalsalzsäure zurück. Die Grenze der Neutralisation ist sehr scharf; die Flüssigkeit wird beim Übergang in die saure Reaktion rein gelb gefärbt.

Bei jeder Versuchsreihe sind mehrere blinde Versuche in gleicher Weise, aber ohne Anwendung von Fett, auszuführen, um den Wirkungswert der alkoholischen Kalilauge gegenüber der $^1/_2$-normalen Salzsäure festzustellen.

Aus den Versuchsergebnissen berechnet man, wieviel Milligramm Kaliumhydroxyd erforderlich sind, um genau 1 g des Butterfetts zu verseifen. Dies ist die Verseifungszahl oder Köttstorfersche Zahl des Butterfettes.

Zu d u n d e: Die Bestimmung der Reichert-Meißlschen sowie der Köttstorferschen Zahl kann auch in folgender Weise verbunden werden:

Man löst 20 Gewichtsteile möglichst blanke Stangen mit Alkohol gereinigten Ätzkalis in etwa 60 Gewichtsteilen absolutem Alkohol durch anhaltendes Schütteln in einer verschlossenen Flasche auf. Sodann läßt man absetzten und gießt die obere klare Lösung durch Glaswolle oder Asbest ab. Ihr Gehalt an Kaliumhydroxyd wird bestimmt und die Lösung darauf soweit mit Wasser und Alkohol verdünnt, daß sie in je 10 ccm etwa 1,3 g Kaliumhydroxyd und einen Alkoholgehalt von ungefähr 70 Volumprozent aufweist.

Ferner vermischt man verdünnte Schwefelsäure mit Wasser und Alkohol in der Weise, daß eine alkoholische Normalschwefelsäure in 70-volumprozentigem Alkohol (49) g Schwefelsäure im Liter erhalten wird.

Genau 5 g Butterfett werden darauf in einem starkwandigen Kolben von Jenaer Glas von etwa 300 ccm Inhalt abgewogen und mit einer genau geeichten Pipette 10 ccm der vorstehend beschriebenen alkoholischen Kalilauge mit der Vorsicht hinzugemessen, daß man nach Ablauf von nahezu 10 ccm erst 1 bis 2 Minuten wartet, bevor man auf den Ablaufstrich genau einstellt. Der Kolben wird sodann mit einem 1 m langen ziemlich weiten Kühlrohre versehen, welches oben durch ein Bunsensches Ventil abgeschlossen ist, und auf ein siedendes Wasserbad gebracht.

Sobald der Alkohol in das Kühlrohr destilliert und die ersten

Tropfen zurücklaufen, schwenkt man den Kolben über dem Wasserbade kräftig, jedoch unter Vermeidung des Verspritzens an den Kühlrohrverschluß, so lange um, bis eine gleichmäßige Lösung entstanden ist. Dann setzt man den Kolben noch mindestens 5, höchstens 10 Minuten lang auf das Wasserbad, schwenkt während dieser Zeit noch einige Male gelinde um und hebt den Kolben vom Wasserbade. Nachdem der Kolbeninhalt soweit erkaltet ist, daß kein Alkohol mehr aus dem Kühlrohre zurücktropft, läßt man durch das Bunsensche Ventil Luft eintreten, nimmt das Kühlrohr ab und titriert sofort nach Zusatz von 3 Tropfen Phenolphtaleïnlösung mit der alkoholischen Normalschwefelsäure bis zur rotgelben Farbe. Dann setzt man noch 0,5 ccm Phenolphtaleïnlösung zu und titriert mit einigen Tropfen der alkoholischen Normalschwefelsäure scharf bis zur reingelben Farbe. Die verbrauchten Kubikzentimeter Schwefelsäure werden abgezogen von der in einem blinden Versuche für 10 ccm Kalilauge ermittelten Säuremenge, und die Differenz durch Multiplikation mit $0{,}2 \times 56{,}14 = 11{,}23$ auf die Verseifungszahl umgerechnet.

Beispiel: 10 ccm alkoholische Kalilauge = 22,80 ccm alkoholische Normalschwefelsäure.

5,0 g Butterfett zurücktitriert mit 2,95 ccm Schwefelsäure.

$$\begin{array}{r} \text{Somit } 22{,}80 \\ -\ 2{,}95 \\ \hline 19{,}85 \end{array}$$

19,85, und $19{,}85 \times 11{,}23 = 222{,}9$ Verseifungszahl.

Zu dem Kolbeninhalte werden darauf etwa 10 Tropfen der alkoholischen Kalilauge hinzugegeben und der Alkohol im Wasserbad unter Schütteln des Kolbens, schließlich durch Einblasen von Luft, in möglichst kurzer Zeit vollständig verjagt. Die trockene Seife wird in 100 ccm kohlensäurefreiem Wasser unter Erwärmen gelöst, dann auf etwa 50° abgekühlt. Das Ansäuern mit Schwefelsäure, das Übertreiben und Titrieren der flüchtigen Säuren, sowie die Berechnung der Reichert-Meißlschen Zahl und die Ausführung des blinden Versuchs geschehen darauf in der unter d angegebenen Weise.

f) Bestimmung der unlöslichen Fettsäuren (der Hehnerschen Zahl).

3 bis 4 g Fett werden in einer Porzellanschale von etwa 10 cm Durchmesser mit 1 bis 2 g Ätznatron und 50 ccm Alkohol versetzt und unter öfterem Umrühren auf dem Wasserbad erwärmt, bis das Fett vollständig verseift ist. Die Seifenlösung wird bis zur Syrupdicke verdampft, der Rückstand in 100 bis 150 ccm Wasser gelöst und mit Salzsäure oder Schwefelsäure angesäuert. Man erhitzt, bis sich die Fettsäuren als klares Öl an der Oberfläche gesammelt haben und filtriert durch

ein vorher bei 100° getrocknetes und gewogenes Filter aus sehr dichtem Papiere. Um ein trübes Durchlaufen der Flüssigkeit zu vermeiden, füllt man das Filter zunächst zur Hälfte mit heißem Wasser an und gießt erst dann die Flüssigkeit mit den Fettsäuren darauf. Man wäscht mit siedendem Wasser bis zu 2 Liter Waschwasser aus, wobei man stets dafür sorgt, daß das Filter nicht vollständig abläuft.

Nachdem die Fettsäuren erstarrt sind, werden sie samt dem Filter in ein Wägegläschen gebracht und bei 100° C bis zum konstanten Gewichte getrocknet oder in Äther gelöst, in einem tarierten Kölbchen nach dem Abdestilieren des Äthers getrocknet und gewogen. Aus dem Ergebnisse berechnet man, wieviel Gewichtsteile unlösliche Fettsäuren in 100 Gewichtsteilen Fett enthalten sind, und erhält so die Hehnerische Zahl.

g) Bestimmung der Jodzahl nach von Hübl.

Erforderliche Lösungen:

1. Es werden einerseits 25 g Jod, andererseits 30 g Quecksilberchlorid in je 500 ccm fuselfreiem Alkohol von 95 Volumprozent gelöst, letztere Lösung, wenn nötig, filtriert und beide Lösungen getrennt aufbewahrt. Die Mischung beider Lösungen erfolgt zu gleichen Teilen und soll mindestens 48 Stunden vor dem Gebrauche stattfinden.

2. Natriumthiosulfatlösung. Sie enthält im Liter etwa 25 g des Salzes. Die bequemste Methode zur Titerstellung ist die Volhardsche: 3,870 g wiederholt umkristallisiertes und nach Volhards Angaben geschmolzenes Kaliumbichromat löst man zum Liter auf. Man gibt 15 ccm einer 10 prozentigen Jodkaliumlösung in ein dünnwandiges Kölbchen mit eingeriebenem Glasstopfen von etwa 250 ccm Inhalt, säuert die Lösung mit 5 ccm konzentrierter Salzsäure an und verdünnt sie mit 100 ccm Wasser. Unter tüchtigem Umschütteln bringt man hierauf 20 ccm der Kaliumbichromatlösung zu. Jeder Kubikzentimeter derselben macht genau 0,01 g Jod frei. Man läßt nun unter Umschütteln von der Natriumthiosulfatlösung zufließen, wodurch die anfangs stark braune Lösung immer heller wird, setzt, wenn sie nur noch weingelb ist, etwas Stärkelösung hinzu und läßt unter jeweiligem kräftigem Schütteln noch soviel Natriumthiosulfatlösung vorsichtig zufließen, bis der letzte Tropfen die Blaufärbung der Jodstärke eben zum Verschwinden bringt. Die Kaliumbichromatlösung läßt sich lange unverändert aufbewahren und ist stets zur Kontrolle des Titers der Natriumthiosulfatlösung vorrätig, welcher besonders im Sommer öfters neu festzustellen ist.

Berechnung: Da 20 ccm der Kaliumbichromatlösung 0,2 g Jod freimachen, wird die gleiche Menge Jod von der verbrauchten Anzahl Kubikzentimeter Natriumthiosulfatlösung gebunden. Daraus berechnet man, wieviel Jod 1 ccm Natriumthiosulfatlösung entspricht. Die erhaltene Zahl, den Koëffizienten für Jod, bringt man bei allen folgenden Versuchen in Rechnung.

3. Chloroform; am besten eigens gereinigt.
4. 10 prozentige Jodkaliumlösung.
5. Stärkelösung:

Man erhitzt eine Messerspitze voll „löslicher Stärke“ in etwas destilliertem Wasser; einige Tropfen der unfiltrierten Lösung genügen für jeden Versuch.

Ausführung der Bestimmung der Jodzahl.

Man bringt 0,8 bis 1 g geschmolzenes Butterfett in ein Kölbchen der unter Nr. 2 beschriebenen Art, löst das Fett in 15 ccm Chloroform und läßt 30 ccm Jodlösung (Nr. 1) zufließen, wobei man die Pipette bei jedem Versuch in genau gleicher Weise entleert. Sollte die Flüssigkeit nach dem Umschwenken nicht völlig klar sein, so wird noch etwas Chloroform hinzugefügt. Tritt binnen kurzer Zeit fast vollständige Entfärbung der Flüssigkeit ein, so muß man noch Jodlösung zugeben. Die Jodmenge muß so groß sein, daß noch nach $1^1/_2$ bis 2 Stunden die Flüssigkeit stark braun gefärbt erscheint. Nach dieser Zeit ist die Reaktion beendet. Die Versuche sind bei Temperaturen von 15 bis 18° anzustellen, die Einwirkung direkten Sonnenlichts ist zu vermeiden.

Man versetzt dann die Mischung mit 15 ccm Jodkaliumlösung (Nr. 2) schwenkt um und fügt 100 ccm Wasser hinzu. Scheidet sich hierbei ein roter Niederschlag aus, so war die zugesetzte Menge Jodkalium ungenügend, doch kann man diesen Fehler durch nachträglichen Zusatz von Jodkalium verbessern. Man läß nun unter oftmaligem Schütteln so lange Natriumthiosulfatlösung zufließen, bis die wässerige Flüssigkeit und die Chloroformschicht nur mehr schwach gefärbt sind. Jetzt wird etwas Stärkelösung zugegeben und zu Ende titriert. Mit jeder Versuchsreihe ist ein sogenannter blinder Versuch, d. h. ein solcher ohne Anwendung eines Fettes zur Prüfung der Reinheit der Reagentien (namentlich auch des Chloroforms) und zur Feststellung des Titers der Jodlösung zu verbinden.

Bei der Berechnung der Jodzahl ist der für den blinden Versuch nötige Verbrauch in Abzug zu bringen. Man berechnet aus den Versuchsergebnissen, wieviel Gramm Jod von 100 g Butterfett aufgenommen worden sind, und erhält so die Hüblsche Jodzahl des Butterfetts.

Da sich bei der Bestimmung der Jodzahl die geringsten Versuchsfehler in besonders hohem Maße multiplizieren, so ist peinlich genaues Arbeiten erforderlich. Zum Abmessen der Lösungen sind genaue eingeteilte Pipetten und Büretten, und zwar für jede Lösung stets das gleiche Meßinstrumente zu verwenden.

h) Bestimmung der unverseifbaren Bestandteile.

10 g Butterfett werden in einer Schale mit 5 g Kaliumhydroxyd und 50 ccm Alkohol verseift; die Seifenlösung wird mit einem gleichen Raumteile Wasser verdünnt und mit Petroleumäther ausgeschüttelt. Der mit Wasser gewaschene Petroleumäther wird verdunstet, der Rückstand nochmals mit alkoholischem Kali verseift und die mit dem gleichen Raumteile Wasser verdünnte Seifenlösung mit Petroleumäther ausgeschüttelt. Der mit Wasser gewaschene Petroleumäther wird verdunstet, der Rückstand getrocknet und gewogen.

i) Nachweis fremder Farbstoffe.

Die Gegenwart fremder Farbstoffe erkennt man durch Schütteln des geschmolzenen Butterfetts mit absolutem Alkohol oder mit Petroleumäther vom spezifischen Gewichte 0,638. Nicht künstlich gefärbtes Butterfett erteilt diesen Lösungsmitteln keine oder nur eine schwach gelbliche Färbung, während sie sich bei gefärbtem Butterfette deutlich gelb färben.

Zum Nachweise gewisser Teerfarbstoffe werden 2 bis 3 g Butterfett in 5 ccm Äther gelöst und die Lösung in einem Probierröhrchen mit 5 ccm konzentrierter Salzsäure vom spezifischen Gewicht 1,125 kräftig geschüttelt. Bei Gegenwart gewisser Azofarbstoffe färbt sich die unten sich absetzende Salzsäureschicht deutlich rot.

k) Nachweis von Sesamöl.

α. Wenn keine Farbstoffe vorhanden sind, die sich mit Salzsäure rot färben, so werden 5 ccm geschmolzenes Butterfett mit 0,1 ccm einer alkoholischen Furfurollösung (1 Raumteil farbloses Furfurol in 100 Raumteilen absoluten Alkohols gelöst) und mit 10 ccm Salzsäure vom spezifischen Gewicht 1,19 mindestens $^1/_2$ Minute lang kräftig geschüttelt. Wenn die am Boden sich abscheidende Salzsäure eine nicht alsbald verschwindende deutliche Rotfärbung zeigt, so ist die Gegenwart von Sesamöl nachgewiesen.

β. Wenn Farbstoffe vorhanden sind, die durch Salzsäure rot gefärbt werden, so schüttelt man 10 ccm geschmolzenes Butterfett in einem kleinen zylindrischen Scheidetrichter mit 10 ccm Salzsäure vom spezifischen Gewicht 1,125 etwa $^1/_2$ Minute lang. Die unten sich ansammelnde rotgefärbte Salzsäureschicht läßt man abfließen, fügt zu dem in dem Scheidetrichter enthaltenen geschmolzenen Fette nochmals 10 ccm Salzsäure vom spezifischen Gewicht 1,125 und schüttelt wiederum $^1/_2$ Minute lang. Ist die sich abscheidende Salzsäure noch rot gefärbt, so läßt man sie abfließen und wiederholt die Behandlung des geschmolzenen Fettes mit Salzsäure vom spezifischen Gewicht 1,125, bis letztere nicht mehr rot gefärbt wird. Man läßt alsdann die Salzsäure abfließen und prüft 5 ccm des so behandelten, geschmolzenen Butterfetts nach dem unter *a* beschriebenen Verfahren auf Sesamöl. Zu diesen Versuchen verwende man keine höhere Temperatur, als zur Erhaltung des Fettes in geschmolzenem Zustande notwendig ist.

II. Untersuchung von Margarine.

Die Untersuchung der Margarine erfolgt nach denselben Grundsätzen wie die der Butter. Außerdem ist noch folgende Prüfung auszuführen:

Schätzung des Sesamölgehalts der Margarine.

0,5 ccm des geschmolzenen, klar filtrierten Margarinefetts werden mit 9,5 ccm Baumwollsamöl, das, nach dem unter I. k. beschriebenen Verfahren geprüft, mit Furfurol und Salzsäure keine Rotfärbung gibt, vermischt. Man prüft die Mischung nach dem unter I. k. angegebenen Verfahren auf Sesamöl. Hat die Margarine den vorgeschriebenen Gehalt an Sesamöl von der vorgeschriebenen Beschaffenheit, so muß die Sesamölreaktion noch deutlich eintreten.

III. Untersuchung von Schweineschmalz.

A. Probenentnahme.

Die Entnahme der Proben geschieht nach denselben Grundsätzen wie bei der Butter.

B. Ausführung der Untersuchung.

Bei der Untersuchung des Schweineschmalzes sind die refraktometrische Prüfung, die Bestimmung der Jodzahl und die Prüfungen auf Pflanzenöle stets auszuführen, die übrigen Verfahren nur unter besonderen Umständen.

1. Bestimmung des Wassers.

Die Bestimmung des Wassers ist nur dann erforderlich, wenn beim Schmelzen der Schmalzprobe sich dessen Gegenwart zu erkennen gibt. Sie erfolgt dann in gleicher Weise wie bei der Butter.

2. Bestimmung der Mineralbestandteile.

10 g Schmalz werden geschmolzen und durch ein getrocknetes, dichtes Filter von bekanntem geringem Aschengehalte filtriert. Man entfernt

die größte Menge des Fettes von dem Filter durch Waschen mit entwässertem Äther, verascht alsdann das Filter und wägt die Asche.

3. Bestimmung des Fettes.

Man erhält den Fettgehalt des Schmalzes, indem man die Werte für den Gehalt an Wasser und Mineralbestandteilen von 100 abzieht.

4. Untersuchung des klar filtrierten Schmalzes.

a) Bestimmung des Schmelz- und Erstarrungspunktes.

b) Bestimmung des Brechungsvermögens.

c) Bestimmung der freien Fettsäuren (des Säuregrads).

d) Bestimmung der flüchtigen, in Wasser löslichen Fettsäuren (der Reichert-Meißlschen Zahl).

e) Bestimmung der Verseifungszahl (der Köttstorferschen Zahl).

f) Bestimmung der unlöslichen Fettsäuren (der Hehnerschen Zahl).

g) Bestimmung der Jodzahl nach von Hübl.

h) Bestimmung der unverseifbaren Bestandteile.

i) Nachweis von Sesamöl.

Diese Bestimmungen erfolgen in derselben Weise wie bei dem Butterfette mit folgenden Abweichungen:

1. Will man sich bei der Bestimmung des Brechungsvermögens eines besonders eingerichteten Thermometers bedienen, so muß es ein solches sein, das auch für Schweineschmalz bestimmt ist und eine dementsprechende Einteilung besitzt.
2. Bei dem Nachweise des Sesamöls ist auf Teerfarbstoffe keine Rücksicht zu nehmen.

k) Nachweis von Baumwollsamenöl.

Erforderliche Lösungen.

I. 1 g Silbernitrat wird in 200 g reinem Alkohol von 98 Volumprozent gelöst und die Lösung mit 0,1 g Salpetersäure vom spezifischen Gewicht 1,153 und 40 g Äther versetzt; die schwach saure Mischung wird filtriert.

II. Man mischt 100 g reinen Amylalkohol (Siedepunkt 130 bis 132° C.) und 15 g Rapsöl.

Zunächst hat man sich davon zu überzeugen, daß beim Erhitzen einer Mischung der beiden Reagentien keine Reduktion des Silbernitrats eintritt, indem man 1 ccm der Silbernitratlösung und 10 ccm der Amylalkohol-Rapsölmischung miteinander mischt, gut durchschüttelt und an einem gegen die Einwirkung des Tageslichts geschützten Orte 1/4 Stunde im kochenden Wasserbad erhitzt. Hierbei darf nicht die geringste Bräunung oder Schwärzung eintreten, wenn die Reagentien brauchbar sein sollen.

Ist die Brauchbarkeit der Reagentien erwiesen, so bringt man 5 ccm geschmolzenes und klar filtriertes Schmalz in ein dünnwandiges Kölbchen, fügt 10 ccm absoluten Alkohol hinzu, erwärmt die Mischung im Wasserbade bis zur Lösung, gibt dann 10 ccm der Amylalkohol-Rapsölmischung und 1 ccm der Silbernitratlösung zu, schüttelt das Ganze gut durch, hängt das Kölbchen an einem vor der Einwirkung des Tageslichts möglichst geschützten Orte ins kochende Wasserbad und beläßt es genau $^1/_4$ Stunde darin. Bei Gegenwart von Baumwollsamenöl tritt eine Reduktion des Silbernitrats ein, wobei die Mischung eine tiefbraune bis schwarze Färbung annimmt.

l) Nachweis von Pflanzenölen im Schmalz mit Phosphormolybdänsäure.

1 g des geschmolzenen klar filtrierten Schmalzes löst man in einem dickwandigen, mit Stöpsel verschließbaren Probierröhrchen in 5 ccm Chloroform, setzt 2 ccm einer frisch bereiteten Lösung von Phosphormolybdänsäure oder phosphormolybdänsaurem Natron und einige Tropfen Salpetersäure zu und schüttelt kräftig durch. Bei Abwesenheit von fetten Ölen bleibt das Gemisch gelb, bei deren Anwesenheit jedoch tritt eine Reduktion ein: die Mischung nimmt eine grünliche, bei bedeutenden Zusätzen eine smaragdgrüne Färbung an. Durch Vergleich mit reinem Schmalz läßt sich der Unterschied zwischen gelb und grün leichter beobachten. Läßt man einige Minuten stehen, so scheidet sich die Flüssigkeit in zwei Schichten; die untere (Chloroform) erscheint wasserhell, während die obere grün gefärbt ist. Man vermeide niedere Temperaturen, damit sich das Fett nicht in festem Zustande wieder abscheidet. Macht man die saure Mischung mit Ammoniak alkalisch, so geht die grüne Farbe in Blau über, dessen Intensität der vorherigen Grünfärbung entspricht. Ein nur schwach blauer Schimmer ist unberücksichtigt zu lassen.

m) Nachweis von Phytosterin (das aus zugesetzten Pflanzenölen herrührt) im Schmalz.

Zu 50 g Fett setzt man in einem Kolben 20 g Kaliumhydroxyd, ebensoviel Wasser und, wenn sich das Kaliumhydroxyd gelöst hat, 50 ccm Alkohol (von 70 Volumprozent); man erwärmt so lange auf dem Wasserbade, bis Verseifung eingetreten ist, verdünnt die Seifenlösung mit Wasser auf 1000 bis 1200 ccm und schüttelt sie in einem großen Scheidetrichter mit 500 ccm Äther durch. Der Äther wird nach dem Absetzen, das durch Zusatz von etwas Alkohol gefördert werden kann, von der wässerigen Flüssigkeit getrennt, wenn nötig, durch ein trockenes Filter filtriert, verdunstet, der Rückstand, welcher fast stets noch etwas unverseiftes Fett enthält, nochmals mit alkoholischer Kalilauge erwärmt und die wässerige Lösung wiederum mit wenig Äther geschüttelt. Nachdem die alkalische Lösung aus dem Scheidetrichter abgelassen ist, wird der Äther zur Entfernung von aufgenommener Seife mehrmals mit Wasser durchgeschüttelt, der Äther abdestilliert, der Rückstand in heißem Alkohol gelöst, letzterer bis auf 1 bis 2 ccm verdunstet und die beim Erkalten sich bildende Kristallmasse auf einer porösen Tonplatte ausgebreitet. Nach dem Trocknen bestimmt man ihren Schmelzpunkt (s. I. B. 5. a.).

Das Phytosterin der Pflanzenfette schmilzt bei 133 bis 136° C., das sich sonst ähnlich verhaltende Cholesterin, das sich in tierischen Fetten findet, schmilzt bei 146 bis 147° C.

IV. Untersuchung der übrigen Speisefette und Öle.

Die Untersuchung der übrigen Speisefette und Öle erfolgt nach den gleichen Grundsätzen wie die des Butterfetts und des Schweineschmalzes mit folgenden Abweichungen:

A. Bei festen Speisefetten.

Bei der Bestimmung der Refraktometerzahl muß man sich des gewöhnlichen Thermometers bedienen.

B. Bei Ölen.

1. Probenentnahme und Vorbereitung der Öle zur Untersuchung.

Aus dem gut durchgemischten Ölvorrate sind mindestens 100 g Öl zu entnehmen; die Ölproben sind in reinen, trockenen Glasflaschen, die mit Kork oder eingeriebenen Glasstöpseln verschließbar sind, aufzubewahren und zu versenden. Falls die Öle ungelöste Bestandteile enthalten, sind sie zu erwärmen und, wenn sie dann nicht vollkommen klar sind, durch ein trockenes Filter zu filtrieren.

2. Bestimmung des Schmelz- und Erstarrungspunkts der Fettsäuren.

Bei flüssigen Fetten bestimmt man vielfach den Schmelz- und Erstarrungspunkt der aus ihnen gewonnenen Fettsäuren.

Zur Gewinnung der Fettsäuren aus den Ölen bedient man sich des unter I. 5. f. beschriebenen Verfahrens; falls die Bestimmung der unlöslichen Fettsäuren nach Hehner ausgeführt wurde, können die gewogenen Fettsäuren zur Bestimmung des Schmelz- und Erstarrungspunkts benutzt werden. Die Ausführung der letzteren erfolgt in derselben Weise wie bei den festen Fetten.

3. Bestimmung des Brechungsvermögens.

Bei der Bestimmung der Refraktometerzahl muß man sich des gewöhnlichen Thermometers bedienen. Die Ablesung ist hier häufig erschwert und ungenau, da infolge des verschiedenen Zerstreuungsvermögens der Öle und des dadurch hervorgerufenen Auftretens breiter farbiger Bänder der beleuchtete und der unbeleuchtete Teil des Gesichtsfeldes nicht durch eine scharfe Linie voneinander getrennt sind. In diesem Falle beleuchtet man die Prismen nicht mit dem gemischten Tages- oder Lampenlichte, sondern mit einheitlichem Lichte, z. B. dem einer Natriumflamme.

Als Normaltemperatur für die Bestimmung des Brechungsvermögens der Öle gilt die Temperatur von 25°. Man stellt bei der Untersuchung der Öle den Thermoregulator des Heizkessels so ein, daß das Thermometer des Refraktometers möglichst nahe eine Temperatur von 25° anzeigt. Die Umrechnung der bei abweichenden Temperaturen abgelesenen Refraktometerzahlen auf die Normaltemperatur von 25° erfolgt nach denselben Grundsätzen wie bei dem Butterfette.

4. Bestimmung der Jodzahl nach von Hübl.

Von nicht trocknenden Ölen verwendet man 0,3 bis 0,4 g und bemißt die Zeitdauer der Einwirkung auf 2 Stunden. Von trocknenden Ölen verwendet man 0,15 bis 0,18 g und läßt die Jodlösung 18 Stunden darauf einwirken. In letzterem Falle ist sowohl zu Beginn als auch am Ende der Versuchsreihe ein blinder Versuch auszuführen.

V. Untersuchung von Käsen.

A. Probenentnahme und Vorbereitung der Käseproben.

Der zur Untersuchung gelangende Teil des Käses darf nicht nur der Rindenschicht oder dem inneren Teile entstammen, sondern muß einer Durchschnittsprobe entsprechen. Bei großen Käsen entnimmt man mit Hilfe des Käsestechers senkrecht zur Oberfläche ein zylindrisches Stück, bei kugelförmigen Käsen einen Kugelausschnitt. Kleine Käse nimmt man ganz in Arbeit. Die zu entnehmende Menge soll mindestens 300 g betragen.

Die Versendung der Käseproben muß entweder in gut gereinigten, schimmelfreien und verschließbaren Gefäßen von Porzellan, glasiertem Tone, Steingut oder Glas oder in Pergamentpapier eingehüllt geschehen. Harte Käse zerkleinert man vor der Untersuchung auf einem Reibeisen; weiche Käse werden mittelst einer Reibekeule in einer Reibschale zu einer gleichmäßigen Masse verarbeitet.

B. Ausführung der Untersuchung.

Die Auswahl der bei der Käseuntersuchung auszuführenden Bestimmungen richtet sich nach der Fragestellung. Handelt es sich um die Entscheidung der Frage, ob Milchfettkäse oder Margarinekäse vorliegt, so genügt die Untersuchung des Käsefetts.

1. Bestimmung des Wassers.

Die Wasserbestimmung kann mit der Bestimmung des Fettes verbunden werden. Man verfährt dabei folgendermaßen:

2,5 bis 5 g in kleine Würfel geschnittene Hartkäse werden in einem Erlenmeyerschen Kölbchen genau abgewogen und auf 40° erwärmt, das Kölbchen wird darauf unter die Glocke einer Luftpumpe gebracht, um einen Teil des Wassers zu entfernen. Dies Erwärmen und Evakuieren wird so lange wiederholt, bis keine merkliche Gewichtsabnahme mehr eintritt. Der entwässerte Rückstand wird zu wiederholten Malen mit kaltem Äther digeriert, die ätherische Lösung des Fettes jedesmal durch ein gewogenes, zuvor mit Äther ausgezogenes Filter gegossen und der Rückstand in einem Schälchen zerdrückt. Nach nochmaligem Auswaschen mit Äther wird der Rückstand auf das Filter gebracht, dort wiederholt mit Äther nachgewaschen und zuletzt mit dem Filter in einen Extraktionsapparat gebracht, um ihn dort noch längere Zeit mit Äther auszuziehen. Dabei empfiehlt es sich, die Masse einige Male aus dem Extraktionsapparate herauszunehmen und wieder zu zerkleinern.

Den Rückstand trocknet man bei 100 bis 105° in einem Trockenschranke, bis keine Gewichtsabnahme mehr eintritt.

Die ätherischen Lösungen sammelt man in einem zuvor gewogenen Kölbchen, destilliert den Äther ab, trocknet das zurückbleibende Fett im Dampftrockenschrank und wägt es.

Aus der Differenz des Gewichts der ursprünglich verwendeten Käsemasse und der entfetteten Trockensubstanz ergibt sich die Menge des Wassers, vermehrt um die Menge des Fettes; zieht man die letztere hiervon ab, so erhält man die Menge des Wassers.

Hierbei ist zu berücksichtigen, daß sowohl die für das Wasser wie für das Fett gefundenen Zahlen einige andere Körper mit einschließen.

Mit dem Wasser können beim Erwärmen einige andere flüchtige Stoffe (Ammoniak und in geringer Menge vorhandene andere Zersetzungsprodukte) fortgehen, und der Äther löst außer dem Fette auch noch andere Stoffe, wie z. B. Milchsäure, auf. Wenn diese Mengen im allgemeinen auch nicht besonders ins Gewicht fallen, so ist es doch zweckmäßig, bei sauren Käsen, insonderheit bei Sauermilchkäsen, die Käseprobe für die Fettbestimmung mit Sodalösung bis zur neutralen oder ganz schwach alkalischen Reaktion zu versetzen, den Käse zu trocknen und dann erst die Wasser- und Fettbestimmung in der beschriebenen Weise vorzunehmen.

Das Wasser kann auch in der Weise bestimmt werden, daß 3 bis 5 g Käsemasse in einer Platinschale mit geglühtem Sande zerrieben und im Dampftrockenschranke bis zum gleichbleibenden Gewichte getrocknet werden.

2. Bestimmung des Fettes.

Die Bestimmung des Fettes kann nach Nr. 1 erfolgen, oder man bringt 3 bis 5 g Käsemasse in einen Mörser, auf dessen Boden sich eine entsprechende Menge geglühter Sand befindet, und erwärmt den Mörser einige Stunden im Dampftrockenschranke. Darauf zerreibt man die Masse mit Sand, füllt diese Mischung in eine entfettete Papierhülse, spült die Schale mit entwässertem Äther aus und zieht die Mischung im Extraktionsapparat 4 Stunden mit entwässertem Äther aus. Die Käsesandmischung wird darauf nochmals zerrieben und wiederum 2 Stunden extrahiert. Schließlich wird der Äther abdestilliert, der Rückstand 1 Stunde im Dampftrockenschranke getrocknet und gewogen.

3. Bestimmung des Gesamtstickstoffs.

1 bis 2 g Käsemasse werden in einem Rundkölbchen aus Kaliglas mit 25 ccm konzentrierter Schwefelsäure und 0,5 g Kupfersulfat gekocht, bis die Flüssigkeit farblos geworden ist; man verfährt dann weiter wie bei der Bestimmung des Kaseïns in der Butter.

4. Bestimmung der löslichen Stickstoffverbindungen.

15 bis 20 g Käsemasse werden bei etwa 40° C. getrocknet und die getrocknete Masse in der unter Nr. 1 und 2 angegebenen Weise mit Äther extrahiert. 10 g der fettfreien Trockensubstanz verreibt man mit Wasser zu einem dünnflüssigen Breie, spült diesen in einen 500 ccm-Kolben, füllt mit Wasser bis zu etwa 450 ccm auf und läßt das Ganze unter zeitweiligem Umschütteln 15 Stunden bei gewöhnlicher Temperatur stehen. Dann füllt man die Flüssigkeit bis zur Marke auf, schüttelt um und filtriert. 100 ccm Filtrat werden in einem Rundkölbchen aus Kaliglas eingedampft und der Rückstand mit 25 ccm konzentrierter

Schwefelsäure und 0,5 g Kupfersulfat gekocht, bis die Flüssigkeit farblos wird. Zur Bestimmung des Stickstoffs verfährt man dann weiter wie bei der Bestimmung des Kaseïns in der Butter.

5. Bestimmung der freien Säure.

10 g Käsemasse werden mehrmals mit Wasser ausgekocht, die Auszüge vereinigt, filtriert und auf 200 ccm aufgefüllt. In 100 ccm der Flüssigkeit titriert man nach Zusatz einiger Tropfen einer alkoholischen Phenolphtaleïnlösung die freie Säure mit $^1/_{10}$-Normal-Alkalilauge. Die Säure des Käses ist auf Milchsäure zu berechnen; 1 ccm $^1/_{10}$-Normal-Alkalilauge entspricht 0,009 g Milchsäure.

6. Bestimmung der Mineralbestandteile.

5 g Käsemasse werden in einer Platinschale mit kleiner Flamme verkohlt. Weiter wird wie bei der Bestimmung der Mineralbestandteile in der Butter verfahren, ebenso bei der Bestimmung des Kochsalzes in der Käseasche.

7. Untersuchung des Käsefetts auf seine Abstammung.

a) Abscheidung des Fettes aus dem Käse.

α. 200 bis 300 g zerkleinerte Käsemasse werden im Trockenschrank auf 80 bis 90 ° C. erwärmt. Nach einiger Zeit schmilzt das Käsefett ab; es wird abgegossen und durch ein trockenes Filter filtriert.

β. 200 g Käsemasse werden mit Wasser zu einem Breie angerieben. Der Brei wird mit soviel Wasser in eine Flasche von 500 bis 600 ccm Inhalt mit möglichst weitem Halse gespült, daß insgesamt etwa 400 ccm verbraucht werden. Schüttelt oder zentrifugiert man die geschlossene Flasche, so scheidet sich das Käsefett in der Form von Butter oder Margarine an der Oberfläche ab. Die Butter oder Margarine wird abgehoben, mit Eis gekühlt, ausgeknetet, geschmolzen und das Fett durch ein trockenes Filter filtriert:

b) Untersuchung des Käsefetts.

Das Käsefett wird nach denselben Grundsätzen wie Butterfett untersucht. Handelt es sich um Margarinekäse, so ist noch folgende Prüfung des Käsefetts auszuführen.

Schätzung des Sesamölgehalts des Käsefetts.

1 ccm Käsefett wird mit 9 ccm Baumwollsamenöl, das, nach dem unter I. k. beschriebenen Verfahren geprüft, mit Furfurol und Salzsäure keine Rotfärbung gibt, vermischt. Man prüft die Mischung nach dem unter I. k. angegebenen Verfahren auf Sesamöl. Hat das Käsefett den vorgeschriebenen Gehalt an Sesamöl von der vorgeschriebenen Beschaffenheit, so muß die Sesamölreaktion noch deutlich eintreten.

III. Zubereitete Fette.

Ausführungsbestimmungen D. vom 30. Mai 1902 zum Fleischbeschau-gesetz vom 3. Juni 1900.

§ 15. (1) Die Untersuchung des zubereiteten Fettes zerfällt in eine Vorprüfung und in eine Hauptprüfung.

(2) Die Vorprüfung hat sich darauf zu erstrecken:

a) ob die Packstücke den Angaben in den Begleitpapieren entsprechen und gemäß den für den Inlandsverkehr bestehenden Vorschriften bezeichnet sind („Margarine", „Kunstspeisefett");

b) ob das Fett in den Packstücken eine der betreffenden Gattung entsprechende äußere Beschaffenheit hat, wobei insbesondere auf Farbe und Konsistenz, Geruch und Geschmack (ranzigen, sauren, Fäulnis- oder Schimmel-Geruch und -Geschmack), auf das Vorhandensein von Schimmelpilzen oder Bakterienkolonien auf der Oberfläche oder im Innern sowie auf sonstige Anzeichen von Verdorbensein zu achten ist.

(3) Die Hauptprüfung ist nach folgenden Gesichtspunkten vorzunehmen:

a) es ist zu prüfen, ob äußerlich am Fette wahrnehmbare Merkmale auf eine Verfälschung oder Nachmachung oder sonst auf eine vorschriftswidrige Beschaffenheit hinweisen;

b) Margarine ist auf die Anwesenheit des gemäß dem Gesetze vom 15. Juni 1897, betreffend den Verkehr mit Butter, Käse, Schmalz oder deren Ersatzmitteln, vorgeschriebenen Erkennungsmittels (Sesamöl) — Reichs-Gesetzbl. 1897 S. 591 — zu prüfen;

c) Schweineschmalz ist mit dem Zeiß-Wollnyschen Refraktometer zu untersuchen. Ergibt sich hierbei der Verdacht einer Verfälschung, so ist eine eingehendere Prüfung der verdächtigen Probe vorzunehmen

d) es ist zu prüfen, ob das Fett verfälscht, nachgemacht oder verdorben ist, unter das Verbot des § 3 des Gesetzes vom 3. Juni 1897 fällt oder ob es einen der im § 5 Nr. 3 der gegenwärtigen Bestimmungen aufgeführten Stoffe enthält.

Anweisung für die Probenentnahme zur chemischen Untersuchung von Fett sowie für die Vorprüfung zubereiteter Fette.

A. Probenentnahme zur chemischen Untersuchung zubereiteter Fette.

(Vgl. §§ 15 und 16 der Ausführungsbestimmungen D.)

1. Auf die Probenentnahme findet die Bestimmung unter A Abs. 1 Anwendung. Ausnahmsweise können hiermit andere Personen, welche genügende Kenntnisse nachgewiesen haben, betraut werden.

2. Durchschnittsproben im Gesamtgewichte von 250 g sind zu entnehmen:

a) wenn die Sendung aus einem oder zwei Packstücken besteht, oder wenn sie aus mehr als zwei Packstücken besteht, ohne daß eine gleichartige Sendung im Sinne des § 12 Abs. 3 der Ausführungsbestimmungen D vorliegt, aus jedem Packstücke;

b) wenn die Sendung aus mehr als zwei Packstücken besteht und im vorgenannten Sinne gleichartig ist, aus den gemäß § 15 Abs. 5 ebenda auszuwählenden Packstücken;

c) wenn die Untersuchung bei einer Probe einer gleichartigen Sendung zu einer Beanstandung geführt hat, gemäß § 12 Abs. 4, 5 und 6 ebenda aus allen Packstücken dieser Sendung.

Die Durchschnittsproben sind an mehreren Stellen des Packstücks zu entnehmen; zweckmäßig bedient man sich hierbei eines Stechbohrers aus Stahl.

3. Die Durchschnittsproben sind dergestalt zu kennzeichnen, daß ohne weiteres festgestellt werden kann, aus welchen Packstücken sie entnommen wurden.

4. In einem besonderen Schriftstücke sind genaue Angaben zu machen über die Herkunft und Abstammung des Fettes, über den Umfang der Sendung, der die Proben entnommen wurden, über die bei der Entnahme der Proben gemachten Beobachtungen und schließlich darüber, ob die Probenentnahme zur ständigen Kontrolle oder auf Grund eines besondern Verdachts stattfand.

Außerdem ist den Proben eine kurze Angabe über das Ergebnis der Vorprüfung beizufügen.

5. Die Aufbewahrung oder Versendung der Proben erfolgt in gut verschlossenen und sorgfältig gereinigten Gefäßen aus Porzellan, glasiertem Ton, Steingut (Salbentöpfe der Apotheker) oder von dunkelgefärbtem Glas, welche möglichst luft- und lichtdicht zu verschließen sind.

6. Die Proben sind so lange aufzubewahren, bis die Entscheidung über die zugehörige Sendung getroffen ist.

B. Vorprüfung zubereiteter Fette.

(Vgl. § 15 Abs. 2 und § 16 der Ausführungsbestimmungen D.)

Die Packstücke müssen den Angaben in den Begleitpapieren entsprechen und die für den Handelsverkehr vorgeschriebene Bezeichnung tragen („Margarine", „Kunstspeisefett").

Die Fette müssen ein der betreffenden Gattung im unverdorbenen und unverfälschten Zustande zukommendes allgemeines Aussehen haben. Insbesondere ist auf Farbe, Konsistenz, Geruch und Geschmack Rücksicht zu nehmen.

Folgende Gesichtspunkte müssen hierbei besonders beobachtet werden:

1. Bei Gegenwart von Schimmelpilzen oder Bakterienkolonien ist festzustellen, ob diese

a) als unwesentliche örtliche äußere Verunreinigung (z. B. infolge kleiner Schäden der Verpackung),
b) als wesentlicher äußerer Überzug der Fettmasse, oder
c) als Wucherungen im Innern des Fettes

vorliegen.

2. Bei der Beurteilung der Farbe ist darauf zu achten, ob das Fett eine ihm nicht eigentümliche Färbung oder eine Verfärbung aufweist, oder ob es sonst sinnlich wahrnehmbare fremde Beimengungen enthält.

3. Bei der Prüfung des Geruchs ist auf ranzigen, talgigen, öligen, sauren, dumpfigen (mulstrigen, grabelnden), schimmeligen sowie faulig-ekelerregenden Geruch zu achten.

4. Bei der Prüfung des Geschmacks ist festzustellen, ob ein bitterer oder ein allgemein ekelerregender Geschmack vorliegt. Auch ist darauf zu achten, ob fremde Beimengungen durch den Geschmack erkannt werden können.

5. Ist Schimmel-Geruch oder -Geschmack festgestellt, so ist zu prüfen, ob derselbe nur von geringfügigen äußeren Verunreinigungen des Fettes oder des Packstücks herrührt.

Anweisung
für die chemische Untersuchung von Fetten.

Die chemische Untersuchung von zubereiteten Fetten wird nach dem zweiten Abschnitte dieser Anweisung ausgeführt.

Zweiter Abschnitt.
Untersuchung von zubereiteten Fetten.

(Vgl. §§ 15 und 16 der Ausführungsbestimmungen D.)

Proben, bei denen ein bestimmter Verdacht vorliegt, sind zunächst auf den Verdachtsgrund zu untersuchen.

Sobald sich bei der Untersuchung eines Fettes herausstellt, daß dasselbe nach Maßgabe der im Folgenden unter I angegebenen Prüfungen einer der im § 15 Abs. 3 unter a bis d der Ausführungsbestimmungen D aufgeführten Bestimmungen nicht entspricht, so ist von einer weiteren Untersuchung des Fettes abzusehen.

Eine jede Durchschnittsprobe ist vor der Vornahme der einzelnen Prüfungen gut durchzumischen und für sich zu untersuchen.

I. Allgemeine Gesichtspunkte.

1. Bei der Prüfung, ob äußerlich am Fette wahrnehmbare Merkmale auf eine Verfälschung oder Nachmachung oder sonst auf eine vorschriftswidrige Beschaffenheit hinweisen, ist auf Farbe, Konsistenz, Geruch und Geschmack zu achten. Dabei sind die folgenden Gesichtspunkte zu berücksichtigten.

Bei der Beurteilung der Farbe ist darauf zu achten, ob das Fett eine ihm nicht eigentümliche Färbung oder eine Verfärbung aufweist oder fremde Beimengungen enthält.

Bei der Prüfung des Geruchs ist auf ranzigen, talgigen, öligen, sauren, dumpfigen (mulstrigen, grabelnden), schimmeligen, sowie faulig-ekelerregenden Geruch zu achten. Die Fette sind hierzu vorher zu schmelzen.

Bei der Prüfung des Geschmacks ist festzustellen, ob ein bitterer oder ein allgemein ekelerregender Geschmack vorliegt. Auch ist darauf zu achten, ob fremde Beimengungen durch den Geschmack erkannt werden können.

2. Margarineproben sind auf die Anwesenheit des vom Bundesrats in Ausführung des Gesetzes vom 15. Juni 1897, betreffend den Verkehr mit Butter, Käse, Schmalz und deren Ersatzmittel, vorgeschriebenen Erkennungsmittels (Sesamöl) — Reichs-Gesetzbl. 1897 S. 591 — zu prüfen.

Die Ausführung der Untersuchung geschieht nach der in diesem Abschnitt unter III angeführten Anweisung.

3. Bei Schweineschmalz ist die refraktometrische Prüfung mit einem Zeiß-Wollnyschen Refraktometer mit besonderer Thermometereinteilung auszuführen. Ergibt diese Prüfung einen auffallend großen negativen (—) Wert oder einen größeren positiven (+) Wert als 1,3 (+ 1,3), so ist das Fett eingehender auf entsprechende Verfälschungen zu untersuchen. Die Ausführung der refraktometrischen Prüfung geschieht nach der in diesem Abschnitt unter III angegebenen Anweisung.

4. Wenn die nach Abs. 1 unter 1 bis 3 ausgeführten Untersuchungen einen Beanstandungsgrund nicht ergeben haben, so ist in Ausführung des § 15 Abs. 3 unter d der Ausführungsbestimmungen D zu prüfen:

a) ob Fette, welche unter das Gesetz, betreffend die Schlachtvieh- und Fleischbeschau, vom 3. Juni 1900 fallen, unter einer für Pflanzenfette üblichen Bezeichnung oder als Butter, Butterschmalz u. dgl. eingeführt werden — jedoch nur, wenn ein bestimmter Verdacht vorliegt;

b) ob das Fett anderweidig verfälscht oder verdorben ist;

c) ob es unter das Verbot des § 3 des Gesetzes v. 15. Juli 1897 (Reichs-Gesetzbl. S. 475) fällt;

d) ob es einen der im § 5 Nr. 3 der Ausführungsbestimmungen D verbotenen Stoffe enthält.

Die Untersuchungen zu Abs. 4 unter a bis c sind nach den im zweiten Abschnitt unter III aufgestellten Bestimmungen auszuführen.

Die Untersuchung zu Abs. 4 unter d geschieht nach der im zweiten Abschnitt unter II gegebenen Anweisung.

Die Anzahl der zu untersuchenden Proben für die unter Abs. 4 angeführten Prüfungen richtet sich nach dem letzten Absatze des § 15 der Ausführungsbestimmungen D.

II. Untersuchung der Fette auf die im § 5 Nr. 3 der Ausführungsbestimmungen D verbotenen Zusätze.

Sofern nicht ein besonderer Verdachtsgrund vorliegt (Zweiter Abschnitt Abs. 1), ist in allen Fällen auf die nachstehend unter 1 angeführten Stoffe zu untersuchen. Verläuft diese Untersuchung ergebnislos, so ist mindestens noch auf einen der übrigen Stoffe je nach Lage des Falles zu prüfen.

1. Nachweis von Borsäure und deren Salzen.

10 g Fett werden mit 20 ccm alkoholischer Kalilauge (13 g Kaliumhydroxyd in 100 ccm Alkohol von 70 Raumprozenten) verseift.

Die Seifenlösung wird in einer Platinschale eingedampft und verascht. Die Asche ist nach dem ersten Abschnitt gemäß II unter 1 weiter zu behandeln. Bei der Untersuchung der Margarine kann das beim Schmelzen dieses Fettes sich absetzende Wasser sogleich auf Borsäure geprüft werden.

2. Nachweis von Formaldehyd.

50 g Fett werden in einem Kolben von etwa 500 ccm Inhalt mit 5 ccm Wasser versetzt und erwärmt. Nachdem das Fett geschmolzen ist, destilliert man unter Einleiten von Wasserdampf 25 ccm Flüssigkeit ab. Das Destillat ist nach dem ersten Abschnitte gemäß I unter 2 weiter zu behandeln.

3. Nachweis von Alkali- und Erdalkali-Hydroxyden und -Karbonaten.

a) 30 g geschmolzenes Fett werden mit der gleichen Menge Wasser in einem mit Rückflußkühler versehenen Kolben von etwa 500 ccm Inhalt vermischt. In das Gemisch wird $^1/_2$ Stunde lang strömender Wasserdampf eingeleitet. Nach dem Erkalten wird der wässerige Auszug filtriert.

b) Das zurückbleibende Fett wird darauf nach Zusatz von 5 ccm konzentrierter Salzsäure in gleicher Weise, wie unter a angegeben, behandelt.

Alsdann ist das klare Filtrat von a auf 25 ccm einzudampfen und nach dem Erkalten mit verdünnter Salzsäure anzusäuern. Bei Gegenwart von Alkaliseife scheidet sich Fettsäure aus, die mit Äther auszuziehen und nach dem Verdunsten desselben als solche zu kennzeichnen ist. Entsteht jedoch beim Ansäuern eine in Äther schwer lösliche oder gelblichweise Abscheidung, so ist diese gegebenenfalls nach der folgenden Ziffer 4 unter b auf Schwefel weiter zu prüfen.

Das klare Filtrat von b wird durch Zusatz von Ammoniakflüssigkeit und Ammoniumkarbonatlösung auf alkalische Erden geprüft.

4. Nachweis von schwefliger Säure und deren Salzen und von unterschwefligsauren Salzen.

a) Zur Bestimmung der schwefligen Säure und der schwefligsauren Salze werden 50 g geschmolzenes Fett in einem Destillierkolben von 500 ccm Inhalt mit 50 ccm Wasser vermischt. Der Kolben wird darauf mit einem dreimal durchbohrten Stopfen verschlossen, durch welchen drei Glasröhren in das Innere des Kolbens führen. Von diesen reichen zwei Röhren bis auf den Boden des Kolbens, die dritte nur bis in den Hals. Die letztere Röhre führt zu einem Liebigschen Kühler; an diesen schließt sich luftdicht mittelst durchbohrten Stopfens eine kugelig aufgeblasene U-Röhre (sog. Peligotsche Röhre).

Man leitet durch die eine der bis auf den Boden des Kolbens führenden Glasröhren Kohlensäure, bis alle Luft aus dem Apparate verdrängt ist, bringt dann in die Peligotsche Röhre 50 ccm Jodlösung (erhalten durch Auflösen von 5 g reinem Jod und 7,5 g Kaliumjodid in Wasser zu 1 Liter), lüftet den Stopfen des Destillationskolbens und läßt, ohne das Einströmen der Kohlensäure zu unterbrechen, 10 ccm einer wässerigen 25 prozentigen Lösung von Phosphorsäure hinzufließen. Alsdann leitet man durch die dritte Glasröhre Wasserdampf ein und destilliert unter stetigem Durchleiten von Kohlensäure 50 ccm über. Darauf verfährt man weiter, wie im ersten Abschnitt unter II, 3 a angegeben ist.

Lieferte die Prüfung ein positives Ergebnis, so ist es als erwiesen anzusehen, daß entweder schweflige Säure, schwefligsaure oder unterschwefligsaure Salze angewendet sind. Liegt ein Anlaß vor, festzustellen, ob die schweflige Säure unterschwefligsauren Salzen entstammt, so ist in folgender Weise zu verfahren:

b) 50 g geschmolzenes Fett werden mit der gleichen Menge Wasser in einem mit Rückflußkühler versehenen Kolben von etwa 500 ccm Inhalt vermischt. In das Gemisch wird eine halbe Stunde lang strömender Wasserdampf eingeleitet, der wässerige Auszug nach dem Erkalten filtriert und das Filtrat mit Salzsäure versetzt. Entsteht hierbei eine in Äther schwer lösliche Abscheidung, so wird diese auf Schwefel untersucht. Zu dem Zwecke wird der abfiltrierte und gewaschene Bodensatz nach den im ersten Abschnitt unter II, 3 b angegebenen Bestimmungen weiter behandelt.

5. Nachweis von Fluorwasserstoff und dessen Salzen.

30 g geschmolzenes Fett werden mit der gleichen Menge Wasser in einem mit Rückflußkühler versehenen Kolben von etwa 500 ccm Inhalt vermischt. In das Gemisch wird $^1/_2$ Stunde lang strömender Wasserdampf eingeleitet, der wässerige Auszug nach dem Erkalten filtriert und das Filtrat ohne Rücksicht auf eine etwa vorhandene Trübung mit Kalkmilch bis zur stark alkalischen Reaktion versetzt. Nach dem Absetzen und Abfiltrieren wird der Rückstand getrocknet, zerrieben, in einen Platintiegel gegeben und alsdann nach der Vorschrift im ersten Abschnitt unter II, 4 weiter behandelt.

6. Nachweis von Salizylsäure und deren Salzen.

Der Nachweis der Salizylsäure und deren Salze geschieht nach der unter III gegebenen Anweisung.

7. Nachweis von fremden Farbstoffen.

Die Gegenwart fremder Farbstoffe erkennt man durch Auflösen des geschmolzenen Fettes in etwa der doppelten Menge absolutem Alkohol. Bei künstlich gefärbten Fetten bleibt die erkaltete alkoholische Lösung deutlich gelb oder rötlich gelb gefärbt.

Zum Nachweise bestimmter Teerfarbstoffe werden 2 bis 3 g Fett in 5 ccm Äther gelöst und die Lösung in einem Probierröhrchen mit 5 ccm Salzsäure vom spezifischen Gewicht 1,125 kräftig geschüttelt. Bei Gegenwart gewisser Azofarbstoffe ist die unten sich absetzende Salzsäureschicht deutlich rot gefärbt.

III. Untersuchung der Fette auf ihre Abstammung und Unverfälschtheit beziehungsweise darauf, ob sie den Anforderungen des Reichsgesetzes vom 15. Juni 1897 entsprechen.

Zu diesem Zwecke sind die Verfahren der „Anweisung zur chemischen Untersuchung von Fetten und Käsen" anzuwenden, welche auf Grund des § 12 Ziffer 2 des Gesetzes vom 15. Juni 1897 durch Bekanntmachung des Reichskanzlers vom 1. April 1898 (Zentral-Blatt für das Deutsche Reich 1898 S. 201 bis 216) erlassen wurde.

Von diesem Verfahren sind außer der Bestimmung des Brechungsvermögens die Bestimmung der Jodzahl und die Prüfungen auf Pflanzenöle in allen Fällen auszuführen (III B 4 unter b, g, i und l der „Anweisung"). Die Prüfung auf die Anwesenheit von Baumwollsamenöl ist in folgender Weise auszuführen:

5 ccm Fett werden mit der gleichen Raummenge Amylalkohol und 5 ccm einer 1prozentigen Lösung von Schwefel in Schwefelkohlenstoff in einem weiten, mit Korkverschluß und weitem Steigrohre versehenen Reagensglas etwa $^1/_4$ Stunde lang im siedenden Wasserbad erhitzt. Tritt eine Färbung nicht ein, so setzt man nochmals 5 ccm der Schwefellösung zu und erhitzt von neuem $^1/_4$ Stunde lang. Eine deutliche Rotfärbung der Flüssigkeit kann durch die Gegenwart von Baumwollsamenöl bedingt sein.

Wenn die vorhergehenden Prüfungen darauf hinweisen, daß eine Verfälschung mit Pflanzenölen stattgefunden hat, so ist die Untersuchung auf Phytosterin anzustellen.

Die Prüfung auf das Vorhandensein von Phytosterin ist in folgender Weise auszuführen:

100 g Fett werden in einem Kolben von 1 Liter Inhalt auf dem Wasserbade geschmolzen und mit 200 ccm alkoholischer Kalilauge, welche in 1 Liter Alkohol von 70 Volumprozenten 200 g Kaliumhydroxyd enthält, auf dem kochenden Wasserbad am Rückflußkühler verseift. Nach

beendeter Verseifung, die etwa $^1/_2$ Stunde Zeit erfordert, wird die Seifenlösung mit 600 ccm Wasser versetzt und nach dem Erkalten in einem Schütteltrichter viermal mit Äther ausgeschüttelt. Zur ersten Ausschüttelung verwendet man 800 ccm, zu den folgenden je 400 ccm Äther. Aus diesen Auszügen wird der Äther abdestilliert und der Rückstand nochmals mit 10 ccm obiger Kalilauge 5 bis 10 Minuten im Wasserbad erhitzt, die Lösung mit 20 ccm Wasser versetzt und nach dem Erkalten zweimal mit je 100 ccm Äther ausgeschüttelt. Die ätherische Lösung wird viermal mit je 10 ccm Wasser gewaschen, danach durch ein trockenes Filter filtriert und der Äther abdestilliert. Der Rückstand wird in ein Glasschälchen gebracht und darin bei 100° getrocknet. Darauf setzt man 2 bis 3 ccm Essigsäureanhydrid hinzu, erhitzt, unter Bedeckung des Schälchens mit einem Uhrglas, auf dem Drahtnetz etwa $^1/_2$ Minute lang zum Sieden und verdunstet den Überschuß des Essigsäureanhydrids auf dem Wasserbade. Der Rückstand wird vier- bis fünfmal aus geringen Mengen, etwa 1 bis 1,5 ccm, absolutem Alkohol umkristallisiert und von der dritten Kristallisation ab jedesmal der Schmelzpunkt bestimmt. Schmilzt das letzte Kristallisationsprodukt erst bei 117° (korrigierter Schmelzpunkt) oder höher, so ist der Nachweis von Pflanzenöl als erwiesen zu betrachten.

Bei der Untersuchung von Margarineproben ist die Bestimmung der Jodzahl und die Prüfung auf Pflanzenöle unbeschadet der Vorschrift im zweiten Abschnitt I unter 2 zu unterlassen.

Schlußbericht.

Nach Beendigung der Untersuchung ist der Ausfall derselben dem zum Beschauer bestellten Tierarzte schriftlich mitzuteilen.

IV. Olivenöl.

(Baumöl. Provenzeröl.)

Anleitung
zur chemischen Untersuchung von Baumöl.

(Anleitung für die Zollabfertigung, Anlage zu Teil III 20.)

Reines Baumöl ist eine farblose bis goldgelbe, bisweilen auch durch Chlorophyll grün gefärbte Flüssigkeit. Bei etwa 10° C. beginnt es sich zu trüben und erstarrt bei 0° zu einer salbenartigen Masse. Es zeigt einen eigentümlichen schwachen Geruch und Geschmack.

1. Bestimmung des spezifischen Gewichts.

Die Bestimmung des spezifischen Gewichts geschieht bei 15° C. mit Hilfe einer Westphalschen Wage. Das spezifische Gewicht des Baumöls liegt zwischen 0,913 und 0,919.

2. Bestimmung des Brechungsvermögens.

Die Bestimmung des Brechungsvermögens erfolgt mit dem Butterrefraktometer der Firma Karl Zeiß, optische Werkstätte in Jena, bei einer Wärme von 25° C. Über Einrichtung und Gebrauch des Refraktometers gibt die jedem Instrumente beigegebene Gebrauchsanweisung nähere Auskunft. Baumöl zeigt bei 25° C. eine Refraktionszahl von 62 bis 63.

3. Bestimmung der Jodzahl nach von Hübl.

I. Erforderliche Lösungen.

I. von Hüblsche Jodlösung. Es werden einerseits 25 g Jod, andererseits 30 g Quecksilberchlorid in je 500 ccm fuselfreiem Branntwein von 95 Raumprozent gelöst, letztere Lösung, wenn nötig, filtriert und beide Lösungen getrennt aufbewahrt. Die Mischung beider Lösungen erfolgt zu gleichen Teilen und soll mindestens 48 Stunden vor dem Gebrauche stattfinden.

2. Natriumthiosulfatlösung. Sie enthält im Liter etwa 25 g des Salzes. Zur Titerstellung löst man 3,8662 g wiederholt umkristallisiertes und völlig wasserfreies Kaliumbichromat zum Liter auf. Ferner gibt man 15 ccm einer 10%-igen Jodkaliumlösung in ein dünnwandiges Kölbchen mit eingeriebenem Glasstopfen von etwa 250 ccm Raumgehalt, säuert die Lösung mit 5 ccm konzentrierter Salzsäure an und verdünnt sie mit 100 ccm Wasser. Unter tüchtigem Umschütteln gibt man alsdann 20 ccm der Kaliumbichromatlösung hinzu. Jedes Kubikzentimeter dieser Lösung macht genau 0,01 g Jod frei. Man läßt nun unter Umschütteln von der Natriumthiosulfatlösung zufließen, wodurch die anfangs stark braune Lösung immer heller wird, setzt, wenn sie nur noch weingelb ist, etwas Stärkelösung hinzu und läßt unter jeweiligem kräftigem Schütteln noch soviel Natriumthiosulfatlösung vorsichtig zufließen, bis der letzte Tropfen die Blaufärbung der Jodstärke eben zum Verschwinden bringt. Die Kaliumbichromatlösung läßt sich lange unverändert aufbewahren und ist stets zur Nachprüfung des Gehalts der Natriumthiosulfatlösung, welcher besonders im Sommer öfters neu festzustellen ist, vorrätig zu halten.

Zum Abmessen der Jod- und Thiosulfatlösungen sind genau eingeteilte Meßgefäße (Pipetten oder Büretten) und zwar für jede Lösung stets das gleiche Meßgerät zu verwenden.

Berechnung: Da 20 ccm der Kaliumbichromatlösung 0,2 g Jod freimachen, wird die gleiche Menge Jod von der verbrauchten Zahl Kubikzentimeter Natriumthiosulfatlösung gebunden. Daraus berechnet man, wieviel Jod 1 ccm Natriumthiosulfatlösung entspricht. Die erhaltene Zahl bringt man bei allen folgenden Versuchung in Rechnung.

3. Chloroform; am besten eigens gereinigt.

4. 10%-ige wässerige Jodkaliumlösung.

5. Stärkelösung. Man erhitzt 1 bis 2 g löslicher Stärke in etwas destilliertem Wasser. Die Lösung braucht nicht filtriert zu werden. Einige Tropfen der Lösung genügen für jede Bestimmung.

II. Ausführung der Bestimmung der Jodzahl.

Man bringt 0,3 bis 0,4 g Baumöl in ein Kölbchen der unter Nr. 2 beschriebenen Art, löst das Öl in 15 ccm Chloroform und läßt 30 ccm Jodlösung (Nr. 1) zufließen, wobei man das Meßgefäß (Pipette oder Bürette) bei jedem Versuch in genau gleicher Weise entleert. Sollte die Flüssigkeit nach dem Umschwenken nicht völlig klar sein, so wird noch etwas Chloroform hinzugefügt. Tritt binnen kurzer Zeit fast vollständige Entfärbung der Flüssigkeit ein, so muß man noch Jodlösung hinzugehen. Die Jodmenge muß so groß sein, daß noch nach 3—4 Stunden die

Flüssigkeit stark braun gefärbt erscheint. Nach dieser Zeit ist die Umsetzung beendet. Die Versuche sind bei 15 bis 18° anzustellen, die Einwirkung unmittelbaren Sonnenlichts ist zu vermeiden.

Man versetzt dann die Mischung mit 15 ccm Jodkaliumlösung (Nr. 4), schwenkt um und fügt 100 ccm Wasser hinzu. Scheidet sich hierbei ein roter Niederschlag aus, so war die zugesetzte Menge Jodkalium ungenügend, doch kann man diesen Fehler durch nachträglichen Zusatz von Jodkalium beseitigen. Man läßt nun unter oftmaligem Schütteln so lange Natriumthiosulfatlösung zufließen, bis die wässrige Flüssigkeit und die Chloroformschicht nur mehr schwach gefärbt sind. Jetzt wird etwas Stärkelösung zugegeben und zu Ende titriert. Mit jeder Versuchsreihe ist ein sogenannter blinder Versuch, d. h. ein solcher ohne Anwendung eines fetten Öles zur Prüfung der Reinheit der Reagentien, namentlich auch des Chloroforms und zur Feststellung des Gehalts der Jodlösung zu verbinden.

Bei der Berechnung der Jodzahl ist der für den blinden Versuch nötige Verbrauch in Abzug zu bringen. Man berechnet aus den Versuchsergebnissen, wieviel Gramm Jod von 100 g Baumöl aufgenommen worden sind, und erhält so die Hüblsche Jodzahl des Baumöls.

Die Jodzahl reinen Baumöls liegt zwischen 79 und 88.

4. Elaidinprobe.

10 g Baumöl werden in ein Probierröhrchen gebracht und 5 ccm Salpetersäure von der Dichte 1,410 hinzugesetzt. Nachdem man 2 Minuten lang geschüttelt hat, wird 1 g Quecksilber hinzugefügt und dieses durch starkes Schütteln gelöst. Sodann läßt man die Mischung etwa $^1/_2$ Stunde stehen. Reines Baumöl gibt dann eine farblose oder schwach gelb gefärbte feste Masse.

5. Prüfung auf Baumwollsamenöl.

5 ccm Baumöl werden mit der gleichen Raummenge Amylalkohol und 5 ccm einer $1\,^0/_0$-igen Lösung von Schwefel in Schwefelkohlenstoff in einem weiten, mit Korkverschluß und weitem Steigrohre versehenen Reagenglas etwa $^1/_4$ Stunde lang im siedenden Wasserbad erhitzt. Tritt eine Färbung nicht ein, so setzt man nochmals 5 ccm der Lösung des Schwefels hinzu und erhitzt von neuem $^1/_4$ Stunde lang. Eine deutliche Rotfärbung der Flüssigkeit ist durch die Gegenwart von Baumwollsamenöl bedingt.

6. Prüfung auf Sesamöl.

5 ccm Baumöl werden mit 0,1 ccm einer alkoholischen Furfurollösung (1 Raumteil farbloses Furfurol in 100 Raumteilen absolutem Alkohol)

gelöst und mit 10 ccm Salzsäure vom spezifischen Gewicht 1,19 mindestens $1/2$ Minute lang kräftig geschüttelt. Wenn die am Boden sich abscheidende Salzsäure eine nicht alsbald verschwindende Rotfärbung zeigt, so kann die Gegenwart von Sesamöl angenommen werden.

7. Prüfung auf Erdnußöl.

Zur Prüfung auf Erdnußöl wird das Baumöl (10 g) verseift und aus der erhaltenen Seife werden die Fettsäuren durch Salzsäure abgeschieden. Die ausgeschiedenen Fettsäuren werden darauf in 90%igem Weingeist wieder gelöst und mit Bleizucker gefällt. Der erhaltene Niederschlag wird mit Äther behandelt und das hinterbleibende, in Äther nicht lösliche Gemisch der Bleisalze durch Salzsäure zerlegt. Durch wiederholtes Umkristallisieren der so erhaltenen Säuren aus heißem Alkohol wird die zuerst sich abscheidende Arachinsäure gewonnen und ihr Schmelzpunkt bestimmt. Reine Arachinsäure schmilzt bei 75° C.

Technische Erläuterungen zu der vorstehenden Anweisung.[1])

(Gutachten der Technischen Prüfungsstelle des Reichsschatzamts.)

Die hauptsächlichsten Verfälschungen, die bei Baumöl bisher beobachtet worden sind, bestehen in Zusätzen von Baumwollsamenöl, Sesamöl und Erdnußöl. Auch andere, trocknende und nicht trocknende Öle kommen in Frage. Ihr Nachweis wird dadurch erschwert, daß die Eigenschaften des Baumöls abhängig sind von der Abstammung und der Art der Gewinnung des Oles und daher Schwankungen unterliegen. Ferner kommt in Betracht, daß die Prüfungen, die zur Erkennung der dem Baumöl möglicherweise zugesetzten Öle dienen, keineswegs immer mit voller Sicherheit diese Öle erkennen lassen. Daher ist auch eine große Anzahl von Prüfungen für das Baumöl vorgeschlagen worden, von denen einige sich nicht als brauchbar erwiesen haben, von den andern aber im allgemeinen keine für sich allein als ausreichend für die Erkennung der Reinheit dieses Öles angesehen werden kann. Die Untersuchung des Baumöles kann deswegen nur so bewirkt werden, daß mehrere Prüfungen ausgeführt werden, und ihr Gesamtergebnis festgestellt wird.

In Bezug auf die Auswahl dieser Prüfungsvorschriften sind verschiedene Vorschläge gemacht worden.

Die „Vereinbarungen zur einheitlichen Untersuchung und Beurteilung von Nahrungs- und Genußmitteln sowie Gebrauchsgegenständen für das

[1]) Nachrichtenblatt für die Zollstellen 1906, 1, 35 ff.

Deutsche Reich, Heft I, Seite 108", führen folgende Prüfungen als zweckmäßig an:

1. Bestimmung des spezifischen Gewichts, 2. Bestimmung des Brechungsexponenten durch das Refraktometer, 3. Bestimmung des Schmelz- und Erstarrungspunktes der Fettsäuren, 4. Bestimmung der von Hüblschen Jodzahl, 5. Elaidinprobe, 6. Prüfung auf die einzelnen etwa zur Verfälschung des Baumöls dienenden Öle.

Das „Schweizerische Lebensmittelbuch" (1899), Seite 35, schreibt in gleicher Weise die zu 1, 2, 4 und 6 angeführten Prüfungen vor.

In den von dem „Institut Impérial Technique de Pétersbourg" herausgegebenen „Conclusions de la Commission instituée pour l'unification des méthodes d'analyse de l'Huile d'Olive, Mission Millau 1899—1900" wird auf Grund eines von dem „Directeur du laboratoire d'Essais Techniques du Ministere de l'Agriculture, à Marseille" erstatteten Berichts vorgeschlagen, zu unterscheiden:

I. zwischen denjenigen Prüfungen, welche stets auszuführen sind (méthodes obligatoires), und zwar:

1. Bestimmung des spezifischen Gewichts, 2. Bestimmung des Erstarrungspunktes, 3. Elaidinprobe, 4. Bestimmung des Säuregrades, 5. Bestimmung der Köttstorferschen Verseifungszahl, 6. Bestimmung der v. Hüblschen Jodzahl, und

II. denjenigen Prüfungen, welche in besonderen Fällen, bei wissenschaftlichen Untersuchungen, bei der Untersuchung verdächtiger oder zweifelhafter Proben vorzunehmen sind, nämlich:

1. Verhalten beim Erhitzen mit Schwefelsäure, 2. Löslichkeit in Weingeist, 3. Schmelzpunkt der Fettsäuren, 4. der Gehalt („le titre"), 5. Absorbtionskoeffizient der unlöslichen Säuren in Wasser, 6. Prüfung auf Baumwollsamenöl nach dem Verfahren Milliau, 7. Prüfung auf Sesamöl mit Hilfe der Baudouinschen Reaktion, nach dem Verfahren von Milliau, 8. Prüfung auf Erdnußöl nach dem Verfahren von Renard.

Der erwähnte Bericht kommt zu dem Schlusse, daß die bereits von den staatlichen Untersuchungsanstalten in Frankreich und in den Vereinigten Staaten von Nordamerika angenommenen Prüfungsvorschriften auch den in Rußland zu treffenden Maßnahmen zu Grunde zu legen und nur in einigen Punkten den besonderen russischen Verhältnissen anzupassen seien.

Übereinstimmend wird in allen Vorschlägen die Bestimmung der Jodzahl als besonders wichtig bezeichnet.

Im übrigen erschien für den vorliegenden Zweck nötig, die Zahl der vorzunehmenden Prüfungen zu beschränken, zumal ein Teil der von der russischen Kommission vorgeschlagenen vorstehend erwähnten Verfahren nur in besonderen Fällen für bestimmte Verwendungszwecke des Baumöls in Betracht kommt. Ebenso erschien auch entbehrlich, außer den vorgeschlagenen Prüfungen auf trocknende Öle (Elaidinprobe), auf Baumwollsamenöl, Sesamöl und Erdnußöl auch noch besondere Prüfungen auf andere Öle vorzusehen, die bisweilen zur Verfälschung des Baumöls dienen können, und auf die auch in einem von L. M. Tolman und L. S. Munson erstatteten Bericht „Olive Oil and its Substitutes" (U. S. Department of Agriculture, Bureau of Chemistry Bulletin No. 77, Washington 1903) Rücksicht genommen ist.

Schwierig ist die Festlegung der Zahlenwerte, welche bei den einzelnen Prüfungen noch als für reines Baumöl zulässig angesehen werden sollen. Die in der Anweisung vorgeschlagenen Zahlen sind, soweit dies möglich war, so gewählt worden, daß sie nicht eine zu enge Begrenzung bedingen, anderseits aber auch nicht der Verfälschung des Baumöles Vorschub leisten.

Von diesen Gesichtspunkten aus sind die folgenden Untersuchungen für die Prüfung des Baumöls vorgeschrieben:

1. Bestimmungen des spezifischen Gewichts, 2. Bestimmung des Brechungsvermögens, 3. Bestimmung der Jodzahl nach von Hübl, 4. Elaidinprobe, 5. Prüfung auf Baumwollsamenöl, 6. Prüfung auf Sesamöl, 7. Prüfung auf Erdnußöl.

Zu diesen Vorschriften sind im einzelnen noch folgende Bemerkungen zu machen.

1. Das spezifische Gewicht.

Über das spezifische Gewicht des Baumöls liegt eine große Anzahl von Beobachtungen vor. De Negri und Fabris[1]) fanden bei 70 Proben von italienischen Baumöl das spezifische Gewicht zwischen 0,9160 und 0,9180; Tolman und Munson[2]) bei 18 Proben italienischen Baumöls die entsprechenden Werte zwischen 0,9155 und 0,9180. Nach Milliau[3]) lag das spezifische Gewicht französischen Baumöls zwischen 0,9169 und 0,9172, dasjenige tunesischen Öls[4]) zwischen 0,9170 und 0,9196. Nach Colby[5]) zeigten kalifornische Baumöle ein spezifisches Gewicht von 0,9140 bis 0,9185. An 33 Proben gleichfalls von

[1]) Annali del Lab. chim. centr. delle Gabelle, vol. I, Gli Olii pt. I, p. 38.

[2]) Olive oil and its Substitutes. U. S. Department of Agriculture. Bureau of Chemistry, Bulletin No. 77 (1903).

[3]) Bull du Ministère de l'Agriculture 1895, p. 139.

[4]) Milliau, Bertainchand et Malet, Bull. de l'Agriculture et commerce de Tunis: „Rapport sur les huiles d'olive de Tunise" 1900.

[5]) California Agr. Exept. Stat. Report, 1897/98, p. 169.

kalifornischem Baumöl bestimmten Tolman und Munson[1]) das spezifische Gewicht als zwischen 0,9162 und 0,9180 liegend; Blasdale[2]) beobachtete an 11 Proben von kalifornischem Öl das spezifische Gewicht zwischen 0,9161 und 0,9174. Die „Vereinbarungen zur einheitlichen Untersuchung und Beurteilung von Nahrungs- und Genußmitteln sowie Gebrauchsgegenständen für das Deutsche Reich" enthalten über das spezifische Gewicht des Baumöls keine Angaben. Der Entwurf des „Codex alimentarius austriacus" führt an, daß das spezifische Gewicht des Baumöls bei 15° zwischen 0,9150 und 0,9175 liegt. In dem „Schweizerischen Lebensmittelbuch" (zweite revidierte Auflage, Bern 1905, zweiter Abschnitt, S. 37) wird das spezifische Gewicht bei 15° als zwischen 0,916 und 0,918 liegend angegeben. In einem von dem „Institut Impèrial Technique de Pétersbourg" erstatteten Bericht (Conclusions de la commission instituée pour l'unification des méthodes d'analyse de l'huile d'olive. Mission Millian 1899—1900) werden als Grenzen des spezifischen Gewichts für das zu Speisezwecken bestimmte Baumöl die Werte 0,914 bis 0,918, für andere Baumöle 0,913 bis 0,919 und auch noch höher angeführt. In Benedict-Ulzer, Analyse der Fette und Wachsarten, vierte Auflage (1903), S. 686 heißt es, daß das spezifische Gewicht des reinen Baumöls bei 15° 0,914 bis 0,917 ist, bei heißgepreßten Baumölen aber, die mehr Palmitin enthalten, bis 0,920, ja selbst bis 0,925 steigt (vgl. auch Lewkowitsch, Chemische Technologie und Analyse der Öle, Fette und Wachse, 1905, II. Bd., S. 198). Durch die Anwesenheit freier Fettsäuren wird das spezifische Gewicht erniedrigt. So zeigte nach Untersuchungen von Zammit[3]) ein Baumöl mit 12% freier Säure das spezifische Gewicht 0,9147, ein solches mit 20% das spezifische Gewicht 0,9132 usw. Dahingegen wird das spezifische Gewicht des Baumöls durch Zusatz verschiedener anderer Öle mit einem höheren spezifischen Gewicht wie Baumwollsamenöl (0,9230), Mohnöl (0,924) oder Sesamöl (0,9225) erhöht, während die Öle mit niedrigerem spezifischen Gewicht wie Erdnußöl (0,916) oder Rüböl (0,9142) einem solchen Einfluß nicht ausüben. Die Bestimmung des spezifischen Gewichts ist daher für die Entscheidung über die Reinheit des Baumöls allein nicht maßgebend, sie kann aber auf die Möglichkeit einer Verfälschung mit den zuerst angeführten Ölen hinweisen. Nach dem Vorschlag der oben erwähnten Petersburger Kommission wird die Bestimmung des spezifischen

[1]) Olive oil and its Substitutes. U. S. Department of Agriculture. Bureau of Chemistry, Bulletin No. 77 (1903).

[2]) California Agr. Expt. Stat. Report, 1897/98, p. 169.

[3]) Rev. Int. Fals. Alim. 1899, 12, 84.

Gewichts des Baumöls zweckmäßig mit der Westphalschen Wage und auf Wasser von 15° als Einheit bezogen ausgeführt.

2. Das Brechungsvermögen.

Über das Brechungsvermögen des Baumöls ist eine Reihe von Untersuchungen ausgeführt. Leone und Longi[1]) haben zuerst versucht, Verfälschungen des Baumöls mit Baumwollsamenöl oder Sesamöl durch Bestimmung des Lichtbrechungsvermögens nachzuweisen. Oliverie[1]) untersuchte 106 Proben von Baumöl mit den Oleorefraktometer von Amagat und Jean. Ferner liegen Untersuchungen von Beckurts und Seiler[2]) über das Brechungsvermögen des Baumöls bei verschiedenen Wärmegraden unter Benutzung des Zeißschen Butterrefraktometers vor. Endlich haben auch Tolman und Munson[3]) italienische (18 Proben) und kalifornische Baumöle (42 Proben), Blasdale[4]) 11 kalifornische und Colby[4]) gleichfalls kalifornische Baumöle auf ihr Brechungsvermögen mit dem Zeißschen Butterrefraktometer untersucht. Diese Beobachtungen wurden teils bei 15,5°, teils bei 25—30° ausgeführt. Die Untersuchungen ergaben, daß das Baumöl von den pflanzlichen Ölen den kleinsten Brechungsexponenten besitzt. So sind bei 15° die Brechungsexponenten des Baumwollsamenöls 1,4752, des Rüböls 1,4732, des Sesamöls 1,4748. Die Brechungsexponenten der oben angeführten Baumöle verschiedenen Ursprungs waren dagegen folgende: italienische Öle 1,4703—1,4713; kalifornische Öle 1,4703—1,4718; 1,4710—1,4716 und 1,4689—1,4717. Die „Vereinbarungen usw. für das Deutsche Reich" enthalten keine Aufgabe über das Brechungsvermögen des Baumöls. Der Entwurf des „Codex alimentarus austriacus" gibt das Brechungsvermögen des Baumöls bei 25° in den willkürlichen Graden des Zeißschen Butterrefraktometers zu 62—62,5 an. Nach dem „Schweizerischen Lebensmittelbuch", zweite revidierte Auflage (1905), II. Abschnitt, S. 37 ist dieser Wert bei 40° gleich 53—55 (Baumwollsamenöl 58—59, Erdnußöl 55, Mohnöl 63, Sesamöl 59—60). Benedict-Ulzer, Analyse der Fette und Wachsarten, 4. Auflage, S. 689 gibt für 25° den Wert 62,0—62,8 (Baumwollsamenöl 67,6—69,4, Erdnußöl 65,8—67,5, Mohnöl 72—77, Sesamöl 67,0—68,2) an. Da der Brechungsexponent (im Mittel bei 15° = 1,4698) in den Bereich des Zeißschen Butterrefraktometers fällt und dieser Apparat immer mehr Anwendung bei der Untersuchung

---

[1]) Vgl. Benedict-Ulzer, Analyse der Fette und Wachsarten, 4. Aufl., S. 689.

[2]) Ebenda S. 503.

[3]) Olive Oil and its substitutes, S. 15.

[4]) Ebenda S. 17.

der Fette und Öle gefunden hat, so wird das Brechungsvermögen des Baumöls zweckmäßig mit diesem Apparat bestimmt. Nach den „Vereinbarungen usw. für das Deutsche Reich", Heft I, S. 84 soll man bei Ölen als Vergleichstemperatur 25° wählen und das Brechungsvermögen in Teilen der willkürlichen Skala des Zeißschen Butterrefraktometers angeben. Aus den vorstehenden Ausführungen ergibt sich, daß die Bestimmung des Brechungsvermögens ähnlich wie die Bestimmung des spezifischen Gewichts für die Entscheidung über die Reinheit des Baumöls allein nicht maßgebend ist, sie kann aber auf die Möglichkeit einer Verfälschung mit andern Ölen hinweisen.

3. **Die nach dem Verfahren von v. Hübl bestimmte Jodzahl.**

Für die Beurteilung der Reinheit des Baumöls ist die Bestimmung der Jodzahl von besonderer Bedeutung. Die „Vereinbarungen usw. für das Deutsche Reich" sagen in bezug hierauf: „Die Jodzahl reinen Olivenöls schwankt im allgemeinen zwischen 79,5 und 88,0. Da die zur Verfälschung dienenden Öle eine mehr oder minder erheblich höhere Jodzahl haben, so werden Verfälschungen durch eine erhöhte Jodzahl (über 88) erkannt."

In dem Entwurf des Codex alimentarius austriacus heißt es in Bezug hierauf, daß die Jodzahl zwischen 79—90 liegen muß; die häufigsten Werte seien 82—85. Starke Beimischungen von Sesamöl sollen auch die Jodzahl beträchtlich erhöhen; ebenso erhöht ein Zusatz von Baumwollsamenöl die Jodzahl, während das Erdnußöl in dieser Hinsicht nur einen geringen Einfluß ausübt. Das „Schweizerische Lebensmittelbuch", zweite revidierte Auflage, zweiter Abschnitt, S. 37 gibt 79 bis 88 als Jodzahl des Baumöls an. Benedict-Ulzer, Analyse der Fette und Wachsarten, 4. Auflage (1903), sagt, daß die Jodzahl ein ausgezeichnetes Mittel gibt, um reines Baumöl zu erkennen, da fast alle zur Verfälschung gebrauchten Öle höhere Jodzahlen zeigen. Nach v. Hübl lagen die Jodzahlen von 20 Proben Baumöl zwischen 81,6 und 84,5; nach de Negri und Fabris wurde die höchste Jodzahl von 203 Baumölproben bei 88 gefunden. Auch Lewkowitsch, Chemische Technologie und Analyse der Öle, Fette und Wachse (1905), Band II, S. 199 bezeichnet die Bestimmung der Jodzahl des Baumöls als das wichtigste und wertvollste Mittel für die Entdeckung von Verfälschungen; nach ihm soll reines Baumöl in der Regel eine zwischen 81,6 und 84,5 liegende Jodzahl haben. Jedoch macht Lewkowitsch gleichzeitig darauf aufmerksam, daß sich auch unzweifelhaft echte Öle mit einer höheren Jodzahl finden. Diese Fälle seien indessen Ausnahmen, und man tue stets gut, ein Baumöl mit einer höheren Jodzahl als 85 als verdächtig anzusehen.

Weniger günstig äußern sich Tolman und Munson in ihrer Arbeit: „Olive Oil and its Substitutes." Indem sie auf Grund der Untersuchung zahlreicher Proben von Baumöl verschiedenen Ursprungs (italienische, französische, tunesische, kalifornische Baumöle) feststellen, daß die Jodzahl erheblich schwankt und zwar etwa zwischen 78 und 90, kommen die Verfasser zu dem Schluß, daß die Bestimmung der Jodzahl nur in Fällen stärkerer Verfälschung sichere Schlüsse zulasse. Dahingegen bezeichnet die „Commission instituée pour l'unification des méthodes d'analyse de l'huile d'Olive" die Bestimmung der Jodzahl des Baumöls wieder als die wichtigste Prüfung und hält auch daran fest, nicht, wie dies vorgeschlagen worden ist, die Jodzahl der aus dem Baumöl ausgeschiedenen Fettsäuren, sondern vielmehr die des Öles selbst zu bestimmen, zumal die Untersuchung bei Befolgung jenes Vorschlages erheblich mehr Zeit in Anspruch nehmen würde.

Aus dem Vorstehenden dürfte sich ergeben, daß die Bestimmung der Jodzahl des Baumöls für die Beurteilung seiner Reinheit nicht entbehrt werden kann, daß aber auch diese Prüfung ebensowenig wie die anderen vorgeschriebenen Verfahren allein für eine Entscheidung maßgebend ist. Wenn daher ein Baumöl mit einer höheren Jodzahl gefunden wird, so wird man daraufhin allein das Öl noch nicht als verfälscht bezeichnen können, sondern auch noch das Ergebnis der anderen Prüfungen zu Rat ziehen müssen.

Bemerkt sei noch, daß unter den zahlreichen für die Bestimmung der Jodzahl von Fetten und Ölen gegebenen Vorschriften für die Untersuchung der Baumöle diejenige gewählt worden ist, welche auch für die Untersuchung anderer Fette und Öle, nämlich des Butterfettes, des Margarinefettes, des Schweineschmalzes und anderer Speisefette und Öle (Zentralblatt für das Deutsche Reich 1898, S. 201 ff.), sowie für die Untersuchung des Kakaofettes (Zentralblatt für das Deutsche Reich, 1903, S. 429) für das Deutsche Reich vorgeschrieben ist.

4. Die Elaidinprobe.

Die Elaidinprobe beruht bekanntlich darauf, daß die nicht trocknenden, Glyzeride der Ölsäure enthaltenden Öle durch Salpetrigsäure in festes Elaidin umgewandelt werden, während die trocknenden Öle, welche Glyzeride der Linolsäure enthalten, beim Behandeln mit Salpetrigsäure mehr oder weniger flüssig verbleiben. Da auch Verfälschungen des zu den nicht trocknenden Ölen zu rechnenden Baumöls mit trocknenden Ölen vorkommen können, und deren Anwesenheit nicht immer mit Sicherheit durch die anderen vorgeschriebenen Prüfungen allein erkannt wird, so ist es zweckmäßig, auch die Elaidinprobe auszuführen. Allerdings darf ihre

Bedeutung nicht überschätzt werden. Die „Vereinbarungen usw. für das Deutsche Reich" sagen in Heft I, S. 108: „Auch die Elaidinprobe sowie die Salpetersäureprobe können bei gröberen Verfälschungen als Vorproben gute Dienste leisten." Aber auch der Entwurf des Codex alimentarius austriacus und der Bericht der „Commission instituée pour l'unification das méthodes d'analyse de l'huile d'Olive" führen die Elaidinprobe auf. Von den verschiedenen für diese Prüfung in Vorschlag gebrachten Vorschschriften ist die auch von der vorstehend genannten Kommission gewählte als einfach ausführbar und vielfach angewandt gewählt worden.

5. Die Prüfung auf Baumwollsamenöl.

Wenn sich auch die Anwesenheit von Baumwollsamenöl im Baumöl bereits in der Erhöhung des spezifischen Gewichts und des Brechungsvermögens bemerkbar machen kann, so war doch erforderlich, auch eine weitere Vorschrift für den Nachweis einer solchen Verfälschung zu geben. Hierfür erschien das Halphensche Verfahren als das brauchbarste (vgl. Lewkowitsch, „Chemische Technologie und Analyse der Öle, Fette und Wachse, II. Band, S. 105). Übrigens ist diese Vorschrift auch in die amtliche Anweisung für die chemische Untersuchung von tierischen Fetten auf Baumwollsamenöl aufgenommen worden (Beilage zum Zentralblatt für das Deutsche Reich, 1902, Nr. 22, S. 1 ff.). Es ist indessen bekannt, daß das Ausbleiben dieser Prüfung noch kein Beweis für die Abwesenheit des Baumwollsamenöls ist, da dieses Öl beim Erhitzen auf 250° die Eigenschaft verliert, mit Schwefel und Schwefelkohlenstoff in amylalkoholischer Lösung eine Rotfärbung zu geben. Aus diesem Grunde können auch die anderen Prüfungen nicht wohl entbehrt werden.

6. Die Prüfung auf Sesamöl.

Auch das Sesamöl bewirkt wie das Baumwollsamenöl eine Erhöhung des spezifischen Gewichts des Baumöls sowie seines Brechungsvermögens.

Da indessen auch andere Öle diese Änderung der genannten Eigenschaften herbeiführen können, ist es notwendig, noch eine besondere Prüfung auf Sesamöl auszuführen. Von den verschiedenen hierfür in Frage kommenden Verfahren ist auch jetzt noch immer das Baudouinsche trotz mancher dagegen geltend gemachter Bedenken in der von Villavecchia und Fabris vorgeschlagenen Form am häufigsten angewandt. (Vgl. „Vereinbarungen usw. für das Deutsche Reich", Heft 1, S. 102.) Dieses Verfahren ist daher auch in der amtlichen Anweisung zur chemischen Untersuchung von Fetten und Käsen (Zentralblatt für das Deutsche Reich, 1898, S. 201 ff.) sowie in der amtlichen Anweisung für die chemische Untersuchung von Fleisch und Fetten (Zentralblatt für das

Deutsche Reich, 1902, Nr. 22, S. 56* ff.) vorgeschrieben. Nach dem Entwurf des Codex alimentarius austriacus dient dieses Verfahren zum qualitativen Nachweis auch geringer Mengen von Sesamöl im Baumöl. Auch das „Schweizerische Lebensmittelbuch", zweite revidierte Auflage, zweiter Abschnitt, S. 37, schreibt dieses Verfahren vor. Tolman und Munson führen in ihrer Arbeit: „Olive oil and its substitutes" S. 36 an, daß das Baudouinsche Verfahren in der nach Villavecchias Vorschlag abgeänderten Form, wie sie für die Prüfung des Baumöls vorgeschrieben ist, für das Sesamöl charakteristisch und geeignet sei, kleine Mengen des Sesamöls im Betrag von 2 % im Baumöl mit Sicherheit nachzuweisen. Ebenso schlägt auch die „Commission institutée pour l'unification des méthodes d'analyse de l'huile d'Olive" in ihrem schon früher erwähnten Bericht die Prüfung auf Sesamöl nach dem Verfahren Baudouin vor. Das Verfahren läßt auch bei richtiger Ausführung, sofern Sesamöl überhaupt vorhanden ist, über diese Tatsache keinen Zweifel. Die Punkte aber, auf welche es bei der Ausführung dieses Versuches vor allem ankommt, sind in der Arbeit von Kerp: „Über die Baudouinsche Reaktion"[1]) ausführlich dargelegt worden.

Außerdem wird gegen die Anwendung dieses Verfahrens für den Nachweis von Sesamöl im Baumöl bisweilen geltend gemacht, daß auch unzweifelhaft reine Baumöle vorkommen, welche mit Furfurol und Salzsäure in weingeistiger Lösung eine Rotfärbung geben. Das „Schweizerische Lebensmittelbuch" sagt a. a. O., S. 25, in Bezug hierauf: „Die Olivenöle von Bari und Tunis können ebenfalls schwache Rotfärbungen geben, die sich indessen in der Nüance von der Sesamölreaktion unterscheiden."

In der mehrfach erwähnten Arbeit von Tolman und Munson heißt es in Bezug hierauf (S. 36): „Es muß immer berücksichtigt werden, daß einige Olivenöle aus Italien und Tunis ein Verhalten bei dieser Prüfung zeigen, das schwer zu unterscheiden ist, wenn man nicht vergleichende Versuche mit Sesamöl anstellt, wodurch der Unterschied leicht festgestellt werden kann." Ferner führt Benedict-Ulzer, Analyse der Fette und Wachsarten, 4. Auflage, S. 645, Arbeiten von verschiedenen Forschern an, nach denen Olivenöle von Tunis und Algier, sowie auch manche italienische und dalmatiner Öle bei der Baudouinschen Prüfung eine rosarote Färbung geben sollen. Endlich sei noch auf das hingewiesen, was Lewkowitsch, Chemische Technologie und Analyse der Öle, Fette und Wachse, II. Band (1905), S. 115, über den Baudouinschen Nachweis des Sesamöls sagt. Es heißt dort S. 115: „Die letztgenannte

[1]) Arbeiten aus den Kaiserlichen Gesundheitsamt, 1893, 15, 251 ff.

Farbenreaktion ist für Sesamöl so außerordentlich charakteristisch, daß es dadurch mit Sicherheit im Gemisch mit anderen Ölen entdeckt werden kann. Diese Probe . . . ist die einzige Farbenreaktion, die bisher in der Analyse der Öle und Fette als vollständig zuverlässig befunden werden." Dann heißt es dort S. 116 weiter: „Mit Bezug auf Olivenöl sei jedoch bemerkt, daß einige tunesische, algerische und portugiesische (aus dem Dourobezirk), sowie auch einige italienische Olivenöle aus den Provinzen Bari, Brindisi und Lecce eine Farbenreaktion gehen, die zu Zweifeln Anlaß geben kann."

Es mag danach zugegeben sein, daß Baumöle vorkommen können, welche bei der Baudouinschen Prüfung auf Sesamöl zu Zweifeln Veranlassung geben. Andererseits ist aber ebensowenig daran zu zweifeln, das Sesamöl zur Verfälschung von Baumöl Verwendung findet.

Die „Übersicht über die Jahresberichte der öffentlichen Anstalten zur technischen Untersuchung von Nahrungs- und Genußmitteln im Deutschen Reich für das Jahr 1902", bearbeitet im Kaiserlichen Gesundheitsamt (1905) führt in dem Abschnitt: „Speisefette und Öle" S. 64ff zahlreiche derartige Fälle auf. Unter anderem heißt es dort nach dem Bericht des Städtischen Untersuchungsamts zu Dresden: „Unter 9 eingelieferten Olivenölproben befanden sich einige, welche durch 10—20% Sesamöl verfälscht waren" und ferner nach dem Bericht des staatlichen hygienischen Instituts zu Hamburg: „Die Oliven- und Speiseöle erwiesen sich der Mehrzahl nach als Verschnitte von Olivenöl und Sesamöl und wurden, sofern sie als Olivenöl verkauft worden waren, beanstandet." Eine besondere Prüfung des Baumöls auf Sesamöl kann daher keineswegs entbehrt werden. Unter den hierfür in Frage kommenden Prüfungen muß aber nach dem Vorstehenden auch jetzt noch das Baudouinsche Verfahren als das brauchbarste erachtet werden. Lewkowitsch sagt sogar a. a. O. S. 116: „Im Hinblick auf die Zuverlässigkeit der Baudbouinschen Reaktion verlieren alle sogenannten „Modifikationen" und anderen Farbenreaktionen, die in großer Anzahl vorgeschlagen worden sind, ihre praktische Bedeutung. Sie sind deshalb hier übergangen worden."

Übrigens sei noch darauf hingewiesen, daß es in der zollamtlichen Anweisung zur Prüfung des Baumöls bei der Prüfung auf Sesamöl ausdrücklich heißt: „Wenn die am Boden sich abscheidende Salzsäure eine nicht alsbald verschwindende Rotfärbung zeigt, so kann die Gegenwart von Sesamöl angenommen werden." Danach muß es dem untersuchenden Chemiker überlassen bleiben, im einzelnen Fall zu entscheiden, ob die bei Anwendung des Baudouinschen Verfahrens etwa eintretende Rotfärbung im Zusammenhang mit dem

Ergebnis der Bestimmung des spezifischen Gewichts, des Brechungsvermögens und der Jodzahl auf eine Verfälschung des Baumöls durch Sesamöl schließen läßt, oder ob einer der erwähnten Ausnahmefälle vorliegt und das Baumöl trotzdem als rein zu erachten ist. Vergleichende Versuche an Proben von reinem Baumöl mit einem Zusatz von Sesamöl, auch die Anwendung des von manchen Seiten empfohlenen Verfahrens von Solsien[1]) (Eintritt einer Rotfärbung beim Behandeln des sesamölhaltigen Baumöls mit eine Zinnchlorür-Salzsäure-Mischung) sowie auch die von Milliau[2]) vorgeschlagene Wiederholung der Baudouinschen Prüfung mit den aus dem Baumöl ausgeschiedenen und bei 105° getrockneten Fettsäuren können je nach dem Ermessen des chemischen Sachverständigen dazu dienen, um die Frage, ob eine Verfälschung vorliegt oder nicht, noch weiter zu klären.

7. Die Prüfung auf Erdnußöl.

Die Anwesenheit von Erdnußöl im Baumöl macht sich, wie bereits angeführt wurde, durch eine Erhöhung des spezifischen Gewichts nicht bemerkbar. Das Berechnungsvermögen des Baumöls wird allerdings durch einen Zusatz von Erdnußöl erhöht. Sicher wird die Anwesenheit dieses Öles aber nur dadurch nachgewiesen, daß man das Öl verseift, aus der erhaltenen Seife die Fettsäuren abscheidet und in diesen in der in der Anleitung beschriebenen Weise die Arachinsäure als wesentlichen Bestandteil des Erdnußöls nachweist.

---

1) Zeitschr. öffentl. Chemie 3, 63.

2) Compt. rend. 106, 550.

V. Talg, schmalzartige Fette, Kerzenstoffe.

Der Bundesrat hat in seiner Sitzung vom 30. Januar d. J. beschlossen:

2. zu bestimmen, daß an Stelle der durch den Beschluß des Bundesrats vom 19. Mai 1892 (Zentral-Blatt von 1892 S. 408) genehmigten Instruktion für die zolltechnische Unterscheidung des Talgs und der unter Nr. 26i des Zolltarifs fallenden Kerzenstoffe, für die Untersuchung der Konsistinz tierischer Fette und für die Denaturierung des Talgs schmalzartiger Konsistenz die als Anlage II beigefügte Instruktion für die zolltechnische Unterscheidung des Talgs, der schmalzartigen Fette und der unter Nr. 26i des Zolltarifs fallenden Kerzenstoffe und für die Denaturierung schmalzartiger Fette zu treten hat.

Berlin, den 6. Februar 1896.

Der Reichskanzler.
Am Auftrage: v. Koerner.

Instruktion
für die zolltechnische Unterscheidung des Talgs, der schmalzartigen Fette und der unter Nr. 26i des Zolltarifs fallenden Kerzenstoffe.

I. Zur zolltechnischen Unterscheidung des Talgs (Nr. 26*l*), der schmalzartigen Fette (Nr. 26h), soweit sie nicht in Schmalz von Schweinen oder Gänsen bestehen, und der unter dem Namen Stearin in den Handel kommenden, nach Nr. 26i zu tarifierenden festen, harten Fettsäuregemische der Stearin- und Palmitinsäure sowie ähnlicher Kerzenstoffe, dient in erster Linie die von den Zollämtern vorzunehmende Feststellung des Erstarrungspunktes. Liegt der ermittelte Erstarrungspunkt der Fette unter 30° C., so sind sie als schmalzartige Fette, liegt er zwischen 30 und 45° C., so sind sie als Talge, und liegt er über 45° C., so sind sie als Kerzenstoffe zu behandeln. Jedoch wird Preßtalg, der als solcher deklariert ist, noch mit einem Erstarrungspunkt von 50° C. zur Verzollung als Talg zugelassen, wenn er nicht mehr als 5 Prozent freie Fettsäure enthält.

Behufs der Prüfung ist eine Durchschnittsprobe der Ware in der Weise herzustellen, daß mittelst eines Bohrlöffels aus verschiedenen Höhenlagen des zu prüfenden Fettes, und zwar sowohl aus der Mittelachse als auch aus den gegen die Seitenränder hin gelegenen Teilen desselben, Proben entnommen und miteinander vermischt werden. Bei größeren Fettposten von augenscheinlich gleicher Beschaffenheit und gleichem Ursprung genügt es, wenn aus 2 bis 5 Prozent der Kolli je eine Durchschnittsprobe entnommen wird. Jede Probe ist für sich zu untersuchen; zeigt hierbei der Inhalt auch nur eines Kollo der Sendung eine abweichende Beschaffenheit, so ist die Prüfung auf sämtliche Kolli der Sendung auszudehnen.

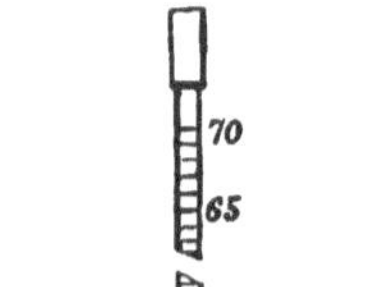

Die Feststellung des Erstarrungspunktes hat mittelst des hierneben abgezeichneten Apparats (die Zeichnung stellt die hintere Hälfte desselben nach Entfernung der vorderen durch einen senkrechten ebenen Schnitt dar) zu erfolgen. Derselbe besteht aus einem mit Klappendeckel versehenen viereckigen Kasten von Buchenholz von 70 mm lichter Weite, 144 mm lichter Höhe und 9 mm Wandstärke, einem Glaskolben, dessen Kugel einen Durchmesser von 49 bis 51 mm hat, und einem in den Hals des Kolbens eingeschliffenen Thermometer. In der Mitte des Bodens des Kastens ist ein 22 mm hoher Kork befestigt; derselbe hat eine kleine Vertiefung in Form einer Kugelschale, in welche der Kolben zu stehen kommt. Wenn das in den Kolbenhals eingeschliffene Thermometer in den Schliff eingesetzt wird, fällt der Mittelpunkt seiner Kugel mit demjenigen der Kugel des Kolbens in einen Punkt. In dem Schliff des Thermometers ist parallel zu der Axe eine Rinne angebracht, so daß die Luft in dem Kölbchen über dem Fette immer unter dem Drucke der Atmosphäre steht, wenn man die Schliffflächen rein hält. Werden die beiden Klappen, welche den Deckel des Kastens bilden, heruntergelassen und in dieser Lage durch zwei Haken befestigt, so halten sie das

Thermometer, welches eine Durchbohrung in der Mitte des Deckels gerade ausfüllt, und mit ihm den Kolben in der richtigen Lage fest. Der Hals des Kolbens ist unten etwas erweitert (25 mm weit), damit die Kugel beim Erkalten des Fettes sicher voll bleibt, wenn man das flüssige Fett bis zu der Marke am Halse, etwa 10 mm über der Kugel, eingefüllt hat. Die Thermometerkugel hat 9 mm Durchmesser, der dünnere Teil des Thermometers 5 mm und der Schliff 12 mm. Die Teilung des Thermometers geht bis zu 75° C. in $^1/_5$ Graden, die Thermometerröhre hat aber ein etwas größeres Reservoir, so daß das Thermometer bis zu 120° C. erhitzt werden kann, ohne zu platzen.

Das Verfahren der Feststellung des Erstarrungspunktes, welches etwa 2 Stunden Zeit in Anspruch nimmt, ist folgendes:

Man bringt 150 g der Durchschnittsprobe des zu untersuchenden Fettes in einer unbedeckten Porzellanschale auf einem siedenden Wasserbade zum Schmelzen, läßt sie nach dem Eintritt der Schmelzung mindestens 10 Minuten oder so lange auf dem siedenden Wasserbade stehen, bis das geschmolzene Fett eine vollständig klare Flüssigkeit darstellt, und füllt alsdann aus der außen abgetrockneten Schale Fett in das Kölbchen des Apparats bis zur Marke. Das Kölbchen stellt man, nachdem der Schliff, wenn nötig, abgeputzt und das Thermometer eingesetzt ist, sofort in den Kasten, klappt den Deckel desselben zu und fängt, wenn das Thermometer auf 50° C. gesunken ist, an, den Stand desselben mit Zwischenräumen von 2 Minuten abzulesen und abzuschreiben.

Bei harten Fetten fängt das Thermometer nach einiger Zeit an langsamer zu fallen, bleibt einige Minuten stehen, steigt wieder, erreicht einen höchsten Stand und sinkt abermals. Dieser höchste Stand ist der Erstarrungspunkt.

Bei weichen Fetten fängt das Thermometer nach einiger Zeit an langsamer zu fallen, bleibt mehrere Minuten auf einem sich nicht ändernden Stand stehen und sinkt dann, ohne den vorigen dauernden Stand wieder zu erreichen. Der beobachtete höchste, sich auf einige Zeit nicht ändernde Stand gibt den Erstarrungspunkt an.

In zweifelhaften Fällen ist die Bestimmung des Erstarrungspunktes in der Weise zu wiederholen, daß das Fett direkt im Kolben, nachdem man das Thermometer herausgenommen hat, durch Einstellen in das Heißwasserbad abermals geschmolzen und demnächst nochmals auf seinen Erstarrungspunkt geprüft wird.

Eine genaue Regelung der Temperatur des Zimmers, in welchem die Untersuchung vorgenommen wird, ist, wenn dieselbe von einer gewöhnlichen Zimmertemperatur nicht sehr stark abweicht, nicht erforderlich. Das Abkühlen des mit einer Temperatur von 100° C. in den Kolben gebrachten Fettes auf 50° C. dauert etwa $^3/_4$ Stunden. Wenn die Untersuchung beendet ist, bringt man das Fett in dem Kölbchen durch Einstellen des letzteren in siedendes Wasser zum Schmelzen, nimmt erst dann das Thermometer heraus, gießt das Fett aus und spült das erkaltete Kölbchen mit einigen Kubikzentimetern Äther einige Male aus.

Bestehen über die Richtigkeit der Ermittelungen nach dem Verfahren der Prüfung des Fettes in Bezug auf den Erstarrungspunkt Zweifel oder Meinungsverschiedenheiten, so ist durch einen Chemiker die Jodzahl des Fettes zu bestimmen. Zu dem Zwecke bringt man etwa $0{,}_{35}$ bis $0{,}_{45}$ g des fraglichen Fettes (genau gewogen) in eine 500 bis 700 ccm fassende, mit gut eingeschliffenem Stopfen versehene Flasche, löst in 20 ccm Chloroform und setzt 20 ccm Hüblsche Jodlösung, die 30 bis 36 ccm $^1/_{10}$ Normal-Natriumthiosulfatlösung entsprechen müssen, hinzu. Man verschließt die Flasche gut, läßt sie 2 Stunden unter öfterem Umschwenken bei 15 bis 20° C. stehen und titriert dann, nachdem man noch 20 ccm Jodkaliumlösung (1 : 10) und 200 ccm Wasser hinzugesetzt hat, den Jodüberschuß mit $^1/_{10}$ Normal-Natriumthiosulfatlösung zurück.

Die Jodlösung ist unmittelbar vor dem Gebrauch, unter Zusatz von Chloroform, Jodkaliumlösung und Wasser in den oben angegebenen Mengenverhältnissen zu kontrollieren. Ist sie schwächer, als oben vorgeschrieben ist, so hat man entsprechend mehr zu nehmen.

Liegt die ermittelte Jodzahl zwischen 30 und 42, so ist das Fett als Talg anzusprechen, bei Abweichungen von diesen Zahlen aber nach Maßgabe des gefundenen Erstarrungspunktes entweder als Kerzenstoff oder als schmalzartiges Fett zu behandeln. Die schmalzartigen Fette zeigen höhere Jodzahlen als 42, die Kerzenstoffe dagegen niedrigere als 30.

Wenn die vorbezeichneten Untersuchungsmethoden sich nicht soweit ergänzen, daß eine endgültige Entscheidung getroffen werden kann, oder wenn es sich um die Unterscheidung des Stearins von dem sogenannten Preßtalge handelt, d. i. den durch das Auspressen von tierischen Fetten in niederer oder höherer Temperatur gewonnenen Preßrückständen von nicht schmalzartiger Konsistenz, welche im wesentlichen Neutralfette sind und in der Regel einen Erstarrungspunkt über 50° C. zeigen, beziehungsweise nicht mehr als 5 Prozent freier Fettsäure enthalten, so hat der mit der Sache befaßte Chemiker eine Untersuchung der Durchschnittsprobe auf ihren Gehalt an Fettsäure im Wege des Titrierverfahrens vorzunehmen. Wird bei der Titration in der Warenprobe ein Gehalt von mehr als 30, in Proben von Preßtalg ein Gehalt von mehr als 5 Prozent freier Fettsäure ermittelt, so ist die betreffende Ware als Kerzenstoff anzusehen.

VI. Milch.

Runderlaß der preußischen Minister der geistlichen usw. Angelegenheiten, der Landwirtschaft, des Innern und für Handel und Gewerbe vom $\frac{\text{27. Mai 1899}}{\text{29. Mai 1900}}$ betreffend die Regelung des Verkehrs mit Milch.

Gesundheitspolizeiliche Überwachung.

1. Der Verkehr mit frischer, abgekochter und sterilisierter Kuhmilch, saurer und Buttermilch ist der gesundheitspolizeilichen Überwachung zu unterstellen.

Zu dem Zwecke ist der Handel mit Milch der Ortspolizeibehörde anzumelden.

2. Frische Kuhmilch darf als Vollmilch, Halbmilch und Magermilch in den Verkehr gelangen. Soweit die örtlichen Verhältnisse es gestatten, ist die Halbmilch wegen der Schwankungen ihrer Eigenschaften (spezifisches Gewicht, Fettgehalt) allmählich vom Verkehr auszuschließen.

a) Als Vollmilch ist eine nach dem Abmelken in keiner Weise entrahmte oder sonst veränderte Milch zu erachten, welche ein spezifisches Gewicht von mindestens 1,028 und einen Fettgehalt von mindestens 2,7% hat.

b) Halbmilch, welche durch Mischen von voller mit entrahmter Milch oder durch teilweise bewirktes Entrahmen hergestellt wird, soll ein spezifisches Gewicht von mindestens 1,030 und einen Fettgehalt von 1,5% haben.

c) Magermilch, durch Abnehmen des durch längeres Stehen ausgeschiedenen Rahms oder mittelst Zentrifugen entrahmte Vollmilch soll ein spezifisches Gewicht von mindestens 1,032 und einen Fettgehalt von mindestens 0,15 haben.

3. Alle Bestimmungen des spezifischen Gewichts müssen bei einer Wärme der Milch von 15° C. stattfinden oder auf diesen Wärmegrad zurückgeführt werden.

Die Umrechnung wird am zweckmäßigten auf einer mit der Milchwage verbundenen Tafel (Skala) angegeben oder durch Benutzung einer Umrechnungsübersicht ausgeführt.

Da das spezifische Gewicht der Milch je nach dem Fettgehalt schwankt und zwar bei Vollmilch zwischen 1,028 und 1,034, bei Halbmilch zwischen 1, 030 und 1,036, bei Magermilch zwischen 1,032 und 1,037, muß stets auch der Fettgehalt der untersuchten Milch festgestellt werden.

Durch Stehen der Milch im Gefäß, Erschüttern beim Tragen, Fahren usw. steigt das leichtere Fett (der Rahm, die Sahne), nach oben. Zur Vermeidung von Täuschungen ist deshalb die zu untersuchende Milch vor der Probeentnahme zur Gewichts- und Fettbestimmung durch Umrühren im Standgefäß oder durch Umgießen von Gefäß zu Gefäß sorgfältig zu mischen, um eine gleichmäßige Verteilung des Rahms herbeizuführen.

Die so gewonnene Probe wird im Aufnahmegefäße der Milchwage (Aräometer) zuerst grobsinnlich auf Farbe, Geruch und Geschmack untersucht. Zeigt sich dabei eine außergewöhnliche Farbe, ungewöhnlicher, namentlich fauliger Geruch oder Geschmack, so ist die Milch aus dem Verkehr zu ziehen und ohne Säumen chemisch und bakteriologisch zu untersuchen. Zu diesem Zwecke werden Proben der zweifelhaften Milch in zuverlässig reine Flaschen von $^1/_2$ Liter Inhalt gefüllt, welche mit einem neuen Korken verschlossen, mit dem Dienstsiegel versehen und entsprechend bezeichnet ohne Säumen einem geprüften Nahrungsmittelchemiker zuzustellen sind. Die chemische und bakteriologische Untersuchung muß schleunigst ausgeführt und beendet werden, damit polizeilich beanstandete Milch eventuell vor dem Verderben freigegeben werden kann.

4. Angesäuerte Milch kann nur durch den Geschmack und daran erkannt werden, daß bei der Prüfung des spezifischen Gewichts der in der Probe geronnene Käsestoff an der Milchwagen-Spindel als unregelmäßiger krümlicher Belag hängen bleibt.

Nach der grobsinnlichen Prüfung ist die Milchwage langsam und vorsichtig in die entnommene Milchprobe einzusenken und mindestens zwei Minuten darin zu belassen, bevor das spezifische Gewicht abgelesen wird. Während des Ablesens der Temperatur der Milch von dem an der Milchwage befindlichen Thermometer muß die Quecksilberkugel unter der Milchoberfläche verbleiben.

5. In allen zweifelhaften Fällen auch letzterer Art ist die chemische Untersuchung der Milch durch einen geprüften Nahrungsmittelchemiker vorzunehmen.

6. Der Fettgehalt der Sahne soll den örtlichen Verhältnissen ent-

sprechen; es kann ein Mindestfettgehalt nicht über 10% vorgeschrieben werden.

Der Fettgehalt der Milch sowie der Sahne wird am besten nach Gerbers acidobutyrometrischer Methode ermittelt, kann aber wegen der Schwierigkeit der Untersuchung nur geprüften Chemikern oder erprobten Marktpolizeibeamten überlassen werden.

Die Stallprobe.

Die Stallprobe tritt ein, wenn behauptet wird, daß die beanstandete Milch dieselbe Beschaffenheit habe, wie sie vom Gewinnungsort entnommen sei. Zu dem Zwecke sind spätestens innerhalb dreier Tage nach der Beanstandung einer Handelsmilch die Kühe, welche die fragliche Milch geliefert haben, zu der gleichen Zeit, zu welcher die beanstandete Milch gewonnen wurde, in Gegenwart des beanstandenden Beamten zu melken. Es kann sich immer nur um Vollmilch handeln. Ob Milch von einer oder mehreren Kühen in Frage kommt, muß zunächst ermittelt werden.

Die Milch von denjenigen Kühen, welche die beanstandete Milch geliefert haben, muß in ein einziges Gefäß sorgfältig ausgemolken, gut gemischt, vollständig abgekühlt und schaumfrei werden, um Irrtümer zu vermeiden, bevor die wiederholte Prüfung im Stalle stattfindet.

Der Entlastungsbeweis der Stallprobe kann als mißlungen gelten, wenn

1. seit dem Melken der beanstandeten Probe nachweislich zu einer Fütterungsmethode übergegangen worden ist, welche notorisch eine Verschlechterung der Milch zur Folge hat, und wenn
2. zwischen der Beschaffenheit der beanstandeten und der aus dem Stalle genommenen Proben Differenzen in der Weise sich ergeben, daß das spezifische Gewicht der Stallprobe um 2 Grade von demjenigen der beanstandeten Probe abweicht und wenn
3. der Fettgehalt der Stallprobe und mehr als 0,3%, die Trockensubstanz derselben um mehr als 1% höher gefunden wird, als in der beanstandeten Probe.

In zweifelhaften Fällen kann eine wiederholte Ausführung der Stallprobe für notwendig erachtet werden.

VII. Wein.

A. Bekanntmachung, betreffend Bestimmungen zur Ausführung des Gesetzes über den Verkehr mit Wein, weinhaltigen und weinähnlichen Getränken.

Vom 2. Juli 1901 (Reichs-Gesetzbl. 1901 S. 257).

Auf Grund des § 6 Abs. 1, des § 7 Abs. 2 und des § 20 unter b des Gesetzes, betreffend den Verkehr mit Wein, weinhaltigen und weinähnlichen Getränken, vom 24. Mai 1901 (Reichs-Gesetzbl. S. 175) hat der Bundesrat die nachstehenden Ausführungsbestimmungen beschlossen:

I. Zu § 2 Nr. 4. Für die Beurteilung der Beschaffenheit und Zusammensetzung gezuckerter Weine nach der im § 2 Nr 4 zweiter Halbsatz bezeichneten Richtung gelten folgende Grundsätze:

a) Bei Beurteilung der Beschaffenheit ist auf Aussehen, Geruch und Geschmack des Weines Rücksicht zu nehmen.

b) Die chemische Untersuchung hat sich auf die Bestimmung aller Bestandteile des Weines zu erstrecken, welche für die Beurteilung der Frage von Bedeutung sind, ob das Getränk als Wein im Sinne des Gesetzes anzusehen und seiner Zusammensetzung nach durch die Zuckerung nicht unter den Durchschnitt der ungezuckerten Weine des Weinbaugebiets herabgesetzt worden ist, dem es nach seiner Benennung entsprechen soll.

c) Insbesondere darf durch den Zusatz wässeriger Zuckerlösung bei Wein, welcher nach seiner Benennung einem inländischen Weinbaugebiet entsprechen soll, und zwar:

bei Weißwein

der Gesamtgehalt an Extraktstoffen nicht unter 1,6 Gramm,

der nach Abzug der nicht flüchtigen Säuren verbleibende Extraktgehalt nicht unter 1,1 Gramm, der nach Abzug der Gesamtsäuren verbleibende Extraktgehalt nicht unter 1 Gramm,

der Gehalt an Mineralbestandteilen nicht unter 0,13 Gramm,

bei Rotwein

der Gesamtgehalt an Extraktstoffen nicht unter 1,7 Gramm,

der nach Abzug der nicht flüchtigen Säuren verbleibende Extraktgehalt nicht unter 1,3 Gramm,

der nach Abzug der Gesamtsäuren verbleibende Extraktgehalt nicht unter 1,2 Gramm,

der Gehalt an Mineralbestandteilen nicht unter 0,16 Gramm

in einer Menge von 100 Kubikzentimeter Wein herabgesetzt sein.

Bei der Feststellung des Extraktgehalts ist die 0,1 Gramm in 100 Kubikzentimeter Wein übersteigende Zuckermenge in Abzug zu bringen und außer Betracht zu lassen.

II. pp.

B. Bekanntmachung

betreffend Vorschriften für die chemische Untersuchung des Weines.

(Zentralbl. f. d. D. R. 1901, S. 234.)

Auf Grund des § 21 des Gesetzes, betreffend den Verkehr mit Wein, weinhaltigen und weinähnlichen Getränken vom 24. Mai 1901 (Reichs-Gesetzbl. S. 175) hat der Bundesrat in seiner Sitzung vom 29. Juni d. Js. folgende Vorschriften beschlossen:

Für die zur Ausführung des Gesetzes, betreffend den Verkehr mit Wein, weinhaltigen und weinähnlichen Getränken, vom 24. Mai 1901 (Reichs-Gesetzbl. S. 175) sowie des Gesetzes, betreffend den Verkehr mit Nahrungsmitteln, Genußmitteln und Gebrauchsgegenständen, vom 14. Mai 1879 (Reichs-Gesetzbl. S. 145) in Bezug auf Wein, weinhaltige und weinähnliche Getränke erforderlichen Untersuchungen bleibt die unter dem 25. Juni 1896 veröffentlichte Anweisung zur chemischen Untersuchung des Weines (Zentral-Blatt für das Deutsche Reich S. 197) mit nachfolgenden Abänderungen bis auf weiteres in Geltung:

[die vorgeschriebenen Änderungen sind in die folgende Anleitung bereits aufgenommen].

Berlin, den 2. Juli 1901.

Der Reichskanzler.

In Vertretung: Graf v. Posadowsky.

C. Anweisung
zur chemischen Untersuchung des Weines.

I.

1. Von jedem Wein, welcher einer chemischen Untersuchung unterworfen werden soll, ist eine Probe von mindestens 1 ½ Liter zu entnehmen. Diese Menge genügt für die in der Regel auszuführenden Bestimmungen (s. Nr. 5). Der Mehrbedarf für anderweite Untersuchungen ist von der Art der letzteren abhängig.

2. Die zu verwendenden Flaschen und Korke müssen vollkommen rein sein. Krüge oder undurchsichtige Flaschen, in welchen etwa vorhandene Unreinlichkeiten nicht erkannt werden können, dürfen nicht verwendet werden.

3. Jede Flasche ist mit einem das unbefugte Öffnen verhindernden Verschlusse und einem anzuklebenden Zettel zu versehen, auf welchem die zur Feststellung der Identität notwendigen Vermerke angegeben sind. Außerdem ist gesondert anzugeben: die Größe und der Füllungsgrad der Fässer und die äußere Beschaffenheit des Weines; insbesondere ist zu bemerken, wie weit etwa Kahmbildung eingetreten ist.

4. Die Proben sind sofort nach der Entnahme an die Untersuchungsstelle zu befördern; ist eine alsbaldige Absendung nicht ausführbar, so sind die Flaschen an einem vor Sonnenlicht geschützten, kühlen Orte liegend aufzubewahren. Bei Jungweinen ist wegen ihrer leichten Veränderlichkeit auf besonders schnelle Beförderung Bedacht zu nehmen.

5. Zum Zweck der Beurteilung der Weine sind die Prüfungen und Bestimmungen in der Regel auf folgende Eigenschaften und Bestandteile jeder Weinprobe zu erstrecken:

1. Spezifisches Gewicht,
2. Alkohol,
3. Extrakt,
4. Mineralbestandteile,
5. Schwefelsäure bei Rotweinen,
6. Freie Säuren (Gesamtsäure),
7. Flüchtige Säuren,
8. Nichtflüchtige Säuren,
9. Glyzerin,
10. Zucker,
11. Polarisation,
12. Unreinen Stärkezucker, qualitativ,
13. Fremde Farbstoffe bei Rotweinen.

Unter besonderen Verhältnissen sind die Prüfungen und Bestimmungen noch auf nachbezeichnete Bestandteile auszudehnen:

14. Gesamtweinsteinsäure, freie Weinsteinsäure, Weinstein und an alkalische Erden gebundene Weinsteinsäure,
15. Schwefelsäure bei Weißweinen,
16. Schweflige Säure,
17. Saccharin,
18. Salizylsäure, qualitativ,
19. Gummi und Dextrin, qualitativ,
20. Gerbstoff,
21. Chlor,
22. Phosphorsäure,
23. Salpetersäure, qualitativ,
24. Baryum,
25. Strontium,
26. Kupfer.

Die Ergebnisse der Untersuchungen sind in der angegebenen Reihenfolge aufzuführen. Bei dem Nachweis und der Bestimmung solcher Weinbestandteile, welche hier nicht aufgeführt sind, ist stets das angewandte Untersuchungsverfahren anzugeben.

6. Als Normaltemperatur wird die Temperatur von 15° C. festgesetzt; mithin sind alle im Folgenden vorgeschriebenen Abmessungen des Weines bei dieser Temperatur vorzunehmen und sind die Ergebnisse hierauf zu beziehen. Trübe Weine sind vor der Untersuchung zu filtrieren; liegt ihre Temperatur unter 15° C., so sind sie vor dem Filtrieren mit den ungelösten Teilen auf 15° C. zu erwärmen und umzuschütteln.

7. Die Mengen der Weinbestandteile werden in der Weise ausgedrückt, daß angegeben wird, wieviel Gramme des gesuchten Stoffes in 100 ccm Wein von 15° C. gefunden worden sind.

II.

Ausführung der Untersuchungen.

1. Bestimmung des spezifischen Gewichtes.

Das spezifische Gewicht des Weines wird mit Hilfe des Pyknometers bestimmt.

Als Pyknometer ist ein durch einen Glasstopfen verschließbares oder mit becherförmigem Aufsatz für Korkverschluß versehenes Fläschchen von etwa 50 ccm Inhalt mit einem etwa 6 cm langen, ungefähr in der Mitte mit einer eingeritzten Marke versehenen Halse von nicht mehr als 6 mm lichter Weite anzuwenden.

Das Pyknometer wird in reinem und trockenem Zustande leer gewogen, nachdem es $^1/_4$ bis $^1/_2$ Stunden im Wagenkasten gestanden hat. Dann wird es, gegebenenfalls mit Hilfe eines fein ausgezogenen Glockentrichters, bis über die Marke mit destilliertem Wasser gefüllt und in ein Wasserbad von 15° C. gestellt. Nach halbstündigem Stehen in dem Wasserbade wird das Pyknometer herausgehoben, wobei man nur den oberen leeren Teil des Halses anfaßt, und die Oberfläche des Wassers auf die Marke eingestellt. Letzteres geschieht durch Eintauchen kleinerer Stäbchen oder Streifen aus Filtrierpapier, welche das über der Marke stehende Wasser aufsaugen. Die Oberfläche des Wassers bildet in dem Halse des Pyknometers eine nach unten gekrümmte Fläche; man stellt die Flüssigkeit in dem Pyknometerhalse am besten in der Weise ein, daß bei durchfallendem Lichte der schwarze Rand der gekrümmten Oberfläche die Pyknometermarke eben berührt. Nachdem man den inneren Hals des Pyknometers mit Stäbchen aus Filtrierpapier gereinigt hat, setzt man den Stopfen auf, trocknet das Pyknometer äußerlich ab, stellt es $^1/_2$ Stunde in den Wagenkasten und wägt. Die Bestimmung des Wasserinhaltes des Pyknometers ist dreimal auszuführen und aus den drei Wägungen das Mittel zu nehmen.

Nachdem man das Pyknometer entleert und getrocknet oder mehrmals mit dem zu untersuchenden Weine ausgespült hat, füllt man es mit dem Weine und verfährt genau in derselben Weise wie bei der Bestimmung des Wasserinhaltes des Pyknometers; besonders ist darauf zu achten, daß die Einstellung der Flüssigkeitsoberfläche stets in derselben Weise geschieht.

Die Berechnung[1]) des spezifischen Gewichtes geschieht nach folgender Formel:

Bedeutet:

a das Gewicht des leeren Pyknometers,

---

[1]) Die Berechnung wird wesentlich erleichtert, wenn man ein Pyknometer anwendet, welches bis zur Marke genau 50 g Wasser faßt. Das Auswägen des Pyknometers geschieht in folgender Weise. Man bestimmt das Gewicht des Pyknometers in leerem, reinem und trockenem Zustande, wägt dann genau 50 g Wasser ein, stellt das Pyknometer 1 Stunde in ein Wasserbad von 15° C und ritzt an der Oberfläche der Flüssigkeit im Pyknometerhalse eine Marke ein. Das Auswägen des Pyknometers muß stets von dem Chemiker selbst ausgeführt werden. Bei Anwendung eines genau 50 g Wasser fassenden Pyknometers ist in der oben gegebenen Formel $b - a = 50$ und $s = 0{,}02\,(c - a)$.

b das Gewicht des bis zur Marke mit Wasser gefüllten Pyknometers,

c das Gewicht des bis zur Marke mit Wein gefüllten Pyknometers,

so ist das spezifische Gewicht s des Weines bei 15° C bezogen auf Wasser von derselben Temperatur:

$$s = \frac{c - a}{b - a}.$$

Der Nenner dieses Ausdrucks, das Gewicht des Wasserinhaltes des Pyknometers, ist bei allen Bestimmungen mit demselben Pyknometer gleich; wenn das Pyknometer indes längere Zeit in Gebrauch gewesen ist, müssen die Gewichte des leeren und des mit Wasser gefüllten Pyknometers von neuem bestimmt werden, da sich diese Gewichte mit der Zeit nicht unerheblich ändern können.

2. Bestimmung des Alkohols.

Der zum Zweck der Bestimmung des spezifischen Gewichtes (II Nr. 1) im Pyknometer enthaltene Wein wird in einem Destillierkolben von 150 bis 200 ccm Inhalt übergeführt und das Pyknometer dreimal mit wenig Wasser nachgespült. Man gibt zur Verhinderung etwaigen Schäumens ein wenig Tannin in den Kolben und verbindet diesen durch Gummistopfen und Kugelröhre mit einem Liebigschen Kühler; als Vorlage benutzt man das Pyknometer, in welchem der Wein abgemessen worden ist. Nunmehr destilliert man, bis etwa 35 ccm Flüssigkeit übergegangen sind, füllt das Pyknometer mit Wasser bis nahe zum Halse auf, mischt durch quirlende Bewegung so lange, bis Schichten von verschiedener Dichtigkeit nicht mehr wahrzunehmen sind, stellt die Flüssigkeit 1/2 Stunde in ein Wasserbad von 15° C. und fügt mit Hilfe eines Haarröhrchens vorsichtig Wasser von 15° C. zu, bis der untere Rand der Flüssigkeitsoberfläche gerade die Marke berührt. Dann trocknet man den leeren Teil des Pyknometerhalses mit Stäbchen aus Filtrierpapier, wägt und berechnet das spezifische Gewicht des Destillates in der unter II Nr. 1 angegebenen Weise. Die diesem spezifischen Gewichte entsprechenden Gramme Alkohol in 100 ccm Wein werden aus der zweiten Spalte der als Anlage beigegebenen Tafel I entnommen.[1])

3. Bestimmung des Extraktes. (Gehaltes an Extraktstoffen.)

Unter Extrakt (Gesamtgehalt an Extraktstoffen) im Sinne der Bekanntmachung vom 29. April 1892 (Reichs-Gesetzbl. S. 600) sind die

[1]) Bei der Untersuchung von Verschnittweinen ist der Alkohol in Volumprozenten nach Maßgabe der dritten Spalte der Tafel I anzugeben.

ursprünglich gelöst gewesenen Bestandteile des entgeisteten und entwässerten ausgegorenen Weines zu verstehen.

Da das für die Bestimmung des Extraktgehaltes zu wählende Verfahren sich nach der Extraktmenge richtet, so berechnet man zunächst den Wert von x aus nachstehender Formel:

$$x = 1 + s - s_1.$$

Hierbei bedeutet

s das spezifische Gewicht des Weines (nach II Nr. 1 bestimmt),

s_1 das spezifische Gewicht des alkoholischen, auf das ursprüngliche Maß aufgefüllten Destillats des Weines (nach II Nr. 2 bestimmt).

Die dem Werte von x nach Maßgabe der Tafel II entsprechende Zahl E wird aus der zweiten Spalte dieser Tafel entnommen.

a) Ist E nicht größer als 3, so wird die endgültige Bestimmung des Extraktes in folgender Weise ausgeführt. Man setzt eine gewogene Platinschale von etwa 85 mm Durchmesser, 20 mm Höhe und 75 ccm Inhalt, welche ungefähr 20 g wiegt, auf ein Wasserbad mit lebhaft kochendem Wasser und läßt aus einer Pipette 50 ccm Wein von 15° C. in dieselbe fließen. Sobald der Wein bis zur dickflüssigen Beschaffenheit eingedampft ist, setzt man die Schale mit dem Rückstande $2^1/_2$ Stunden in einen Trockenkasten, zwischen dessen Doppelwandungen Wasser lebhaft siedet, läßt dann im Exsikkator erkalten und findet durch Wägung den genauen Extraktgehalt.

b) Ist E größer als 3, aber kleiner als 4, so läßt man aus einer Bürette in die beschriebene Platinschale eine so berechnete Menge Wein fließen, daß nicht mehr als $1{,}5$ Extrakt zur Wägung gelangen, und verfährt weiter, wie unter II Nr. 3a angegeben.

Berechnung zu a und b. Wurden aus a Kubikzentimeter Wein b Gramm Extrakt erhalten, so sind enthalten:

$$x = 100\frac{b}{a} \text{ Gramm Extrakt in 100 ccm Wein.}$$

c) Ist E gleich 4 oder größer als 4, so gibt diese Zahl endgültig die Gramme Extrakt in 100 ccm Wein an.

Um einen Wein, der seiner Benennung nach einem inländischen Weinbaugebiete entsprechen soll, nach Maßgabe der Bekanntmachung vom 29. April 1892 zu beurteilen und demgemäß den Extraktgehalt des vergorenen Weines (s. II Nr. 3 Abs. 1) zu ermitteln, sind die bei der Zuckerbestimmung (vgl .II Nr. 10) gefundenen Zahlen zu Hilfe zu nehmen. Beträgt danach der Zuckergehalt mehr als 0,1 g in 100 ccm Wein, so ist die darüber hinausgehende Menge von der nach II Nr. 3a, 3b oder 3c gefundenen Extraktzahl abzuziehen. Die verbleibende Zahl entspricht dem Extraktgehalt des vergorenen Weines.

4. Bestimmung der Mineralbestandteile.

Enthält der Wein weniger als 4 g Extrakt in 100 ccm, so wird der nach II Nr. 3a oder 3b enthaltene Extrakt vorsichtig verkohlt, indem man eine kleine Flamme unter der Platinschale hin- und herbewegt. Die Kohle wird mit einem dicken Platindraht zerdrückt und mit heißem Wasser wiederholt ausgewaschen; den wässerigen Auszug filtriert man durch ein kleines Filter von bekanntem geringen Aschengehalte in ein Bechergläschen. Nachdem die Kohle vollständig ausgelaugt ist, gibt man das Filterchen in die Platinschale zur Kohle, trocknet beide und verascht sie vollständig. Wenn die Asche weiß geworden ist, gießt man die filtrierte Lösung in die Platinschale zurück, verdampft dieselbe zur Trockne, benetzt den Rückstand mit einer Lösung von Ammoniumkarbonat, glüht ganz schwach, läßt im Exsikkator erkalten und wägt.

Enthält der Wein 4 g oder mehr Extrakt in 100 ccm, so verdampft man 25 ccm des Weines in einer geräumigen Platinschale und verkohlt den Rückstand sehr vorsichtig; die stark aufgeblähte Kohle wird in der vorher beschriebenen Weise weiter behandelt.

Berechnung. Wurden aus a Kubikzentimeter Wein b Gramm Mineralbestandteile erhalten, so sind enthalten:

$$x = 100 \frac{b}{a} \text{ Gramm Mineralbestandteile in 100 ccm Wein.}$$

5. Bestimmung der Schwefelsäure in Rotweinen.

50 ccm Wein werden in einem Becherglase mit Salzsäure angesäuert und auf einem Drahtnetz bis zum beginnenden Kochen erhitzt: dann fügt man heiße Chlorbaryumlösung (1 Teil kristallisiertes Chlorbaryum in 10 Teilen destilliertem Wasser gelöst) zu, bis kein Niederschlag mehr entsteht. Man läßt den Niederschlag absitzen und prüft durch Zusatz eines Tropfens Chlorbaryumlösung zu der über dem Niederschlage stehenden klaren Flüssigkeit, ob die Schwefelsäure vollständig ausgefällt ist. Hierauf kocht man das Ganze nochmals auf, läßt dasselbe 6 Stunden in der Wärme stehen, gießt die klare Flüssigkeit durch ein Filter von bekanntem Aschengehalte, wäscht den im Becherglase zurückbleibenden Niederschlag wiederholt mit heißem Wasser aus, indem man jedesmal absetzen läßt und die klare Flüssigkeit durch das Filter gießt, bringt zuletzt den Niederschlag auf das Filter und wäscht so lange mit heißem Wasser, bis das Filtrat mit Silbernitrat keine Trübung mehr erzeugt. Filter und Niederschlag werden getrocknet, in einem gewogenen Platintiegel verascht und geglüht; hierauf befeuchtet man den Tiegelinhalt mit wenig Schwefelsäure, raucht letztere ab, glüht schwach, läßt im Exsikkator erkalten und wägt.

Berechnung. Wurden aus 50 ccm Wein a Gramm Baryumsulfat erhalten, so sind enthalten:

$x = 0{,}_{0869}$ a Gramm Schwefelsäure (SO_3) in 100 ccm Wein.

Diesen x Gramm Schwefelsäure (SO_3) in 100 ccm Wein entsprechen:

$y = 14{,}_{058}$ a Gramm Kaliumsulfat (K_2SO_4) in 1 Liter Wein.

6. Bestimmung der freien Säuren (Gesamtsäure).

25 ccm Wein werden bis zum beginnenden Sieden erhitzt und die heiße Flüssigkeit mit einer Alkalilauge, welche nicht schwächer als $^1/_4$-normal ist, titriert. Wird Normallauge verwendet, so müssen Büretten von etwa 10 ccm Inhalt benutzt werden, welche die Abschätzung von $^1/_{100}$ ccm gestatten. Der Sättigungspunkt wird durch Tüpfeln auf empfindlichem violettem Lackmuspapier festgestellt; dieser Punkt ist erreicht, wenn ein auf das trockene Lackmuspapier aufgesetzter Tropfen keine Rötung mehr hervorruft. Die freien Säuren sind als Weinsteinsäure zu berechnen.

Berechnung. Wurden zur Sättigung von 25 ccm Wein a Kubikzentimeter $^1/_4$-Normal-Alkali verbraucht, so sind enthalten:

$x = 0{,}_{075}$ a Gramm freie Säuren (Gesamtsäure), als Weinsteinsäure berechnet, in 100 ccm Wein.

Bei Verwendung von $^1/_3$-Normal-Alkali lautet die Formel:

$x = 0{,}_1$ a Gramm freie Säuren (Gesamtsäure), als Weinsteinsäure berechnet, in 100 ccm Wein.

7. Bestimmung der flüchtigen Säuren.

Man bringt 50 ccm Wein in einen Rundkolben von 200 ccm Inhalt und verschließt den Kolben durch einen Gummistopfen mit 2 Durchbohrungen; durch die erste Bohrung führt ein bis auf den Boden des Kolbens reichendes, dünnes, unten fein ausgezogenes, oben stumpfwinkelig umgebogenes Glasrohr, durch die zweite ein Destillationsaufsatz mit einer Kugel, welcher zu einem Liebigschen Kühler führt. Als Destillationsvorlage dient eine 300 ccm fassende Flasche, welche an der einem Rauminhalt von 200 ccm entsprechenden Stelle eine Marke trägt. Die flüchtigen Säuren werden mit Wasserdampf überdestilliert. Dies geschieht in der Weise, daß man das bis auf den Boden des Destillierkolbens reichende enge Glasrohr durch einen Gummischlauch mit einer ein Sicherheitsrohr tragenden Flasche in Verbindung setzt, in welcher ein lebhafter Strom von Wasserdampf entwickelt wird. Durch Erhitzen des Destillierkolbens mit einer Flamme engt man unter stetem Durchleiten von Wasserdampf den Wein auf etwa 25 ccm ein und trägt dann durch zweckmäßiges Erwärmen des Kolbens dafür Sorge, daß die Menge der Flüssigkeit in demselben sich nicht mehr ändert. Man unterbricht die Destillation, wenn 200 ccm Flüssigkeit übergegangen sind. Man versetzt das Destillat mit Phenolphtalcïn und bestimmt die Säuren mit einer titrierten Alkalilösung. Die flüchtigen Säuren sind als Essigsäure ($C_2H_4O_2$) zu berechnen.

Berechnung. Sind zur Sättigung der flüchtigen Säuren aus 50 ccm Wein a Kubikzentimeter $^1/_{10}$-Normal-Alkali verbraucht worden, so sind enthalten:

$x = 0{,}012$ a Gramm flüchtige Säuren, als Essigsäuren ($C_2H_4O_2$) berechnet, in 100 ccm Wein.

8. Bestimmung der nichtflüchtigen Säuren.

Die Menge der nichtflüchtigen Säuren im Wein, welche als Weinsteinsäure anzugeben sind, wird durch Rechnung gefunden.

Bedeutet:

a die Gramme freie Säuren in 100 ccm Wein, als Weinsteinsäure berechnet,

b die Gramme flüchtige Säuren in 100 ccm Wein als Essigsäure berechnet,

x die Gramme nichtflüchtige Säuren in 100 ccm Wein als Weinsteinsäure berechnet,

so sind enthalten:

$x = (a - 1{,}25\, b)$ Gramm nichtflüchtige Säuren, als Weinsteinsäure berechnet, in 100 ccm Wein.

9. Bestimmung des Glyzerins.

a) In Weinen mit weniger als 2 g Zucker in 100 ccm.

Man dampft 100 ccm Wein in einer Porzellanschale auf dem Wasserbade auf etwa 100 ccm ein, versetzt den Rückstand mit etwa 1 g Quarzsand und soviel Kalkmilch von 40 Prozent Kalkhydrat, daß auf je 1 g Extrakt 1,5 bis 2 ccm Kalkmilch kommen, und verdampft fast bis zur Trockne. Der feuchte Rückstand wird mit etwa 5 ccm Alkohol von 96 Maßprozent versetzt, die an der Wand der Porzellanschale haftende Masse mit einem Spatel losgelöst und mit einem kleinen Pistill unter Zusatz kleiner Mengen Alkohol von 96 Maßprozent zu einem feinen Brei zerrieben. Spatel und Pistill werden mit Alkohol von gleichem Gehalte abgespült. Unter beständigem Umrühren erhitzt man die Schale auf dem Wasserbade bis zum Beginn des Siedens und gießt die trübe alkoholische Flüssigkeit durch einen kleinen Trichter in ein 100 ccm-Kölbchen. Der in der Schale zurückbleibende pulverige Rückstand wird unter Umrühren mit 10 bis 12 ccm Alkohol von 96 Maßprozent wiederum heiß ausgezogen, der Auszug in das 100 ccm-Kölbchen gegossen und dies Verfahren so lange wiederholt, bis die Menge der Auszüge etwa 95 ccm beträgt; der unlösliche Rückstand verbleibt in der Schale. Dann spült man das auf dem 100 ccm-Kölbchen sitzende Trichterchen mit Alkohol ab, kühlt den alkoholischen Auszug auf 15° C. ab und füllt ihn mit Alkohol von 96 Maßprozent auf 100 ccm auf. Nach tüchtigem Umschütteln filtriert man den alkoholischen Auszug durch ein Faltenfilter in einen eingeteilten Glaszylinder. 90 ccm Filtrat werden in eine Porzellanschale übergeführt und auf dem heißen Wasserbade unter Vermeiden des lebhaften Siedens des Alkohols eingedampft. Der Rückstand wird mit kleinen Mengen absoluten Alkohols aufgenommen, die Lösung in einen eingeteilten Glaszylinder mit Stopfen gegossen und die Schale mit kleinen Mengen absolutem Alkohol nachgewaschen, bis die alkoholische Lösung genau 15 ccm beträgt. Zu der Lösung setzt man dreimal je $7,_5$ ccm absoluten Äther und schüttelt nach jedem Zusatz tüchtig durch. Der verschlossene Zylinder bleibt so lange stehen, bis die alkoholisch-ätherische Lösung ganz klar geworden ist; hierauf gießt man die Lösung in ein Wägegläschen mit eingeschliffenem Stopfen. Nachdem man den Glaszylinder mit etwa 5 ccm einer Mischung von 1 Raumteil absolutem Alkohol und $1^1/_2$ Raumteilen absolutem Äther nachgewaschen und die Waschflüssigkeit ebenfalls in das Wägegläschen gegossen hat, verdunstet man die alkoholisch-ätherische Flüssigkeit auf einem heißen, aber nicht kochenden Wasserbade, wobei wallendes Sieden der Lösung zu vermeiden ist. Nachdem der Rückstand im Wägegläschen dickflüssig geworden ist, bringt man das Gläschen in einen Trockenkasten, zwischen dessen Doppelwandungen Wasser lebhaft siedet, läßt nach einstündigem Trocknen im Exsikkator erkalten und wägt.

Berechnung. Wurden a Gramm Glyzerin gewogen, so sind enthalten:

$$x = 1,_{111}\ a \text{ Gramm Glyzerin in 100 ccm Wein.}$$

b) In Weinen mit 2 g oder mehr Zucker in 100 ccm.

50 ccm Wein wurden in einem geräumigen Kolben auf dem Wasserbade erwärmt und mit 1 g Quarzsand und so lange mit kleinen Mengen Kalkmilch versetzt, bis die zuerst dunkler gewordene Mischung wieder eine hellere Farbe und einen laugenhaften Geruch angenommen hat. Das Gemisch wird auf dem Wasserbade unter fortwährendem Umschütteln erwärmt. Nach dem Erkalten setzt man 100 ccm Alkohol von 96 Maßprozent zu, läßt den sich bildenden Niederschlag absitzen, filtriert die alkoholische Lösung ab und wäscht den Niederschlag mit Alkohol von

96 Maßprozent aus. Das Filtrat wird eingedampft und der Rückstand nach der unter II Nr. 9a gegebenen Vorschrift weiter[1]) behandelt.

Berechnung. Wurden a Gramm Glyzerin gewogen, so sind enthalten:

$$x = 2{,}_{222}\ a \text{ Gramm Glyzerin in 100 ccm Wein.}$$

10. Bestimmung des Zuckers.

Die Bestimmung des Zuckers geschieht gewichtsanalytisch mit Fehlingscher Lösung.

Herstellung der erforderlichen Lösungen.

1. Kupfersulfatlösung: 69,$_{278}$ g kristallisiertes Kupfersulfat werden mit Wasser zu 1 Liter gelöst.

2. Alkalische Seignettesalzlösung: 346 g Seignettesalz (Kaliumnatriumtartrat) und 103,$_2$ g Natriumhydrat werden mit Wasser zu 1 Liter gelöst und die Lösung durch Asbest filtriert.

Die beiden Lösungen sind getrennt aufzubewahren.

Vorbereitung des Weines zur Zuckerbestimmung.

Zunächst wird der annähernde Zuckergehalt des zu untersuchenden Weines ermittelt, indem man von dem Extraktgehalt desselben die Zahl 2 abzieht. Weine, die hiernach höchstens 1 g Zucker in 100 ccm enthalten, können unverdünnt zur Zuckerbestimmung verwendet werden; Weine, die mehr als 1 g Zucker in 100 ccm enthalten, müssen dagegen soweit verdünnt werden, daß die verdünnte Flüssigkeit höchstens 1 g Zucker in 100 ccm enthält. Die für den annähernden Zuckergehalt gefundene Zahl (Extrakt weniger 2) gibt an, auf das wievielfache Maß man den Wein verdünnen muß, damit die Lösung nicht mehr als 1 Prozent Zucker enthält. Zur Vereinfachung der Abmessung und Umrechnung rundet man die Zahl (Extrakt weniger 2) nach oben zu auf eine ganze Zahl ab. Die für die Verdünnung anzuwendende Menge Wein ist so auszuwählen, daß die Menge der verdünnten Lösung mindestens 100 ccm beträgt. Enthält beispielsweise ein Wein 4,$_{77}$ g Extrakt in 100 ccm, dann ist der Wein zur Zuckerbestimmung auf das 4,$_{77}$ — 2 = 2,$_{77}$ fache oder abgerundet auf das dreifache Maß mit Wasser zu verdünnen. Man läßt in diesem Falle aus einer Bürette 33,$_3$ ccm Wein von 15° C. in ein 100 ccm-Kölbchen fließen und füllt den Wein mit destilliertem Wasser bis zur Marke auf.

---

[1]) Wenn die Ergebnisse der Zuckerbestimmung nicht mitgeteilt sind, so ist stets anzugeben, ob der Glyzeringehalt der Weine nach II Nr. 9a oder 9b bestimmt worden ist.

Ausführung der Bestimmung des Zuckers im Weine.

100 ccm Wein oder, bei einem Zuckergehalte von mehr als 1 Prozent, 100 ccm eines in der vorher beschriebenen Weise verdünnten Weines werden in einem Meßkölbchen abgemessen, in eine Porzellanschale gebracht, mit Alkalilauge neutralisiert und im Wasserbade auf etwa 25 ccm eingedampft. Behufs Entfernung von Gerbstoff und Farbstoff fügt man zu dem entgeisteten Weinrückstande, sofern es sich um Rotweine oder erhebliche Mengen Gerbstoff enthaltende Weißweine handelt, 5 bis 10 g gereinigte Tierkohle, rührt das Gemisch unter Erwärmen auf dem Wasserbade mit einem Glasstabe gut um und filtriert die Flüssigkeit in das 100 ccm-Kölbchen zurück. Die Tierkohle wäscht man so lange mit heißem Wasser sorgfältig aus, bis das Filtrat nach dem Erkalten nahezu 100 ccm beträgt. Man versetzt dasselbe sodann mit 3 Tropfen einer gesättigten Lösung von Natriumkarbonat, schüttelt um und füllt die Mischung bei 15° C. auf 100 ccm auf. Entsteht durch den Zusatz von Natriumkarbonat eine Trübung, so läßt man die Mischung 2 Stunden stehen und filtriert sie dann. Das Filtrat dient zur Bestimmung des Zuckers.

An Stelle der Tierkohle kann zur Entfernung von Gerbstoff und Farbstoff aus dem Wein auch Bleiessig benutzt werden. In diesem Falle verfährt man wie folgt: 160 ccm Wein werden in der vorher beschriebenen Weise neutralisiert und entgeistet und der entgeistete Weinrückstand bei 15° C. mit Wasser auf das ursprüngliche Maß wieder aufgefüllt. Hierzu setzt man 16 ccm Bleiessig, schüttelt um und filtriert. Zu 88 ccm des Filtrates fügt man 8 ccm einer gesättigten Natriumkarbonatlösung oder einer bei 20° C. gesättigten Lösung von Natriumsulfat, schüttelt um und filtriert aufs neue. Das letzte Filtrat dient zur Bestimmung des Zuckers. Durch die Zusätze von Bleiessig und Natriumkarbonat oder Natriumsulfat ist das Volumen des Weines um $^1/_5$ vermehrt worden, was bei der Berechnung des Zuckergehalts zu berücksichtigen ist.

a) Bestimmung des Invertzuckers.

In einer vollkommen glatten Porzellanschale werden 25 ccm Kupfersulfatlösung, 25 ccm Seignettesalzlösung und 25 ccm Wasser gemischt und auf einem Drahtnetz zum Sieden erhitzt. In die siedende Mischung läßt man aus einer Pipette 25 ccm des in der beschriebenen Weise vorbereiteten Weines fließen und kocht nach dem Wiederbeginn des lebhaften Aufwallens noch genau 2 Minuten. Man filtrirt das ausgeschiedene Kupferoxydul unter Anwendung einer Saugepumpe sofort durch ein gewogenes Asbestfilterröhrchen und wäscht letzteres mit heißem Wasser und zuletzt mit Alkohohl und Äther aus. Nachdem das Röhrchen mit dem Kupferoxydulniederschlage bei 100° C. getrocknet ist, erhitzt man letzteren stark bei Luftzutritt, verbindet das Röhrchen alsdann mit einem Wasserstoff-Entwickelungsapparat, leitet trocknen und reinen Wasserstoff hindurch und erhitzt das zuvor gebildete Kupferoxyd mit einer kleinen Flamme, bis dasselbe vollkommen zu metallischem Kupfer reduziert ist. Dann läßt man das Kupfer im Wasserstoffstrom erkalten und wägt. Die dem gewogenen Zucker entsprechende Menge Invertzucker entnimmt man der als Anlage beigegebenen Tafel III. (Die Reinigung des Asbestfilterröhrchens geschieht durch Auflösen des Kupfers in heißer Salpetersäure, Auswaschen mit Wasser, Alkohol und Äther, Trocknen und Erhitzen im Wasserstoffstrome.)

b) Bestimmung des Rohrzuckers.

Man mißt 50 ccm des in der vorher beschriebenen Weise erhaltenen entgeisteten alkalisch gemachten, gegebenenfalls von Gerbstoff und Farbstoff[1]) befreiten und verdünnten Weines mittelst einer Pipette in ein Kölbchen von etwa 100 ccm Inhalt, neutralisiert genau mit Salzsäure, fügt sodann 5 ccm einer 1prozentigen Salzsäure hinzu und erhitzt die Mischung eine halbe Stunde im siedenden Wasserbade. Dann neutralisiert man die Flüssigkeit genau, dampft sie im Wasserbade etwas ein, macht sie mit einer Lösung von Natriumkarbonat schwach alkalisch und filtriert sie durch ein kleines Filter in ein 50 ccm-Kölbchen, das man durch Nachwaschen bis zur Marke füllt. In 25 ccm der zuletzt erhaltenen Lösung wird, wie unter II Nr. 10a angegeben, der Invertzuckergehalt bestimmt.

Berechnung. Man rechnet die nach der Inversion mit Salzsäure erhaltene Kupfermenge auf Gramme Invertzucker in 100 ccm Wein um. Bezeichnet man mit

a die Gramme Invertzucker in 100 ccm Wein, welche vor der Inversion mit Salzsäure gefunden wurden,

b die Gramme Invertzucker in 100 ccm Wein, welche nach der Inversion mit Salzsäure gefunden wurden,

so sind enthalten:

$x = 0{,}95\,(b - a)$ Gramm Rohrzucker in 100 ccm Wein.

11. Polarisation.

Zur Prüfung des Weines auf sein Verhalten gegen das polarisierte Licht sind nur große, genaue Apparate zu verwenden, an denen noch Zehntelgrade abgelesen werden können. Die Ergebnisse der Prüfung sind in Winkelgraden, bezogen auf eine 200 mm lange Schicht des

[1]) Es ist stets anzugeben, ob die Entfernung des Gerbstoffes und Farbstoffes durch Kohle oder durch Bleiessig stattgefunden hat.

ursprünglichen Weines, anzugeben. Die Polarisation ist bei 15° C. auszuführen.

Ausführungen der polarimetrischen Prüfung des Weines.

a) Bei Weißweinen. 60 ccm Weißwein werden mit Alkali neutralisiert, im Wasserbade auf $^1/_3$ eingedampft, auf das ursprüngliche Maß wieder aufgefüllt und mit 3 ccm Bleiessig versetzt; der entstandene Niederschlag wird abfiltriert. Zu $31,_5$ ccm des Filtrates setzt man $1,_5$ ccm einer gesättigten Lösung von Natriumkarbonat oder einer bei 20° C. gesättigten Lösung von Natriumsulfat, filtriert den entstandenen Niederschlag ab und polarisiert das Filtrat. Der von dem Weine eingenommene Raum ist durch die Zusätze um $^1/_{10}$ vermehrt worden, worauf Rücksicht zu nehmen ist.

b) Bei Rotweinen. 60 ccm Rotwein werden mit Alkali neutralisiert, im Wasserbade auf $^1/_3$ eingedampft, filtriert, auf das ursprüngliche Maß wieder aufgefüllt und mit 6 ccm Bleiessig versetzt. Man filtriert den Niederschlag ab, setzt zu 33 ccm des Filtrates 3 ccm einer gesättigten Lösung von Natriumkarbonat oder einer bei 20° C. gesättigten Lösung von Natriumsulfat, filtriert den Niederschlag ab und polarisiert das Filtrat. Der von dem Rotweine eingenommene Raum wird durch die Zusätze um $^1/_5$ vermehrt.

Gelingt die Entfärbung eines Weines durch Behandlung mit Bleiessig nicht vollständig, so ist sie mittelst Tierkohle auszuführen. Man mißt 50 ccm Wein in einem Meßkölbchen ab, führt ihn in eine Porzellanschale über, neutralisiert ihn genau mit einer Alkalilösung und verdampft den neutralisierten Wein auf etwa 25 ccm. Zu dem entgeisteten Weinrückstande setzt man 5 bis 10 g gereinigte Tierkohle, rührt unter Erwärmen auf dem Wasserbade mit einem Glasstabe gut um und filtriert die Flüssigkeit ab. Die Tierkohle wäscht man so lange mit heißem Wasser sorgfältig aus, bis je nach der Menge des in dem Weine enthaltenen Zuckers das Filtrat 75 bis 100 ccm beträgt. Man dampft das Filtrat in einer Porzellanschale auf dem Wasserbade bis zu 30 bis 40 ccm ein, filtriert den Rückstand in das 50 ccm-Kölbchen zurück, wäscht die Porzellanschale und das Filter mit Wasser aus und füllt das Filtrat bis zur Marke auf. Das Filtrat wird polarisiert; eine Verdünnung des Weines findet bei dieser Vorbereitung nicht statt.

12. Nachweis des unreinen Stärkezuckers durch Polarisation.

a) Hat man bei der Zuckerbestimmung nach II Nr. 10 höchstens $0,_1$ g reduzierenden Zucker in 100 ccm Wein gefunden, und dreht der Wein bei der gemäß II Nr. 11 ausgeführten Polarisation nach links oder gar nicht oder höchstens $0{,}3^0$ nach rechts, so ist dem Weine unreiner Stärkezucker nicht zugesetzt worden.

b) Hat man bei der Zuckerbestimmung nach II Nr. 10 höchstens $0{,}1$ g reduzierenden Zucker gefunden, und dreht der Wein mehr als $0{,}3^0$ bis höchstens $0{,}6^0$ nach rechts, so ist die Möglichkeit des Vorhandenseins von Dextrin in dem Weine zu berücksichtigen und auf dieses nach II Nr. 19 zu prüfen. Ferner ist nach dem folgenden, unter II Nr. 12d beschriebenen Verfahren die Prüfung auf die unvergorenen Bestandteile des unreinen Stärkezuckers vorzunehmen.

c) Hat man bei der Zuckerbestimmung nach II Nr. 10 höchstens $0{,}1$ g Gesamtzucker in 100 ccm Wein gefunden, und dreht der Wein bei der Polarisation mehr als $0{,}6^0$ nach rechts, so ist zunächst nach II Nr. 19 auf Dextrin zu prüfen. Ist dieser Stoff in dem Weine vorhanden, so verfährt man zum Nachweis der unvergorenen Bestandteile des unreinen Stärkezuckers nach dem folgenden, unter II Nr. 12d angegebenen Verfahren. Ist Dextrin nicht vorhanden, so enthält der Wein die unvergorenen Bestandteile des unreinen Stärkezuckers.

d) Hat man bei der Zuckerbestimmung nach II Nr. 10 mehr als $0{,}1$ g Gesamtzucker in 100 ccm Wein gefunden, so weist man den Zusatz unreinen Stärkezuckers auf folgende Weise nach.

α) 210 ccm Wein werden im Wasserbade auf $^1/_3$ eingedampft; der Verdampfungsrückstand wird mit so viel Wasser versetzt, daß die verdünnte Flüssigkeit nicht mehr als 15 Prozent Zucker enthält; die verdünnte Flüssigkeit wird in einem Kolben mit etwa 5 g gärkräftiger Bierhefe, die optisch aktive Bestandteile nicht enthält, versetzt und so lange bei 20 bis 25° C. stehen gelassen, bis die Gärung beendet ist.

β) Die vergorene Flüssigkeit wird mit einigen Tropfen einer 20prozentigen Kaliumacetatlösung versetzt und in einer Porzellanschale auf dem Wasserbade unter Zusatz von Quarzsand zu einem dünnen Syrup verdampft. Zu dem Rückstande setzt man unter beständigem Umrühren allmählich 200 ccm Alkohol von 90 Maßprozent. Nachdem sich die Flüssigkeit geklärt hat, wird der alkoholische Auszug in einen Kolben filtriert, Rückstand und Filter mit wenig Alkohol von 90 Maßprozent gewaschen und der Alkohol größtenteils abdestilliert. Der Rest des Alkohols wird verdampft und der Rückstand durch Wasserzusatz auf etwa 10 ccm gebracht. Hierzu setzt man 2 bis 3 g gereinigte, in Wasser aufgeschlemmte Tierkohle, rührt mit einem Glasstabe wiederholt tüchtig um, filtriert die entfärbte Flüssigkeit in einen kleinen eingeteilten Zylinder und wäscht die Tierkohle mit heißem Wasser aus, bis das auf 15° C. abgekühlte Filtrat 30 ccm beträgt. Zeigt dasselbe bei der Polarisation eine Rechtsdrehung von mehr als $0{,}5^{\circ}$, so enthält der Wein die unvergorenen Bestandteile des unreinen Stärkezuckers. Beträgt die Drehung grade $+ 0{,}5^{\circ}$ oder nur wenig über oder unter dieser Zahl, so wird die Tierkohle aufs neue mit heißem Wasser ausgewaschen, bis das auf 15° C. abgekühlte Filtrat 30 ccm beträgt. Die bei der Polarisation dieses Filtrates gefundene Rechtsdrehung[1]) wird der zuerst gefundenen hinzugezählt. Wenn das Ergebnis der zweiten Polarisation mehr als den fünften Teil der ersten beträgt, muß die Kohle noch ein drittes Mal mit 30 ccm heißem Wasser ausgewaschen und das Filtrat polarisiert werden.

13. Nachweis fremder Farbstoffe in Rotweinen.

Rotweine sind stets auf Teerfarbstoffe und auf ihr Verhalten gegen Bleiessig zu prüfen. Ferner ist in dem Weine ein mit Alaun und Natriumacetat gebeizter Wollfaden zu kochen und das Verhalten des auf der Wollfaser niedergeschlagenen Farbstoffes gegen Reagentien zu prüfen. Die bei dem Nachweise fremder Farbstoffe im einzelnen befolgten Verfahren sind stets anzugeben.

14. Bestimmung der Gesamtweinsteinsäure, der freien Weinsteinsäure, des Weinsteins und der an alkalische Erden gebundenen Weinsteinsäure.

a) Bestimmung der Gesamtweinsteinsäure.

Man setzt zu 100 ccm Wein in einem Becherglase 2 ccm Eisessig, 0,5 ccm einer 20prozentigen Kaliumacetatlösung und 15 g gepulvertes reines Chlorkalium. Letzteres bringt man durch Umrühren nach Möglichkeit in Lösung und fügt dann 15 ccm Alkohol von 95 Maßprozent hinzu. Nachdem man durch starkes, etwa 1 Minute anhaltendes Reiben eines Glasstabes an der Wand des Becherglases die Abscheidung des Weinsteins eingeleitet hat, läßt man die Mischung wenigstens 15 Stunden bei Zimmertemperatur stehen und filtriert dann den kristallinischen Niederschlag ab. Hierzu bedient man sich eines Goochschen Platin- oder Porzellantiegels mit einer dünnen Asbestschicht, welche mit einem Platindrahtnetz von mindestens ½ mm breiten Maschen bedeckt ist, oder einer mit Papierfilterstoff bedeckten Wittschen Porzellansiebplatte; in beiden Fällen wird die Flüssigkeit mit Hilfe der Wasserstrahlpumpe abgesaugt. Zum Auswaschen des kristallinischen Niederschlages dient ein Gemisch von 15 g Chlorkalium, 20 ccm Alkohol von 95 Maßprozent und 100 ccm destilliertem Wasser. Das Becherglas wird etwa dreimal mit

[1]) Die Rechtsdrehung kann auch durch gewisse Bestandteile mancher Honigsorten verursacht sein.

wenigen Kubikzentimetern dieser Lösung abgespült, wobei man jedesmal gut abtröpfeln läßt. Sodann werden Filter und Niederschlag durch etwa dreimaliges Abspülen und Aufgießen von wenigen Kubikzentimetern der Waschflüssigkeit ausgewaschen; von letzterer dürfen im ganzen nicht mehr als 20 ccm gebraucht werden. Der auf dem Filter gesammelte Niederschlag wird darauf mit siedendem, alkalifreiem, destilliertem Wasser in das Becherglas zurückgespielt und die erhaltene, bis zum Kochen erhitzte Lösung in der Siedehitze mit $^1/_4$-Normal-Alkalilauge unter Verwendung von empfindlichem blauviolettem Lakmuspapier titriert.

Berechnung. Wurden bei der Titration a Kubikzentimeter $^1/_4$-Normal-Alkalilauge verbraucht, so sind enthalten:

$x = 0{,}0375\ (a + 0{,}6)$ Gramm Gesamtweinsteinsäure in 100 ccm Wein.

b) Bestimmung der freien Weinsteinsäure.

50 ccm eines gewöhnlichen ausgegorenen Weines, beziehungsweise 25 ccm eines erhebliche Mengen Zucker enthaltenden Weines, werden in der unter II Nr. 4 vorgeschriebenen Weise in einer Platinschale verascht. Die Asche wird vorsichtig mit 20 ccm $^1/_4$-Normal-Salzsäure versetzt und nach Zusatz von 20 ccm destilliertem Wasser über einer kleinen Flamme bis zum beginnenden Sieden erhitzt. Die heiße Flüssigkeit wird mit $^1/_4$-Normal-Alkalilauge unter Verwendung von empfindlichem blauviolettem Lackmuspapier titriert.

Berechnung. Wurden a Kubikzentimeter Wein angewandt und bei der Titration b Kubikzentimeter $^1/_4$-Normal-Alkalilauge verbraucht, enthält ferner der Wein c Gramm Gesamtweinsteinsäure in 100 ccm (nach II Nr. 14a bestimmt), so sind enthalten:

$$x = c - \frac{3{,}75\ (20 - b)}{a}$$ Gramm freie Weinsteinsäure in 100 ccm Wein.

Ist $a = 50$, so wird $x = c + 0{,}075\ b - 1{,}5$; ist $a = 25$, so wird $x = c + 0{,}15\ b - 3$.

c) Bestimmung des Weinsteins.

50 cm eines gewöhnlichen ausgegorenen Weines, beziehungsweise 25 ccm eines erhebliche Mengen Zucker enthaltenden Weines, werden in der unter II Nr. 4 vorgeschriebenen Weise in einer Platinschale verascht. Die Asche wird mit heißem destilliertem Wasser ausgelaugt, die Lösung durch ein kleines Filter filtriert und die Schale sowie das Filter mit heißem Wasser ausgewaschen. Der wässerige Aschenauszug wird vorsichtig mit 20 ccm $^1/_4$-Normal-Salzsäure versetzt und über einer kleinen Flamme

bis zum beginnenden Sieden erhitzt. Die heiße Lösung wird mit $^1/_4$-Normal-Alkalilauge unter Verwendung von empfindlichem blauvioletten Lackmuspapier titriert.

Berechnung. Wurden d Kubikzentimeter Wein angewandt und bei der Titration e Kubikzentimeter $^1/_4$-Normal-Alkalilauge verbracht, enthält ferner der Wein c Gramm Gesamtweinsteinsäure in 100 ccm (nach II Nr. 14a bestimmt), so berechnet man zunächst den Wert von n aus nachstehender Formel:

$$n = 26{,}_{07}\ c - \frac{100\ (20 - e)}{d}.$$

α) Ist n gleich Null oder negativ, so ist sämtliche Weinsteinsäure in der Form von Weinstein in dem Weine vorhanden; dann sind enthalten:

$$x = 1{,}_{2533}\ c$$ Gramm Weinstein in 100 ccm Wein.

β) Ist n positiv, so sind enthalten:

$$x = \frac{4{,}_{7}\ (20 - e)}{d}$$ Gramm Weinstein in 100 ccm Wein.

d) Bestimmung der an alkalische Erden gebundenen Weinsteinsäure.

Die Menge der an alkalische Erden gebundenen Weinsteinsäure wird aus den bei der Bestimmung der freien Weinsteinsäure und des Weinsteins unter II Nr. 14b und c gefundenen Zahlen berechnet. Haben b, d und e dieselbe Bedeutung wie dort und ist

α) n gleich Null oder negativ gefunden worden, so ist an alkalische Erden gebundene Weinsteinsäure in dem Weine nicht enthalten;

β) n positiv gefunden worden und freie Weinsteinsäure vorhanden, so sind

$$x = \frac{3{,}_{75}\ (e - b)}{d}$$ Gramm an alkalischen Erden gebundene Weinsteinsäure in 100 ccm Wein,

γ) n positiv gefunden worden und freie Weinsteinsäure nicht vorhanden, so sind

$$x = c - \frac{3{,}_{75}\ (20 - e)}{d}$$ Gramm an alkalische Erden gebundene Weinsteinsäure in 100 ccm Wein enthalten.

15. Bestimmung der Schwefelsäure in Weißwein.

Das unter II Nr. 5 für Rotweine angegebene Verfahren zur Bestimmung der Schwefelsäure gilt auch für Weißweine.

16. Bestimmung der schwefligen Säure.[1])

Zur Bestimmung der schwefligen Säure bedient man sich folgender Vorrichtung. Ein Destillierkolben von 400 ccm Inhalt wird mit einem zweimal durchbohrten Stopfen verschlossen, durch welchen zwei Glasröhren in das Innere des Kolbens führen. Die erste Röhre reicht bis auf den Boden des Kolbens, die zweite nur bis in den Hals. Die letztere Röhre führt zu einem Liebigschen Kühler; an diesen schließt sich luftdicht mittelst durchbohrten Stopfens eine kugelig aufgeblasene U-Röhre (sog. Peligotsche Röhre).

Man leitet durch das bis auf den Boden des Kolbens führende Rohr Kohlensäure, bis alle Luft aus dem Apparate verdrängt ist, bringt dann

[1]) Der Gesamtgehalt der Weine an schwefliger Säure kann auch nach dem folgenden Verfahren bestimmt werden. Man bringt in ein Kölbchen von ungefähr 200 ccm Inhalt 25 ccm Kalilauge, die etwa 56 g Kaliumhydrat im Liter enthält und läßt 50 ccm Wein so zu der Lauge fließen, daß die Pipettenspitze während des Auslaufens in die Kalilauge taucht. Nach mehrmaligem vorsichtigem Umschwenken läßt man die Mischung 15 Minuten stehen. Hierauf fügt man zu der alkalischen Flüssigkeit 10 ccm verdünnte Schwefelsäure (erhalten durch Mischen von 1 Teil Schwefelsäure mit 3 Teilen Wasser) und einige Kubikzentimeter Stärkelösung und titriet die Flüssigkeit mit $^1/_{50}$-Normal-Jodlösung; man läßt die Jodlösung hierbei rasch, aber vorsichtig so lange zutropfen, bis die blaue Farbe der Jodstärke nach vier- bis fünfmaligem Umschwenken noch kurze Zeit anhält.

Berechnung der gesamten schwefligen Säure: Wurden auf 50 ccm Wein a ccm $^1/_{50}$-Normal-Jodlösung verbraucht, so sind enthalten:

$x = 0{,}00128\,a$ Gramm gesamte schweflige Säure (SO_2) in 100 ccm Wein.

Zufolge neuerer Erfahrungen ist ein Teil der schwefligen Säure im Weine an organische Bestandteile gebunden, ein anderer im freien Zustande oder als Alkalibisulfit im Weine vorhanden. Die Bestimmung der freien schwefligen Säure geschieht nach folgendem Verfahren. Man leitet durch ein Kölbchen von etwa 100 ccm Inhalt 10 Minuten lang Kohlensäure, entnimmt dann aus der frisch entkorkten Flasche mit einer Pipette 50 ccm Wein und läßt diese in das mit Kohlensäure gefüllte Kölbchen fließen. Nach Zusatz von 5 ccm verdünnter Schwefelsäure wird die Flüssigkeit in der vorher beschriebenen Weise mit $^1/_{50}$-Normal-Jodlösung titriert.

Berechnung der freien schwefligen Säure. Wurden auf 50 ccm Wein a Kubikzentimeter $^1/_{50}$-Normal-Jodlösung verbraucht, so sind enthalten:

$x = 0{,}00128\,a$ Gramm freie schweflige Säure (SO_2) in 100 ccm Wein.

Der Unterschied der gesamten schwefligen Säure und der freien schwefligen Säure ergibt den Gehalt des Weines an schwefliger Säure, die an organische Weinbestandteile gebunden ist.

in die Peligotsche Röhre 50 ccm Jodlösung (erhalten durch Auflösen von 5 g reinem Jod und 7,5 g Jodkalium in Wasser zu 1 Liter), lüftet den Stopfen des Destillierkolbens und läßt 100 ccm Wein aus einer Pipette in den Kolben fließen, ohne das Einströmen der Kohlensäure zu unterbrechen. Nachdem noch 5 g syrupdicke Phosphorsäure zugegeben sind, erhitzt man den Wein vorsichtig und destilliert ihn unter stetigem Durchleiten von Kohlensäure zur Hälfte ab.

Man bringt nunmehr die Jodlösung, die noch braun gefärbt sein muß, in ein Becherglas, spült die Peligotsche Röhre gut mit Wasser aus, setzt etwas Salzsäure zu, erhitzt das Ganze kurze Zeit und fällt die durch Oxydation der schwefligen Säure[1]) entstandene Schwefelsäure mit Chlorbaryum. Der Niederschlag von Baryumsulfat wird genau in der unter II Nr. 5 vorgeschriebenen Weise weiter behandelt.

Berechnung. Wurden a Gramm Baryumsulfat gewogen, so sind: $x = 0{,}2748$ a Gramm schweflige Säure (SO_2) in 100 ccm Wein.

17. Bestimmung des Saccharins.

Man verdampft 100 ccm Wein unter Zusatz von ausgewaschenem grobem Sande in einer Porzellanschale auf dem Wasserbade, versetzt den Rückstand mit 1 bis 2 ccm einer 30prozentigen Phosphorsäurelösung und zieht ihn unter beständigem Auflockern mit einer Mischung von gleichen Raumteilen Äther und Petroleumäther bei mäßiger Wärme aus. Man filtriert die Auszüge durch gereinigten Asbest in einen Kolben und fährt mit dem Ausziehen fort, bis man 200 bis 250 ccm Filtrat erhalten hat. Hierauf destilliert man den größten Teil der Äther-Petroleumäthermischung im Wasserbade ab, führt die rückständige Lösung aus dem Kolben in eine Porzellanschale über, spült den Kolben mit Äther gut nach, verjagt dann Äther und Petroleumäther völlig und nimmt den Rückstand mit einer verdünnten Lösung von Natriumkarbonat auf. Man filtriert die Lösung in eine Platinschale, verdampft sie zur Trockne, mischt den Trockenrückstand mit der vier- oder fünffachen Menge festem Natriumkarbonat und trägt dieses Gemisch allmählich in schmelzenden Kalisalpeter ein. Man löst die weiße Schmelze in Wasser, säuert sie vorsichtig (mit aufgelegtem Uhrglase) in einem Becherglase mit Salzsäure an und fällt die aus dem Saccharin entstandene Schwefelsäure mit Chlorbaryum in der unter II Nr. 5 vorgeschriebenen Weise.

---

[1]) Wurde der Gesamtgehalt an schwefliger Säure nach dem in der Anmerkung S. 97 beschriebenen Verfahren bestimmt, so ist dies anzugeben. Es ist wünschenswert, daß in jedem Falle die freie beziehungsweise die an organische Bestandteile gebundene schweflige Säure bestimmt wird.

Berechnung. Wurden bei der Verarbeitung von 100 ccm Wein a Gramm Baryumsulfat gewonnen, so sind enthalten:

$$x = 0{,}_{7857}\ a \text{ Gramm Saccharin in 100 ccm Wein.}$$

18. Nachweis der Salizylsäure.

50 ccm Wein werden in einem zylindrischen Scheidetrichter mit 50 ccm eines Gemisches aus gleichen Raumteilen Äther und Petroleumäther versetzt und mit der Vorsicht häufig umgeschüttelt, daß keine Emulsion entsteht, aber doch eine genügende Mischung der Flüssigkeiten stattfindet. Hierauf hebt man die Äther-Petroleumätherschicht ab, filtriert sie durch ein trockenes Filter, verdunstet das Äthergemisch auf dem Wasserbade und versetzt den Rückstand mit einigen Tropfen Eisenchloridlösung. Eine rotviolette Färbung zeigt die Gegenwart von Salizylsäure an.

Entsteht dagegen eine schwarze oder dunkelbraune Färbung, so versetzt man die Mischung mit einem Tropfen Salzsäure, nimmt sie mit Wasser auf, schüttelt die Lösung mit Äther-Petroleumäther aus und verfährt mit dem Auszug nach der oben gegebenen Vorschrift.

19. Nachweis von arabischem Gummi und Dextrin.

Man versetzt 4 ccm Wein mit 10 ccm Alkohol von 96 Maßprozent. Entsteht hierbei nur eine geringe Trübung, welche sich in Flocken absetzt, so ist weder Gummi noch Dextrin anwesend. Entsteht dagegen ein klumpiger zäher Niederschlag, der zum Teil zu Boden fällt, zum Teil an den Wandungen des Gefäßes hängen bleibt, so muß der Wein nach dem folgenden Verfahren geprüft werden.

100 ccm Wein werden auf etwa 5 ccm eingedampft und unter Umrühren so lange mit Alkohol von 90 Maßprozent versetzt, als noch ein Niederschlag entsteht. Nach 2 Stunden filtrirt man den Niederschlag ab, löst ihn in 30 ccm Wasser und führt die Lösung in ein Kölbchen von etwa 100 ccm Inhalt über. Man füge 1 ccm Salzsäure von spezifischem Gewichte $1{,}_{12}$ hinzu, verschließt das Kölbchen mit einem Stopfen, durch welches ein 1 m langes, beiderseits offenes Rohr führt und erhitzt das Gemisch 3 Stunden im kochenden Wasserbade. Nach dem Erkalten wird die Flüssigkeit mit einer Sodalösung alkalisch gemacht, auf ein bestimmtes Maß verdünnt und der entstandene Zucker mit Fehlingscher Lösung nach dem unter II Nr. 10 beschriebenen Verfahren bestimmt. Der Zucker ist aus zugesetztem Dextrin oder arabischem Gummi gebildet worden; Weine ohne diese Zusätze geben, in der beschriebenen Weise behandelt, höchstens Spuren einer Zuckerreaktion.

20. Bestimmung des Gerbstoffes.

a) Schätzung des Gerbstoffgehaltes.

In 100 ccm von Kohlensäure befreitem Weine werden die freien Säuren mit einer titrierten Alkalilösung bis auf $0,_{5}$ in 100 ccm Wein abgestumpft, sofern die Bestimmung nach II Nr. 6 einen höheren Betrag ergeben hat. Nach Zugabe von 1 ccm einer 40prozentigen Natriumacetatlösung läßt man eine 10prozentige Eisenchloridlösung tropfenweise so lange hinzufließen, bis kein Niederschlag mehr entsteht. 1 Tropfen der 10prozentigen Eisenchloridlösung genügt zur Ausfällung von $0,_{05}$ g Gerbstoff.

b) Bestimmung des Gerbstoffgehaltes.

Die Bestimmung des Gerbstoffes kann nach einem der üblichen Verfahren erfolgen; das angewandte Verfahren ist in jedem Falle anzugeben.

21. Bestimmung des Chlors.

Man läßt 50 ccm Wein aus einer Pipette in ein Becherglas fließen, macht ihn mit einer Lösung von Natriumkarbonat alkalisch und erwärmt das Gemisch mit aufgedecktem Uhrglase bis zum Aufhören der Kohlensäureentwickelung. Den Inhalt des Becherglases bringt man in eine Platinschale, dampft ihn ein, verkohlt den Rückstand und verascht genau in der bei der Bestimmung der Mineralbestandteile (II Nr. 4) angegebenen Weise. Die Asche wird mit einem Tropfen Salpetersäure befeuchtet, mit warmem Wasser ausgezogen, die Lösung in ein Becherglas filtriert und unter Umrühren so lange mit Silbernitratlösung (1 Teil Silbernitrat in   Teilen Wasser gelöst) versetzt, als noch ein Niederschlag entsteht. Man erhitzt das Gemisch kurze Zeit im Wasserbade, läßt es an einem dunklen Ort erkalten, sammelt den Niederschlag auf einem Filter von bekanntem Aschengehalte, wäscht denselben mit heißem Wasser bis zum Verschwinden der sauren Reaktion aus und trocknet den Niederschlag auf dem Filter bei 100° C. Das Filter wird in einem gewogenen Porzellantiegel mit Deckel verbrannt. Nach dem Erkalten benetzt man das Chlorsilber mit einem Tropfen Salzsäure, erhitzt vorsichtig mit aufgelegtem Deckel bis die Säure verjagt ist, steigert hierauf die Hitze bis zum beginnenden Schmelzen, läßt sodann das Ganze im Exsikkator erkalten und wägt.

Berechnung. Wurden aus 50 ccm Wein a Gramm Chlorsilber enthalten, so sind enthalten:

$x = 0,_{4945}$ a Gramm Chlor in 100 ccm Wein,

oder

$y = 0,_{816}$ a Gramm Chlornatrium in 100 ccm Wein.

22. Bestimmung der Phosphorsäure.

50 ccm Wein werden in einer Platinschale mit $0,_5$ g bis 1 g eines Gemisches von 1 Teil Salpeter und 3 Teilen Soda versetzt und zur dickflüssigen Beschaffenheit verdampft. Der Rückstand wird verkohlt, die Kohle mit verdünnter Salpetersäure ausgezogen, der Auszug abfiltriert, die Kohle wiederholt ausgewaschen und schließlich samt dem Filter verascht. Die Asche wird mit Salpetersäure befeuchtet, mit heißem Wasser aufgenommen und zu dem Auszuge in ein Becherglas von 200 ccm Inhalt filtriert. Zu der Lösung setzt man ein Gemisch von 25 ccm Molybdänlösung[1] (150 g Ammoniummolybdat in 1 prozentigem Ammoniak zu 1 Liter gelöst) und 25 ccm Salpetersäure vom spezifischen Gewichte $1,_2$ und erwärmt auf einem Wasserbade auf 80° C., wobei ein gelber Niederschlag von Ammoniumphosphomolybdat entsteht. Man stellt die Mischung 6 Stunden an einen warmen Ort, gießt dann die über dem Niederschlage stehende klare Flüssigkeit durch ein Filter, wäscht den Niederschlag 4 bis 5 mal mit einer verdünnten Molybdänlösung (erhalten durch Vermischen von 100 Raumteilen der oben angegebenen Molybdänlösung mit 20 Raumteilen Salpetersäure vom spezifischen Gewichte $1,_2$ und 80 Raumteilen Wasser), indem man stets den Niederschlag absitzen läßt und die klare Flüssigkeit durch das Filter gießt. Dann löst man den Niederschlag im Becherglase in konzentriertem Ammoniak auf und filtriert durch dasselbe Filter, durch welches vorher die abgegossenen Flüssigkeitsmengen filtriert wurden. Man wäscht das Becherglas und das Filter mit Ammoniak aus und versetzt das Filtrat vorsichtig unter Umrühren mit Salzsäure, so lange der dadurch entstehende Niederschlag sich noch löst. Nach dem Erkalten fügt man 5 ccm Ammoniak und langsam und tropfenweise unter Umrühren 6 ccm Magnesiamischung (68 g Chlormagnesium und 165 g Chlorammonium in Wasser gelöst, mit 260 ccm Ammoniak vom spezifischen Gewichte $0,_{96}$ versetzt und auf 1 Liter aufgefüllt) zu und rührt mit einem Glasstabe um, ohne die Wandung des Becherglases zu berühren. Den entstehenden kristallinischen Niederschlag von Ammonium-Magnesiumphosphat läßt man nach Zusatz von 40 ccm Ammoniaklösung 24 Stunden bedeckt stehen. Hierauf filtriert man das Gemisch durch ein Filter von bekanntem Aschengehalte und wäscht den Niederschlag mit verdünntem Ammoniak (1 Teil Ammoniak vom spezifischen Gewichte $0,_{96}$ und 3 Teile Wasser) aus, bis das Filtrat in einer mit Salpetersäure angesäuerten Silberlösung keine Trübung

[1] Die Molybdänlösung ist in die Salpetersäure zu gießen, nicht umgekehrt, da andernfalls eine Ausscheidung von Molybdänsäure stattfindet, die nur schwer wieder in Lösung zu bringen ist.

mehr hervorbringt. Der Niederschlag wird auf dem Filter getrocknet und letzteres in einem gewogenen Platintiegel verbrannt. Nach dem Erkalten befeuchtet man den aus Magnesiumpyrophosphat bestehenden Tiegelinhalt mit Salpetersäure, verdampft dieselbe mit kleiner Flamme, glüht den Tiegel stark, läßt ihn im Exsikkator erkalten und wägt.

Berechnung. Wurden aus 50 ccm Wein a Gramm Magnesiumpyrophosphat erhalten, so sind enthalten:

$x = 1{,}2751$ a Gramm Phosphorsäureanhydrid (P_2O_5) in 100 ccm Wein.

23. Nachweis der Salpetersäure.

1. In Weißweinen.

a) 10 ccm Wein werden entgeistet, mit Tierkohle entfärbt und filtriert. Einige Tropfen des Filtrates läßt man in ein Porzellanschälchen, in welchem einige Körnchen Diphenylamin mit 1 ccm konzentrierter Schwefelsäure übergossen worden sind, so einfließen, daß sich die beiden Flüssigkeiten nebeneinander lagern. Tritt an der Berührungsfläche eine blaue Färbung auf, so ist Salpetersäure in dem Weine enthalten.

b) Zum Nachweis kleinerer Mengen von Salpetersäure, welche bei der Prüfung nach II Nr. 23 unter 1a nicht mehr erkannt werden, verdampft man 100 ccm Wein in einer Porzellanschale auf dem Wasserbade zum dünnen Syrup und fügt nach dem Erkalten solange absoluten Alkohol zu, als noch ein Niederschlag entsteht. Man filtriert, verdampft das Filtrat, bis der Alkohol vollständig verjagt ist, versetzt den Rückstand mit Wasser[1]) und Tierkohle, verdampft das Gemisch auf etwa 10 ccm, filtriert dasselbe und prüft das Filtrat nach II Nr. 23 unter 1a.

2. In Rotweinen.

100 ccm Rotwein versetzt man mit 6 ccm Bleiessig und filtriert. Zum Filtrat gibt man 4 ccm einer konzentrierten Lösung von Magnesiumsulfat und etwas Tierkohle. Man filtriert nach einigem Stehen und prüft das Filtriat nach der in II Nr. 23 unter 1a gegebenen Vorschrift. Entsteht hierbei keine Blaufärbung, so behandelt man das Filtrat nach der in II Nr. 23 unter 1b gegebenen Vorschrift.

24 und 25. Nachweis von Baryum und Strontium.

100 ccm Wein werden eingedampft und in der unter II Nr. 4 angegebenen Weise verascht. Die Asche nimmt man mit verdünnter Salz-

[1]) Alle zur Verwendung gelangenden Stoffe, auch das Wasser und die Tierkohle, müssen zuvor auf Salpetersäure geprüft werden; Salpetersäure enthaltende Stoffe dürfen nicht angewendet werden.

säure auf, filtrirt die Lösung und verdampft das Filtrat zur Trockne. Das trockne Salzgemenge wird spektroskopisch auf Baryum und Strontium geprüft. Ist durch die spektroskopische Prüfung das Vorhandensein von Baryum oder Strontium festgestellt, so ist die quantitative Bestimmung derselben auszuführen.

26. Bestimmung des Kupfers.

Das Kupfer wird in $^1/_2$ bis 1 Liter Wein elektrolytisch bestimmt. Das auf der Platinelektrode abgeschiedene Metall ist nach dem Wägen in Salpetersäure zu lösen und in üblicher Weise auf Kupfer zu prüfen.

Tafel I.

Ermittelung des Alkoholgehaltes.

Aus K. Windisch. Alkoholtafel. Berlin 1893.

Spezifisches Gewicht des Destillates	Gramm Alkohol in 100 ccm	Volumprozente Alkohol	Spezifisches Gewicht des Destillates	Gramm Alkohol in 100 ccm	Volumprozente Alkohol
1,0000	0,00	0,00			
0,9999	0,05	0,07	0,9969	1,66	2,09
8	0,11	0,13	8	1,71	2,16
7	0,16	0,20	7	1,77	2,23
6	0,21	0,27	6	1,82	2,30
5	0,26	0,33	5	1,88	2,37
4	0,32	0,40	4	1,93	2,44
3	0,37	0,47	3	1,99	2,51
2	0,42	0,53	2	2,04	2,58
1	0,47	0,60	1	2,10	2,65
0	0,53	0,67	0	2,16	2,72
0,9989	0,58	0,73	0,9959	2,21	2,79
8	0,64	0,80	8	2,27	2,86
7	0,69	0,87	7	2,32	2,93
6	0,74	0,93	6	2,38	3,00
5	0,80	1,00	5	2,43	3,07
4	0,85	1,07	4	2,49	3,14
3	0,90	1,14	3	2,55	3,21
2	0,96	1,20	2	2,60	3,28
1	1,01	1,27	1	2,66	3,35
0	1,06	1,34	0	2,72	3,42
0,9979	1,12	1,41	0,9949	2,77	3,49
8	1,17	1,48	8	2,82	3,56
7	1,22	1,54	7	2,88	3,64
6	1,28	1,61	6	2,94	3,71
5	1,33	1,68	5	3,00	3,78
4	1,39	1,75	4	3,06	3,85
3	1,44	1,82	3	3,12	3,93
2	1,50	1,88	2	3,17	4,00
1	1,55	1,95	1	3,23	4,07
0	1,60	2,02	0	3,29	4,14

Spezifisches Gewicht des Destillates	Gramm Alkohol in 100 ccm	Volumprozente Alkohol	Spezifisches Gewicht des Destillates	Gramm Alkohol in 100 ccm	Volumprozente Alkohol
0,9939	3,35	4,22	0,9899	5,76	7,26
8	3,40	4,29	8	5,83	7,34
7	3,46	4,36	7	5,89	7,42
6	3,52	4,43	6	5,95	7,50
5	3,58	4,51	5	6,02	7,58
4	3,64	4,58	4	6,08	7,66
3	3,69	4,65	3	6,14	7,74
2	3,75	4,74	2	6,21	7,62
1	3,81	4,80	1	6,27	7,90
0	3,87	4,88	0	6,34	7,99
0,9929	3,93	4,95	0,9889	6,40	8,07
8	3,99	5,03	8	6,47	8,15
7	4,05	5,10	7	6,53	8,23
6	4,11	5,18	6	6,59	8,31
5	4,17	5,25	5	6,66	8,40
4	4,23	5,33	4	6,73	8,48
3	4,29	5,40	3	6,79	8,56
2	4,35	5,48	2	6,86	8,64
1	4,41	5,55	1	6,93	8,73
0	4,47	5,63	0	6,99	8,81
0,9919	4,53	5,70	0,9879	7,06	8,89
8	4,59	5,78	8	7,12	8,98
7	4,65	5,86	7	7,19	9,06
6	4,71	5,93	6	7,26	9,15
5	4,77	6,01	5	7,33	9,23
4	4,83	6,09	4	7,39	9,32
3	4,89	6,16	3	7,46	9,40
2	4,95	6,24	2	7,53	9,48
1	5,01	6,32	1	7,60	9,57
0	5,08	6,40	0	7,66	9,66
0,9909	5,14	6,47	0,9869	7,73	9,74
8	5,20	6,55	8	7,80	9,83
7	5,26	6,63	7	7,85	9,91
6	5,32	6,71	6	7,94	10,00
5	5,38	6,79	5	8,00	10,09
4	5,45	6,86	4	8,07	10,17
3	5,51	6,94	3	8,14	10,26
2	5,57	7,02	2	8,21	10,35
1	5,64	7,10	1	8,28	10,43
0	5,70	7,18	0	8,35	10,52

Spezifisches Gewicht des Destillates	Gramm Alkohol in 100 ccm	Volumprozente Alkohol	Spezifisches Gewicht des Destillates	Gramm Alkohol in 100 ccm	Volumprozente Alkohol
0,9859	8,42	10,61	0,9819	11,34	14,29
8	8,49	10,70	8	11,42	14,39
7	8,56	10,79	7	11,49	14,48
6	8,63	10,88	6	11,57	14,58
5	8,70	10,96	5	11,65	14,68
4	8,77	11,05	4	11,72	14,77
3	8,84	11,14	3	11,80	14,87
2	8,91	11,23	2	11,88	14,97
1	8,98	11,32	1	11,96	15,07
0	9,06	11,41	0	12,03	15,16
0,9849	9,13	11,50	0,9809	12,11	15,26
8	9,20	11,59	8	12,19	15,36
7	9,27	11,68	7	12,27	15,46
6	9,34	11,77	6	12,34	15,55
5	9,42	11,86	5	12,42	15,65
4	9,49	11,95	4	12,50	15,75
3	9,56	12,05	3	12,58	15,85
2	9,63	12,14	2	12,65	15,95
1	9,70	12,23	1	12,73	16,04
0	9,78	12,32	0	12,81	16,14
0,9839	9,85	12,41	0,9799	12,89	16,24
8	9,92	12,50	8	12,97	16,34
7	9,99	12,59	7	13,05	16,44
6	10,07	12,69	6	13,13	16,54
5	10,14	12,78	5	13,20	16,64
4	10,22	12,88	4	13,28	16,74
3	10,28	12,97	3	13,36	16,84
2	10,36	13,06	2	13,44	16,94
1	10,44	13,16	1	13,52	17,04
0	10,52	13,25	0	13,60	17,14
0,9829	10,59	13,34	0,9789	13,68	17,24
8	10,66	13,44	8	13,76	17,34
7	10,74	13,53	7	13,84	17,44
6	10,81	13,63	6	13,92	17,54
5	10,89	13,72	5	14,00	17,64
4	10,96	13,82	4	14,08	17,74
3	11,04	13,91	3	14,15	17,84
2	11,12	14,01	2	14,23	17,94
1	11,19	14,10	1	14,31	18,04
0	11,27	14,20	0	14,39	18,14

Spezifisches Gewicht des Destillates	Gramm Alkohol in 100 ccm	Volumprozente Alkohol	Spezifisches Gewicht des Destillates	Gramm Alkohol in 100 ccm	Volumprozente Alkohol
0,9779	14,47	18,24	0,9739	17,66	22,26
8	14,55	18,34	8	17,74	22,35
7	14,63	18,44	7	17,82	22,45
6	14,71	18,54	6	17,90	22,55
5	14,79	18,64	5	17,98	22,65
4	14,87	18,74	4	18,05	22,75
3	14,95	18,84	3	18,13	22,85
2	15,03	18,94	2	18,21	22,95
1	15,11	19,04	1	18,29	23,05
0	15,19	19,14	0	18,37	23,14
0,9769	15,27	19,24	0,9729	18,45	23,24
8	15,35	19,34	8	18,52	23,34
7	15,43	19,44	7	18,60	23,44
6	15,51	19,55	6	18,68	23,54
5	15,59	19,65	5	18,76	23,63
4	15,67	19,75	4	18,84	23,73
3	15,75	19,85	3	18,91	23,83
2	15,83	19,95	2	18,99	23,93
1	15,91	20,05	1	19,07	24,02
0	15,99	20,15	0	19,14	24,12
0,9759	16,07	20,25	0,9719	19,22	24,22
8	16,15	20,35	8	19,30	24,32
7	16,23	20,45	7	19,37	24,41
6	16,31	20,55	6	19,45	24,51
5	16,39	20,65	5	19,53	24,60
4	16,47	20,75	4	19,60	24,70
3	16,55	20,86	3	19,68	24,80
2	16,63	20,96	2	19,76	24,89
1	16,71	21,06	1	19,83	24,99
0	16,79	21,16	0	19,91	25,08
0,9749	16,87	21,26	0,9709	19,98	25,18
8	16,95	21,36	8	20,06	25,27
7	17,03	21,46	7	20,13	25,37
6	17,11	21,56	6	20,21	25,47
5	17,19	21,66	5	20,28	25,56
4	17,27	21,76	4	20,36	25,66
3	17,35	21,86	3	20,43	25,75
2	17,42	21,96	2	20,51	25,84
1	17,50	22,06	1	20,58	25,94
0	17,58	22,16	0	20,66	26,03

Spezifisches Gewicht des Destillates	Gramm Alkohol in 100 ccm	Volumprozente Alkohol	Spezifisches Gewicht des Destillates	Gramm Alkohol in 100 ccm	Volumprozente Alkohol
0,9699	20,73	26,13	0,9659	23,59	29,72
8	20,81	26,22	8	23,65	29,81
7	20,88	26,31	7	23,72	29,89
6	20,96	26,41	6	23,79	29,98
5	21,03	26,50	5	23,86	30,06
4	21,10	26,59	4	23,93	30,15
3	21,18	26,69	3	23,99	30,23
2	21,25	26,78	2	24,06	30,32
1	21,32	26,87	1	24,13	30,40
0	21,40	26,96	0	24,19	30,49
0,9689	21,47	27,05	0,9649	24,26	30,57
8	21,54	27,14	8	24,33	30,66
7	21,61	27,24	7	24,39	30,74
6	21,69	27,33	6	24,46	30,82
5	21,76	27,42	5	24,53	30,91
4	21,83	27,51	4	24,59	30,99
3	21,90	27,60	3	24,66	31,07
2	21,97	27,69	2	24,73	31,16
1	22,05	27,78	1	24,79	31,24
0	22,12	27,87	0	24,85	31,32
0,9679	22,19	27,96	0,9639	24,92	31,41
8	22,26	28,05	8	24,99	31,49
7	22,33	28,14	7	25,05	31,57
6	22,40	28,23	6	25,12	31,65
5	22,47	28,32	5	25,18	31,73
4	22,54	28,41	4	25,25	31,81
3	22,61	28,50	3	25,31	31,89
2	22,68	28,59	2	25,37	31,98
1	22,75	28,67	1	25,44	32,06
0	22,82	28,76	0	25,50	32,14
0,9669	22,89	28,85	0,9629	25,56	32,22
8	22,96	28,94	8	25,63	32,30
7	23,03	29,03	7	25,69	32,38
6	23,10	29,11	6	25,76	32,46
5	23,17	29,20	5	25,82	32,54
4	23,24	29,29	4	25,88	32,62
3	23,31	29,38	3	25,95	32,70
2	23,38	29,46	2	26,01	32,78
1	23,45	29,55	1	26,07	32,85
0	23,52	29,64	0	26,13	32,93

Tafel II.

(Zur Ermittelung der Zahl E, welche für die Wahl des bei der Extraktbestimmung des Weines anzuwendenden Verfahrens maßgebend ist.)

Nach den Angaben der Kaiserlichen Normal-Eichungs-Kommission berechnet im Kaiserlichen Gesundheitsamt.

x	E	x	E	x	E	x	E
1,0000	0,00	1,0030	0,77	1,0060	1,55	1,0090	2,32
1	0,03	1	0,80	1	1,57	1	2,35
2	0,05	2	0,82	2	1,60	2	2,38
3	0,08	3	0,85	3	1,63	3	2,40
4	0,10	4	0,87	4	1,65	4	2,43
5	0,13	5	0,90	5	1,68	5	2,45
6	0,15	6	0,93	6	1,70	6	2,48
7	0,18	7	0,95	7	1,73	7	2,50
8	0,20	8	0,98	8	1,76	8	2,53
9	0,23	9	1,00	9	1,78	9	2,56
1,0010	0,26	1,0040	1,03	1,0070	1,81	1,0100	2,58
1	0,28	1	1,05	1	1,83	1	2,61
2	0,31	2	1,08	2	1,86	2	2,63
3	0,34	3	1,11	3	1,88	3	2,66
4	0,36	4	1,13	4	1,91	4	2,69
5	0,39	5	1,16	5	1,94	5	2,71
6	0,41	6	1,18	6	1,96	6	2,74
7	0,44	7	1,21	7	1,99	7	2,76
8	0,46	8	1,24	8	2,01	8	2,79
9	0,49	9	1,26	9	2,04	9	2,82
1,0020	0,52	1,0050	1,29	1,0080	2,07	1,0110	2,84
1	0,54	1	1,32	1	2,09	1	2,87
2	0,57	2	1,34	2	2,12	2	2,89
3	0,59	3	1,37	3	2,14	3	2,92
4	0,62	4	1,39	4	2,17	4	2,94
5	0,64	5	1,42	5	2,19	5	2,97
6	0,67	6	1,45	6	2,22	6	3,00
7	0,69	7	1,47	7	2,25	7	3,02
8	0,72	8	1,50	8	2,27	8	3,05
9	0,75	9	1,52	9	2,30	9	3,07

x	E	x	E	x	E	x	E
1,0120	3,10	1,0160	4,13	1,0200	5,17	1,0240	6,20
1	3,12	1	4,16	1	5,19	1	6,23
2	3,15	2	4,19	2	5,22	2	6,25
3	3,18	3	4,21	3	5,25	3	6,28
4	3,20	4	4,24	4	5,27	4	6,31
5	3,23	5	4,26	5	5,30	5	6,33
6	3,26	6	4,29	6	5,32	6	6,36
7	3,28	7	4,31	7	5,35	7	6,38
8	3,31	8	4,34	8	5,38	8	6,41
9	3,33	9	4,37	9	5,40	9	6,44
1,0130	3,36	1,0170	4,39	1,0210	5,43	1,0250	6,46
1	3,38	1	4,42	1	5,45	1	6,49
2	3,41	2	4,44	2	5,48	2	6,51
3	3,43	3	4,47	3	5,51	3	6,54
4	3,46	4	4,50	4	5,53	4	6,56
5	3,49	5	4,52	5	5,56	5	6,59
6	3,51	6	4,55	6	5,58	6	6,62
7	3,54	7	4,57	7	5,61	7	6,64
8	3,56	8	4,60	8	5,64	8	6,67
9	3,59	9	4,63	9	5,66	9	6,70
1,0140	3,62	1,0180	4,65	1,0220	5,69	1,0260	5,72
1	3,64	1	4,68	1	5,71	1	6,75
2	3,67	2	4,70	2	5,74	2	6,77
3	3,69	3	4,73	3	5,77	3	6,80
4	3,72	4	4,75	4	5,79	4	6,82
5	3,75	5	4,78	5	5,82	5	6,85
6	3,77	6	4,81	6	5,84	6	6,88
7	3,80	7	4,83	7	5,87	7	6,90
8	3,82	8	4,86	8	5,89	8	6,93
9	3,85	9	4,88	9	5,92	9	6,95
1,0150	3,87	1,0190	4,91	1,0230	5,94	1,0270	6,98
1	3,90	1	4,94	1	5,97	1	7,01
2	3,93	2	4,96	2	6,00	2	7,03
3	3,95	3	4,99	3	6,02	3	7,06
4	3,98	4	5,01	4	6,05	4	7,08
5	4,00	5	5,04	5	6,07	5	7,11
6	4,03	6	5,06	6	6,10	6	7,13
7	4,06	7	5,09	7	6,12	7	7,16
8	4,08	8	5,11	8	6,15	8	7,19
9	4,11	9	5,14	9	6,18	9	7,21

x	E	x	E	x	E	x	E
1,0280	7,24	1,0320	8,27	1,0360	9,31	1,0400	10,35
1	7,26	1	8,30	1	9,34	1	10,37
2	7,29	2	8,33	2	9,36	2	10,40
3	7,32	3	8,35	3	9,39	3	10,43
4	7,34	4	8,38	4	9,42	4	10,45
5	7,37	5	8,40	5	9,44	5	10,48
6	7,39	6	8,43	6	9,47	6	10,51
7	7,42	7	8,46	7	9,49	7	10,53
8	7,45	8	8,48	8	9,52	8	10,56
9	7,47	9	8,51	9	9,55	9	10,58
1,0290	7,50	1,0330	8,53	1,0370	9,57	1,0410	10,61
1	7,52	1	8,56	1	9,60	1	10,63
2	7,55	2	8,59	2	9,62	2	10,66
3	7,58	3	8,61	3	9,65	3	10,69
4	7,60	4	8,64	4	9,68	4	10,71
5	7,63	5	8,66	5	9,70	5	10,74
6	7,65	6	8,69	6	9,73	6	10,76
7	7,68	7	8,72	7	9,75	7	10,79
8	7,70	8	8,74	8	9,78	8	10,82
9	7,73	9	8,77	9	9,80	9	10,84
1,0300	7,76	1,0340	8,79	1,0380	9,83	1,0420	10,87
1	7,78	1	8,82	1	9,86	1	10,90
2	7,81	2	8,85	2	9,88	2	10,92
3	7,83	3	8,87	3	9,91	3	10,95
4	7,86	4	8,90	4	9,93	4	10,97
5	7,89	5	8,92	5	9,96	5	11,00
6	7,91	6	8,95	6	9,99	6	11,03
7	7,94	7	8,97	7	10,01	7	11,05
8	7,97	8	9,00	8	10,04	8	11,08
9	7,99	9	9,03	9	10,06	9	11,10
1,0310	8,02	1,0350	9,05	1,0390	10,09	1,0430	11,13
1	8,04	1	9,08	1	10,11	1	11,15
2	8,07	2	9,10	2	10,14	2	11,18
3	8,09	3	9,13	3	10,17	3	11,21
4	8,12	4	9,16	4	10,19	4	11,23
5	8,14	5	9,18	5	10,22	5	11,26
6	8,17	6	9,21	6	10,25	6	11,28
7	8,20	7	9,23	7	10,27	7	11,31
8	8,22	8	9,26	8	10,30	8	11,34
9	8,25	9	9,29	9	10,32	9	11,36

x	E	x	E	x	E	x	E
1,0440	11,39	1,0480	12,43	1,0520	13,47	1,0560	14,51
1	11,42	1	12,45	1	13,49	1	14,54
2	11,44	2	12,48	2	13,52	2	14,56
3	11,47	3	12,51	3	13,55	3	14,59
4	11,49	4	12,53	4	13,57	4	14,61
5	11,52	5	12,56	5	13,60	5	14,64
6	11,55	6	12,58	6	13,62	6	14,67
7	11,57	7	13,61	7	13,65	7	14,69
8	11,60	8	12,64	8	13,68	8	14,72
9	11,62	9	12,66	9	13,70	9	14,74
1,0450	11,65	1,0490	12,69	1,0530	13,73	1,0570	14,77
1	11,68	1	12,71	1	13,75	1	14,80
2	11,70	2	12,74	2	13,78	2	14,82
3	11,73	3	12,77	3	13,81	3	14,85
4	11,75	4	12,79	4	13,83	4	14,87
5	11,78	5	12,82	5	13,86	5	14,90
6	11,81	6	12,84	6	13,89	6	14,93
7	11,83	7	12,87	7	13,91	7	14,95
8	11,86	8	12,90	8	13,94	8	14,98
9	11,88	9	12,92	9	13,96	9	15,00
1,0460	11,91	1,0500	12,95	1,0540	13,99	1,0580	15,03
1	11,94	1	12,97	1	14,01	1	15,06
2	11,96	2	13,00	2	14,04	2	15,08
3	11,99	3	13,03	3	14,07	3	15,11
4	12,01	4	13,05	4	14,09	4	15,14
5	12,04	5	13,08	5	14,12	5	15,16
6	12,06	6	13,10	6	14,14	6	15,19
7	12,09	7	13,13	7	14,17	7	15,22
8	12,12	8	13,16	8	14,20	8	15,24
9	12,14	9	13,18	9	14,22	9	15,27
1,0470	12,17	1,0510	13,21	1,0550	14,25	1,0590	15,29
1	12,19	1	13,23	1	14,28	1	15,32
2	12,22	2	13,26	2	14,30	2	15,35
3	12,25	3	13,29	3	14,33	3	15,37
4	12,27	4	13,31	4	14,35	4	15,40
5	12,30	5	13,34	5	14,38	5	15,42
6	12,32	6	13,36	6	14,41	6	15,45
7	12,35	7	13,39	7	14,43	7	15,48
8	12,38	8	13,42	8	14,46	8	15,50
9	12,40	9	13,44	9	14,48	9	15,53

x	E	x	E	x	E	x	E
1,0600	15,55	1,0640	16,60	1,0680	17,64	1,0720	18,69
1	15,58	1	16,62	1	17,67	1	18,71
2	15,61	2	16,65	2	17,69	2	18,74
3	15,63	3	16,68	3	17,72	3	18,76
4	15,66	4	16,70	4	17,75	4	18,79
5	15,68	5	16,73	5	17,77	5	18,82
6	15,71	6	16,75	6	17,80	6	18,84
7	15,74	7	16,78	7	17,83	7	18,87
8	15,76	8	16,80	8	17,85	8	18,90
9	15,79	9	16,83	9	17,88	9	18,92
1,0610	15,81	1,0650	16,86	1,0690	17,90	1,0730	18,95
1	15,84	1	16,88	1	17,93	1	18,97
2	15,87	2	16,91	2	17,95	2	19,00
3	15,89	3	16,94	3	17,98	3	19,03
4	15,92	4	16,96	4	18,01	4	19,05
5	15,94	5	16,99	5	18,03	5	19,08
6	15,97	6	17,01	6	18,06	6	19,10
7	16,00	7	17,04	7	18,08	7	19,13
8	16,02	8	17,07	8	18,11	8	19,16
9	16,05	9	17,09	9	18,14	9	19,18
1,0620	16,07	1,0660	17,12	1,0700	18,16	1,0740	19,21
1	16,10	1	17,14	1	18,19	1	19,23
2	16,13	2	17,17	2	18,22	2	19,26
3	16,15	3	17,20	3	18,24	3	19,29
4	16,18	4	17,22	4	18,27	4	19,31
5	16,21	5	17,25	5	18,30	5	19,34
6	16,23	6	17,27	6	18,32	6	19,37
7	16,26	7	17,30	7	18,35	7	19,39
8	16,28	8	17,33	8	18,37	8	19,42
9	16,31	9	17,35	9	18,40	9	19,44
1,0630	16,33	1,0670	17,38	1,0710	18,43	1,0750	19,47
1	16,36	1	17,41	1	18,45	1	19,50
2	16,39	2	17,43	2	18,48	2	19,51
3	16,41	3	17,46	3	18,50	3	19,55
4	16,44	4	17,48	4	18,53	4	19,58
5	16,47	5	17,51	5	18,56	5	19,60
6	16,49	6	17,54	7	18,58	6	19,63
7	16,52	7	17,56	7	18,61	7	19,65
8	16,54	8	17,59	8	18,63	8	19,68
9	16,57	9	17,62	9	18,66	9	19,71

x	E	x	E	x	E	x	E
1,0760	19,73	1,0800	20,78	1,0840	21,83	1,0880	22,88
1	19,76	1	20,81	1	21,86	1	22,91
2	19,79	2	20,83	2	21,88	2	22,93
3	19,81	3	20,86	3	21,91	3	22,96
4	19,84	4	20,89	4	21,94	4	22,99
5	19,86	5	20,91	5	21,96	5	23,01
6	19,89	6	20,94	6	21,99	6	23,04
7	19,92	7	20,96	7	22,02	7	23,07
8	19,94	8	20,99	8	22,04	8	23,09
9	19,97	9	21,02	9	22,07	9	23,12
1,0770	20,00	1,0810	21,04	1,0850	22,09	1,0890	23,14
1	20,02	1	21,07	1	22,12	1	23,17
2	20,05	2	21,10	2	22,15	2	23,20
3	20,07	3	21,12	3	22,17	3	23,22
4	20,10	4	21,15	4	22,20	4	23,25
5	20,12	5	21,17	5	22,22	5	23,28
6	20,15	6	21,20	6	22,25	6	23,30
7	20,18	7	21,23	7	22,28	7	23,33
8	20,20	8	21,25	8	22,30	8	23,35
9	20,23	9	21,28	9	22,33	9	23,38
1,0780	20,26	1,0820	21,31	1,0860	22,36	1,0900	23,41
1	20,28	1	21,33	1	22,38	1	23,43
2	20,31	2	21,36	2	22,41	2	23,46
3	20,34	3	21,38	3	22,43	3	23,49
4	20,36	4	21,41	4	22,46	4	23,51
5	20,39	5	21,44	5	22,49	5	23,54
6	20,41	6	21,46	6	22,51	6	23,57
7	20,44	7	21,49	7	22,54	7	23,59
8	20,47	8	21,52	8	22,57	8	23,62
9	20,49	9	21,54	9	22,59	9	23,65
1,0790	20,52	1,0830	21,57	1,0870	22,62	1,0910	23,67
1	20,55	1	21,59	1	22,65	1	23,70
2	20,57	2	21,62	2	22,67	2	23,72
3	20,60	3	21,65	3	22,70	3	23,75
4	20,62	4	21,67	4	22,72	4	23,77
5	20,65	5	21,70	5	22,75	5	23,80
6	20,68	6	21,73	6	22,78	6	23,83
7	20,70	7	21,75	7	22,80	7	23,85
8	20,73	8	21,78	8	22,83	8	23,88
9	20,75	9	21,80	9	22,86	9	23,91

x	E	x	E	x	E	x	E
1,0920	23,93	1,0960	24,99	1,1000	26,04	1,1040	27,09
1	23,96	1	25,01	1	26,06	1	27,12
2	23,99	2	25,04	2	26,09	2	27,15
3	24,01	3	25,07	3	26,12	3	27,17
4	24,04	4	25,09	4	26,14	4	27,20
5	24,07	5	25,12	5	26,17	5	27,22
6	24,09	6	25,14	6	26,20	6	27,25
7	24,12	7	25,17	7	26,22	7	27,27
8	24,14	8	25,20	8	26,25	8	27,30
9	24,17	9	25,22	9	26,27	9	27,33
1,0930	24,20	1,0970	25,25	1,1010	26,30	1,1050	27,35
1	24,22	1	25,28	1	26,33	1	27,38
2	24,25	2	25,30	2	26,35	2	27,41
3	24,27	3	25,33	3	26,38	3	27,43
4	24,30	4	25,36	4	26,41	4	27,46
5	24,33	5	25,38	5	26,43	5	27,49
6	24,35	6	25,41	6	26,46	6	27,51
7	24,38	7	25,43	7	26,49	7	27,54
8	24,41	8	25,46	8	26,51	8	27,57
9	24,43	9	25,49	9	26,54	9	27,59
1,0940	24,46	1,0980	25,51	1,1020	26,56	1,1060	27,62
1	24,49	1	25,54	1	26,59	1	27,65
2	24,51	2	25,56	2	26,62	2	27,67
3	24,54	3	25,59	3	26,64	3	27,70
4	24,57	4	25,62	4	26,67	4	27,72
5	24,59	5	25,64	5	26,70	5	27,75
6	24,62	6	25,67	6	26,72	6	27,78
7	24,64	7	25,70	7	26,75	7	27,80
8	24,67	8	25,72	8	26,78	8	27,83
9	24,70	9	25,75	9	26,80	9	27,86
1,0950	24,72	1,0990	25,78	1,1030	26,83	1,1070	27,88
1	24,75	1	25,80	1	26,85	1	27,91
2	24,78	2	25,83	2	26,88	2	27,93
3	24,80	3	25,85	3	26,91	3	27,96
4	24,83	4	25,88	4	26,93	4	27,99
5	24,85	5	25,91	5	26,96	5	28,01
6	24,88	6	25,93	6	26,99	6	28,04
7	24,91	7	25,96	7	27,01	7	28,07
8	24,93	8	25,99	8	27,04	7	28,09
9	24,96	9	26,01	9	27,07	8	28,12

x	E	x	E	x	E	x	E
1,1080	28,15	1,1100	28,67	1,1120	29,20	1,1140	29,73
1	28,17	1	28,70	1	29,23	1	29,76
2	28,20	2	28,73	2	29,25	2	29,78
3	28,22	3	28,75	3	29,28	3	29,81
4	28,25	4	28,78	4	29,31	4	29,83
5	28,28	5	28,81	5	29,33	5	29,86
6	28,30	6	28,83	6	29,36	6	29,89
7	28,33	7	28,86	7	29,39	7	29,91
8	28,36	8	28,88	8	29,41	8	29,94
9	28,38	9	28,91	9	29,44	9	29,96
1,1090	28,41	1,1110	28,94	1,1130	29,47	1,1150	29,99
1	28,43	1	28,96	1	29,49		
2	28,46	2	28,99	2	29,52		
3	28,49	3	29,02	3	29,54		
4	28,51	4	29,04	4	29,57		
5	28,54	5	29,07	5	29,60		
6	28,57	6	29,09	6	29,62		
7	28,59	7	29,12	7	29,65		
8	28,62	8	29,15	8	29,68		
9	28,65	9	29,17	9	29,70		

Tafel III.

Ermittelung des Zuckergehaltes.

Aus E. Wein, Tabellen zur Zuckerbestimmung. Stuttgart 1888.

Kupfer g	Zucker g	Kupfer g	Zucker g	Kupfer g	Zucker g	Kupfer g	Zucker g
0,010[1]	0,0061	0,040	0,0209	0,070	0,0358	0,100	0,0521
0,011	0,0066	0,041	0,0214	0,071	0,0362	0,101	0,0527
0,012	0,0071	0,042	0,0219	0,072	0,0368	0,102	0,0532
0,013	0,0076	0,043	0,0224	0,073	0,0373	0,103	0,0537
0,014	0,0081	0,044	0,0229	0,074	0,0378	0,104	0,0543
0,015	0,0086	0,045	0,0234	0,075	0,0383	0,105	0,0548
0,016	0,0090	0,046	0,0239	0,076	0,0388	0,106	0,0553
0,017	0,0095	0,047	0,0244	0,077	0,0393	0,107	0,0559
0,018	0,0100	0,048	0,0249	0,078	0,0398	0,108	0,0565
0,019	0,0105	0,049	0,0254	0,079	0,0403	0,109	0,0569
0,020	0,0110	0,050	0,0259	0,080	0,0408	0,110	0,0575
0,021	0,0115	0,051	0,0264	0,081	0,0413	0,111	0,0580
0,022	0,0120	0,052	0,0269	0,082	0,0418	0,112	0,0585
0,023	0,0125	0,053	0,0274	0,083	0,0423	0,113	0,0591
0,024	0,0130	0,054	0,0279	0,084	0,0428	0,114	0,0596
0,025	0,0135	0,055	0,0284	0,085	0,0434	0,115	0,0601
0,026	0,0140	0,056	0,0288	0,086	0,0439	0,116	0,0607
0,027	0,0145	0,057	0,0293	0,087	0,0444	0,117	0,0612
0,028	0,0150	0,058	0,0298	0,088	0,0449	0,118	0,0617
0,029	0,0155	0,059	0,0303	0,089	0,0454	0,119	0,0623
0,030	0,0160	0,060	0,0308	0,090[2]	0,0469	0,120	0,0628
0,031	0,0165	0,061	0,0313	0,091	0,0474	0,121	0,0633
0,032	0,0170	0,062	0,0318	0,092	0,0479	0,122	0,0639
0,033	0,0175	0,063	0,0323	0,093	0,0484	0,123	0,0644
0,034	0,0180	0,064	0,0328	0,094	0,0489	0,124	0,0649
0,035	0,0185	0,065	0,0333	0,095	0,0495	0,125	0,0655
0,036	0,0189	0,066	0,0338	0,096	0,0500	0,126	0,0660
0,037	0,0194	0,067	0,0343	0,097	0,0505	0,127	0,0665
0,038	0,0199	0,068	0,0348	0,098	0,0511	0,128	0,0671
0,039	0,0204	0,069	0,0353	0,099	0,0516	0,129	0,0676

[1]) E. Wein, Tabelle I. S. 2.

[2]) E. Wein, Tabelle IV. S. 14.

Kupfer g	Zucker g	Kupfer g	Zucker g	Kupfer g	Zucker g	Kupfer g	Zucker g
0,130	0,0681	0,170	0,0897	0,210	0,1119	0,250	0,1346
0,131	0,0687	0,171	0,0903	0,211	0,1125	0,251	0,1352
0,132	0,0692	0,172	0,0908	0,212	0,1130	0,252	0,1358
0,133	0,0697	0,173	0,0914	0,213	0,1136	0,253	0,1363
0,134	0,0703	0,174	0,0919	0,214	0,1142	0,254	0,1369
0,135	0,0708	0,175	0,0924	0,215	0,1147	0,255	0,1375
0,136	0,0713	0,176	0,0930	0,216	0,1153	0,256	0,1381
0,137	0,0719	0,177	0,0935	0,217	0,1158	0,257	0,1386
0,138	0,0724	0,178	0,0941	0,218	0,1164	0,258	0,1392
0,139	0,0729	0,179	0,0946	0,219	0,1170	0,259	0,1398
0,140	0,0735	0,180	0,0952	0,220	0,1175	0,260	0,1404
0,141	0,0740	0,181	0,0957	0,221	0,1181	0,261	0,1409
0,142	0,0745	0,182	0,0962	0,222	0,1187	0,262	0,1415
0,143	0,0751	0,183	0,0968	0,223	0,1192	0,263	0,1421
0,144	0,0756	0,184	0,0973	0,224	0,1198	0,264	0,1427
0,145	0,0761	0,185	0,0978	0,225	0,1204	0,265	0,1432
0,146	0,0767	0,186	0,0984	0,226	0,1209	0,266	0,1438
0,147	0,0772	0,187	0,0990	0,227	0,1215	0,267	0,1444
0,148	0,0778	0,188	0,0995	0,228	0,1221	0,268	0,1449
0,149	0,0783	0,189	0,1001	0,229	0,1226	0,269	0,1455
0,150	0,0789	0,190	0,1006	0,230	0,1232	0,270	0,1461
0,151	0,0794	0,191	0,1012	0,231	0,1238	0,271	0,1467
0,152	0,0800	0,192	0,1017	0,232	0,1243	0,272	0,1472
0,153	0,0805	0,193	0,1023	0,233	0,1249	0,273	0,1478
0,154	0,0810	0,194	0,1029	0,234	0,1255	0,274	0,1484
0,155	0,0816	0,195	0,1034	0,235	0,1260	0,275	0,1490
0,156	0,0821	0,196	0,1040	0,236	0,1266	0,276	0,1495
0,157	0,0827	0,197	0,1046	0,237	0,1272	0,277	0,1501
0,158	0,0832	0,198	0,1051	0,238	0,1278	0,278	0,1507
0,159	0,0838	0,199	0,1057	0,239	0,1283	0,279	0,1513
0,160	0,0843	0,200	0,1063	0,240	0,1289	0,280	0,1519
0,161	0,0848	0,201	0,1068	0,241	0,1295	0,281	0,1525
0,162	0,0854	0,202	0,1074	0,242	0,1300	0,282	0,1531
0,163	0,0859	0,203	0,1079	0,243	0,1306	0,283	0,1537
0,164	0,0865	0,204	0,1085	0,244	0,1312	0,284	0,1543
0,165	0,0870	0,205	0,1091	0,245	0,1318	0,285	0,1549
0,166	0,0876	0,206	0,1096	0,246	0,1323	0,286	0,1555
0,167	0,0881	0,207	0,1102	0,247	0,1329	0,287	0,1561
0,168	0,0886	0,208	0,1108	0,248	0,1335	0,288	0,1567
0,169	0,0892	0,209	0,1113	0,249	0,1341	0,289	0,1572

Kupfer	Zucker	Kupfer	Zucker	Kupfer	Zucker	Kupfer	Zucker
g	g	g	g	g	g	g	g
0,290	0,1578	0,330	0,1816	0,370	0,2061	0,410	0,2321
0,291	0,1584	0,331	0,1822	0,371	0,2067	0,411	0,2328
0,292	0,1590	0,332	0,1828	0,372	0,2073	0,412	0,2335
0,293	0,1596	0,333	0,1835	0,373	0,2080	0,413	0,2343
0,294	0,1602	0,334	0,1841	0,374	0,2086	0,414	0,2350
0,295	0,1608	0,335	0,1847	0,375	0,2092	0,415	0,2357
0,296	0,1614	0,336	0,1854	0,376	0,2099	0,416	0,2364
0,297	0,1620	0,337	0,1860	0,377	0,2105	0,417	0,2371
0,298	0,1626	0,338	0,1866	0,378	0,2111	0,418	0,2378
0,299	0,1632	0,339	0,1872	0,379	0,2117	0,419	0,2385
0,300	0,1638	0,340	0,1878	0,380	0,2124	0,420	0,2392
0,301	0,1644	0,341	0,1884	0,381	0,2130	0,421	0,2399
0,302	0,1650	0,342	0,1890	0,382	0,2136	0,422	0,2406
0,303	0,1656	0,343	0,1896	0,383	0,2143	0,423	0,2413
0,304	0,1662	0,344	0,1902	0,384	0,2149	0,424	0,2420
0,305	0,1668	0,345	0,1908	0,385	0,2155	0,425	0,2427
0,306	0,1673	0,346	0,1914	0,386	0,2161	0,426	0,2434
0,307	0,1679	0,347	0,1920	0,387	0,2168	0,427	0,2441
0,308	0,1685	0,348	0,1926	0,388	0,2174	0,428	0,2449
0,309	0,1691	0,349	0,1932	0,389	0,2180	0,429	0,2456
0,310	0,1697	0,350	0,1938	0,390	0,2187	0,430	0,2463
0,311	0,1703	0,351	0,1944	0,391	0,2193		
0,312	0,1709	0,352	0,1950	0,392	0,2199		
0,313	0,1716	0,353	0,1956	0,393	0,2205		
0,314	0,1721	0,354	0,1962	0,394	0,2212		
0,315	0,1727	0,355	0,1968	0,395	0,2218		
0,316	0,1733	0,356	0,1974	0,396	0,2224		
0,317	0,1739	0,357	0,1980	0,397	0,2231		
0,318	0,1745	0,358	0,1986	0,398	0,2237		
0,319	0,1751	0,359	0,1992	0,399	0,2243		
0,320	0,1756	0,360	0,1998	0,400	0,2249		
0,321	0,1762	0,361	0,2004	0,401	0,2257		
0,322	0,1768	0,362	0,2011	0,402	0,2264		
0,323	0,1774	0,363	0,2017	0,403	0,2271		
0,324	0,1780	0,364	0,2023	0,404	0,2278		
0,325	0,1786	0,365	0,2030	0,405	0,2286		
0,326	0,1792	0,366	0,2036	0,406	0,2293		
0,327	0,1798	0,367	0,2042	0,407	0,2300		
0,328	0,1804	0,368	0,2048	0,408	0,2307		
0,329	0,1810	0,369	0,2055	0,409	0,2314		

Anleitung für die zollamtliche Untersuchung von Verschnittwein und -Most auf den Alkohol — beziehungsweise Fruchtzucker und Extraktgehalt.

(Zentralbl. f. d. Deutsche Reich. 1894. S. 328, u. 1897, S. 65.)

Der Bundesrat hat in seiner Sitzung vom 9. Juli d. J. beschlossen:

1. Vom 1. August d. J. ab treten an Stelle der durch Beschluß vom 4. Februar 1892 genehmigten vorläufigen Bestimmungen über die Zollbehandlung der Verschnittweine und -Moste die in der Anlage enthaltenen Bestimmungen.

2. Die bei der zollamtlichen Untersuchung der Verschnittweine und -Moste nach Maßgabe der den Bestimmungen beigegebenen Anleitung zu benutzenden Geräte (Alkoholometer, Saccharometer, Meßzylinder, Meßkolben, Büretten usw.) sind von der Normal-Eichungs-Kommission zu beziehen.

Berlin, den 16. Juli 1894.

Der Reichskanzler.
In Vertretung: Graf von Posadowsky.

a) Aus den Bestimmungen über die Zollbehandlung der Verschnittweine und -Moste.

(Die 1897 vorgeschriebene Änderung in Ziffer 4 ist im Text berücksichtigt.)

4. Die Untersuchung der Verschnittweine und -Moste auf den Alkohol- beziehungsweise Fruchtzuckergehalt und Extraktgehalt erfolgt nach Maßgabe der beigefügten Anleitung durch die vorstehend in Ziffer 2 bezeichneten Zoll- und Steuerstellen. Falls die zollamtliche Untersuchung ergibt, daß die Sendung oder ein Teil derselben den vertragsmäßig festgesetzten Mindestgehalt an Alkohol beziehungsweise Fruchtzucker und trockenem Extrakt nicht besitzt, so ist eine Untersuchung der beanstandeten Warenpost durch Chemiker herbeizuführen, welche von der Direktivbehörde zu bestellen und auf das Zollinteresse zu vereidigen sind. Zu dem Zweck werden unter Beachtung der Vorschrift in Ziffer 1 Absatz 1 der Anleitung nochmals Proben entnommen und unter amtlichem Verschluß dem Chemiker übersandt.

Derselbe hat jede einzelne Probe für sich zu untersuchen und dabei nach der vom Bundesrat in seiner Sitzung vom 11. Juni 1896 festgestellten Anweisung zur chemischen Untersuchung des Weines (Zentralblatt 1896, S. 197) zu verfahren.

Wenn durch ein seitens der zuständigen Kaiserlichen Konsularbehörde beglaubigtes Attest eines staatlich angestellten önotechnischen Beamten oder einer staatlichen önotechnischen Anstalt des Produktionslandes dargetan ist, daß der zur Abfertigung vorgeführte Wein und Most die vorschriftsmäßigen Eigenschaften eines Verschnittweines oder -Mostes besitzt, so kann nach dem Ermessen der Zoll- oder Steuerstelle die Untersuchung auf eine probeweise beschränkt oder auch von einer Untersuchung ganz abgesehen werden.

5. Als Verschnittweine und Moste . . . sind nur solche rote Naturweine anzusehen, welche nach dem Ergebnis der Untersuchung oder nach dem vorgelegten önotechnischen Attest mindestens 12 Volumprozent Alkohol beziehentlich im Most das entsprechende Äquivalent von Fruchtzucker, sowie im Liter bei 100° C. mindestens 28 g trockenen Extrakt enthalten und bei denen die Eigenschaft als rote Naturweine und Moste zu rotem Wein, sowie der unmittelbare Eingang aus dem Ursprungslande nicht zweifelhaft ist. . . .

6. Über das Ergebnis der Untersuchung hat die Zoll- oder Steuerstelle beziehungsweise der amtliche Chemiker ein schriftliches Zeugnis auszustellen, in welchem für jedes untersuchte Gefäß der Alkohol- beziehungsweise Fruchtzucker- und Extraktgehalt anzuführen ist. . . .

β) Anleitung für die zollamtliche Untersuchung von Verschnittwein und -Most auf den Alkohol- beziehungsweise Fruchtzucker- und Extraktgehalt.

(Unter Weglassung derjenigen Teile, welche durch die Bundesratsverordnung vom 24. Februar 1897 gegenstandslos geworden sind.)

Die Untersuchung der Verschnittweine und -Moste hat sich auf die Ermittelung des Gehalts an Alkohol, Extrakt und Zucker zu erstrecken. Bei fertigem Wein (reinem vergorenen Traubensaft) kann von der Bestimmung des Zuckergehalts abgesehen werden.

I. Entnahme und Vorbereitung der Proben.

Die Proben für die Untersuchung sind, soweit nicht nach den bestehenden Bestimmungen Erleichterungen zulässig sind, aus jedem Kesselwagen beziehungsweise aus mindestens der Hälfte der Gebinde einer zur Abfertigung gestellten Sendung zu entnehmen, und zwar mittelst Stechhebers in einer Menge von je etwa $^4/_{10}$ Liter. Eine Vermischung der Proben miteinander ist nicht zulässig, es muß vielmehr jede einzelne Probe für sich untersucht werden.

Die Proben sind von ihrem etwaigen Kohlensäuregehalt durch wiederholtes kräftiges Schütteln möglichst zu befreien und, wenn sie nicht klar erscheinen, demnächst durch ein doppeltes Faltenfilter von Papier zu filtrieren. Bei Mosten geht dem Filtrieren ein Durchseien durch ein reines trockenes Tuch voraus. An diese Vorbereitung der Proben muß die eigentliche Untersuchung unmittelbar angeschlossen werden.

II. Ausführung der Untersuchung.

Soweit bei der Untersuchung Spindelungen stattfinden, sind die in der Tafel zur zollamtlichen Abfertigung von Verschnittweinen und -Mosten enthaltenen Vorschriften maßgebend.

Die Untersuchung umfaßt:

1. Die Spinndelung der Probe;
2. die Destillation der Probe und die Spindelung des Destillats;
3. die Titrierung der Probe mit Fehlingscher Lösung.

Die Titrierung (Ziffer 3) erfolgt nur dann, wenn der Zuckergehalt der Flüssigkeit bestimmt werden soll.

III. Berechnung der Ergebnisse.

Die Berechnung der Ergebnisse erfolgt mit Hilfe der Tafel zur zollamtlichen Abfertigung von Verschnittweinen und -Mosten nach Maßgabe der folgenden Bestimmungen:

1. Die wahren Alkoholometer- beziehungsweise Saccharometerprozente der unveränderten Probe werden aus der Tafel 1 beziehungsweise der Bemerkung in der Einleitung § 2 Ziffer 2 entnommen, je nachdem die Spindelung dieser Probe mit einem Alkoholometer oder einem Saccharometer erfolgt ist.

2. Der wahre Alkoholgehalt des Destillats in Volumprozenten wird aus der Tafel 1 entnommen.

3. Aus der Tafel 2 beziehungsweise 3 entnimmt man mit Hilfe der wahren Alkoholometer- beziehungsweise Saccharometerprozente der unveränderten Probe (Ziffer 1) und des wahren Alkoholgehalts des Destillats (Ziffer 2) den Gesamtextrakt (einschließlich allen Zuckers).

4. Der Zuckergehalt ist aus der Verhältniszahl für die vorgenommene Verdünnung und der Zahl der bei der Titrierung verbrauchten ccm Zuckerlösung aus Tafel 4 zu entnehmen.

Beträgt die nach Ziffer 4 ermittelte Zahl für den Zuckergehalt nicht mehr als 2,5 g im Liter, so geben die nach Ziffer 2 und 3 ermittelten

Zahler bereits den ganzen Alkoholgehalt beziehungsweise den eigentlichen Extraktgehalt. Beträgt diese Zahl für den Zuckergehalt mehr als 2,5, so zieht man zunächst 2,5 davon ab. Der so verbleibende Überschuß wird von der nach Ziffer 3 ermittelten Zahl für den Gesamtextrakt in Abzug gebracht; man bekommt dadurch den eigentlichen Extraktgehalt, d. h. den Gehalt an Extrakt ausschleißlich des Zuckers. Ferner entnimmt man mit demselben Überschuß aus der Tafel 5 den entsprechenden Alkoholgehalt und zählt diesen zu dem unter Ziffer 2 ermittelten Alkoholgehalt des Destillats hinzu; man erhält dadurch den ganzen Alkoholgehalt des dem untersuchten Moste oder unvollständig vergorenen Weine entsprechenden fertigen Weines.

Der ermäßigte Zollsatz tritt ein, sobald der ganze Alkoholgehalt mindestens 12 Volumprozente und der eigentliche Extraktgehalt mindestens 28 g im Liter beträgt.

VIII. Alkohol, alkoholische Flüssigkeiten und Denaturierungsmittel.

Aus den Ausführungsbstimmungen zum Branntweinsteuergesetz vom 1. Oktober 1900.

Zentralblatt f. d. Deutsche Reich vom 31. Juli 1900 (Beilage) und von 1901, S. 91. (Unter Berücksichtigung der abändernden Bundesratbeschlüsse vom 28. März 1901 und vom 18. September 1902 (Zentralblatt S. 315—360.)

Die Ausführungsbestimmungen zerfallen in 10 zum Teil sehr umfangreiche Abteilungen. Teil VII ist die Alkohol-Ermittelungsordnung, Teil VIII die Branntweinsteuerbefreiungsordnung.

Anleitung
zur Ermittelung der Alkoholmenge mit Hilfe einer besonderen Brennvorrichtung.

(Anlage 2 zu § 16 Alkohol-Ermittlungsordnung.)

1. Die Brennvorrichtung wird durch nachstehende Zeichnung veranschaulicht.

Sie besteht aus dem Siedekolben *F* und dem durch das Rohr *R* damit zu verbindenden Kühler *K*.

Die Zeichnung gibt die Aufstellung der Brennvorrichtung beim Gebrauche. Kolben *F* und Kühler *K* hängen in den Ringen des Doppelträgers *D*; dieser wird von der Säule *S* gehalten, die in das auf dem Kastendeckel vorgesehene Gewinde eingeschraubt ist. Das Rohr *R* läßt sich durch die Überwurfschraube *r* an den Kolben und durch eine zweite etwas kleinere Überwurfschraube r^1 an den Kühler dicht anziehen; die Dichtung wird an beiden Stellen durch Lederplättchen gesichert. Der Kühlzylinder umschließt eine innen verzinnte Messingschlange, die oben mit dem Rohre *R* in Verbindung steht und unten bei *w* aus dem Kühler heraustritt. Der Deckel des letzteren trägt den Trichter *T*, dessen

Fortsatzrohr bis nahe auf den Boden von *K* reicht, so daß das durch *T* eingefüllte Kühlwasser zuerst den unteren Teil der Schlange umspült. Das warm gewordene überschüssige Wasser fließt durch das Rohr *v* und den übergezogenen Schlauch ab. Das obere Ende von *v* steigt bis über den Deckel des Kühlers *K* auf und liegt unter der Kappe *u*, die zur vollständigen Entleerung von *K* dient.

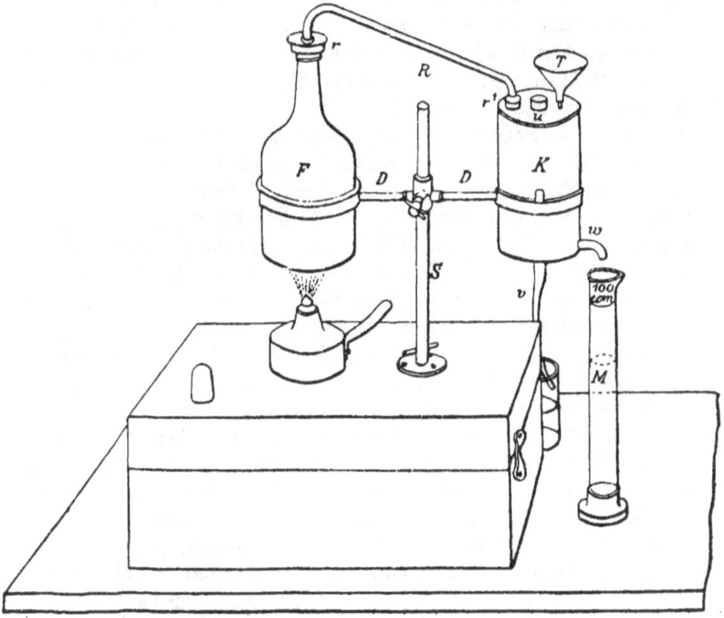

2. Der Brennvorrichtung sind beigegeben:

a) ein Meßglas *M* mit einer dem Raumgehalte von 100 Kubikzentimeter entsprechenden Marke;

b) eine Bürette nebst Halter; diese trägt eine mit 10 Kubikzentimeter beginnende, von 2 zu 2 Kubikzentimeter fortschreitende Einteilung bis zu 300 Kubikzentimeter; sie ist oben mit einem eingeschliffenen Glasstöpsel, unten mit einem Glashahne versehen;

c) zwei kurze Thermo-Alkoholometer für 0 bis 30 und für 29 bis 57 Gewichtsprozent.

3. Die Probe wird vor ihrem Abtriebe mit Salz ausgeschüttelt, um etwa vorhandene aromatische Bestandteile (Ester usw.) auszuscheiden. Zu

diesem Zwecke wird die Bürette senkrecht in den Halter gespannt und bis zum Teilstriche 30 Kubikzentimeter mit gewöhnlichem körnigen (nicht pulverisierten) Kochsalz gefüllt. Sodann werden mit dem Meßglase *M* genau 100 Kubikzentimeter des zu untersuchenden Fabrikats sorgfältig abgemessen und in die Bürette geschüttet. Das Meßglas wird nach der Entleerung mit Wasser ausgespült und letzteres gleichfalls in die Bürette gegossen; sodann wird noch so viel Wasser zugegossen, daß die Bürette bis zum Striche 270 Kubikzentimeter gefüllt ist. Nunmehr wird die Bürette mit dem Glasstöpsel geschlossen, aus dem Halter genommen und kräftig geschüttelt. Hat sich das Salz ganz oder bis auf einen kleinen Rückstand aufgelöst, so werden kleine Mengen Salz zugesetzt, und es wird damit unter fortwährendem kräftigen Schütteln so lange fortgefahren, bis auf dem Boden der Bürette eine Schicht ungelösten Salzes in der Höhe von einigen Millimetern dauernd zurückbleibt. Anhaltendes und kräftiges Schütteln ist unbedingt erforderlich, damit eine vollständig gesättigte Salzlösung entsteht. Die Bürette wird sodann in den Halter wieder senkrecht gespannt und bleibt etwa eine Stunde lang stehen. Sind aromatische Bestandteile in dem Fabrikate vorhanden, so sondern sie sich auf der Oberfläche schwimmend als eine ölig scheinende dünne Schicht ab. Diese Absonderung wird durch öfteres Anklopfen an die Bürette beschleunigt; auch werden hierdurch die etwa an der Wandung haftenden Tröpfchen der aromatischen Beimengungen zum Aufsteigen gebracht.

Nach Ablauf der angegebenen Zeit wird die in der Bürette enthaltene Menge der alkoholhaltigen Salzlösung durch Ablesen an der Teilung der Bürette festgestellt. Dabei ist zu beachten, daß in der etwa ausgeschiedenen öligen Schicht der aromatischen Bestandteile Alkohol nicht enthalten ist; hat sich daher eine solche Schicht gebildet, so ist nur der darunter befindliche Teil der Flüssigkeit zu berücksichtigen, mithin die Ablesung an derjenigen Stelle vorzunehmen, an welcher sich die obere ölige Schicht von dem übrigen Inhalte der Bürette abscheidet.

4. Von der auf diese Weise bestimmten Menge der alkoholhaltigen Lösung wird durch Öffnen des Hahnes der Bürette genau die Hälfte in den Siedekolben *F* der Brennvorrichtung langsam entleert. Sodann werden in diesen Kolben mit dem Meßglase noch 100 Kubikzentimeter Wasser hinzugefügt. Hierauf werden Kolben und Kühler in den Doppelträger *D* gehängt und durch das mittelst der Überwurfschrauben *r* und r^1 fest angezogene Rohr *R* miteinander verbunden. Endlich wird der Kühler mit kaltem Wasser angefüllt, bis der Überschuß aus *v* abzulaufen beginnt. Wird nun der Kolben *F* erhitzt, so fließt bald aus dem Kühler bei *w* eine klare Flüssigkeit in Tropfen ab, die man in dem vorher mit reinem Wasser ausgespülten und sodann völlig entleerten Meßglase *M*

auffängt. Während des Abtriebs ist der obere Teil des Kühlers möglichst oft zu befühlen; sobald er sich warm anfühlt, gießt man sofort in den Trichter von neuem so lange kaltes Wasser, bis der ganze Kühler sich wieder kalt anfühlt. Auf rechtzeitige Erneuerung des Kühlwassers ist in der ersten Hälfte des Abtriebs mit besonderer Aufmerksamkeit zu achten. Zweckmäßig ist es, den Kühler, wo sich dazu Gelegenheit bietet, durch einen Gummischlauch mit der Wasserleitung in Verbindung zu setzen, so daß ihn fortwährend kaltes Wasser langsam durchfließt.

Der Abtrieb ist so vorsichtig zu führen, daß ein unmittelbares Übertreten der Flüssigkeit aus dem Brennkolben durch den Kühler in das Meßglas vermieden wird. Es ist daher auch auf die Größe der Heizflamme zu achten, insbesondere empfiehlt es sich, die Flamme nur während des Anheizens nahe der Mitte des Kolbens zu halten, dagegen, sobald das Sieden eingeleitet ist und das Abtropfen von Flüssigkeit aus dem Kühler beginnt, die Lampe so weit zur Seite zu rücken, daß die Flamme nicht nur den Boden, sondern zum Teil auch den Mantel des Kolbens bestreicht. Proben, bei denen fahrlässiger Weise der Abtrieb so stürmisch erfolgt, daß das Erzeugnis nicht ausschließlich in Tropfen, sondern zum Teil in zusammenhängendem Flusse abläuft, sind zu verwerfen.

Hat sich der Spiegel der Flüssigkeit im Meßglase *M* allmählich der Marke genähert und liegt nur noch 1 bis 2 Millimeter darunter, so wird das Glas vom Ausflusse *w* entfernt und der Abtrieb durch Beseitigung der Heizflamme unterbrochen. Hierauf füllt man in das Meßglas behutsam so viel Wasser ein, daß der Flüssigkeitsspiegel die Marke gerade erreicht, sodann schüttelt oder rührt man den Inhalt des Glases durch und senkt schließlich von den zu der Brennvorrichtung gehörigen beiden kurzen Thermo-Alkoholometern das entsprechende ein. Sollte etwa beim Auffangen des Erzeugnisses im Meßglas oder beim letzten Auffüllen mit Wasser der Flüssigkeitsspiegel bis über die Marke angestiegen sein, so ist der Versuch zu verwerfen.

Vor der Prüfung einer zweiten Sorte von Fabrikaten ist das Verbindungsrohr *R* nach Lösung der Schrauben zu entfernen und der Kolben *F* zu entleeren. Eine sorgfältige Reinigung des Kolbens, insbesondere von Rückständen an Salz, sowie der Bürette und des Meßglases vor jeder neuen Untersuchung, wenn möglich mit warmem Wasser, ist unbedingt nötig.

Der Kühler, der während des Gebrauchs stets mit Wasser angefüllt bleibt, ist vor dem Einlegen in den zugehörigen Kasten zu enleeren, zu welchem Zwecke die Kappe *u* abgeschraubt werden muß.

5. Die Ermittelung der scheinbaren Stärke des durch den Abtrieb gewonnenen, genau 100 Kubikzentimeter betragenden Erzeugnisses mit

Hilfe des entsprechenden Thermo-Alkoholometers und die Ermittelung der wahren Stärke unter Anwendung der Tafel 1 erfolgen nach Maßgabe der allgemeinen Vorschriften.

Aus der Temperatur und der wahren Stärke des Erzeugnisses wird mit Hilfe der Tafel 3 das Gewicht von 1 Liter des Erzeugnisses und durch Verschiebung des Komma um vier Stellen nach rechts das Gewicht von 10000 Liter ermittelt. Für diese Gewichtsmenge wird aus der wahren Stärke des Erzeugnisses mit Hilfe der Tafel 2 die entsprechende Alkoholmenge ermittelt. Die gefundene Zahl vervielfältigt man mit 2 und erhält dadurch die Zahl der Liter Alkohol, die in 10000 Liter der zur Abfertigung gestellten Ware enthalten sind.

6. Die in dem abzufertigenden Fabrikat enthaltene Alkoholmenge wird aus der für 10000 Liter gefundenen Alkoholmenge und der Gesamtmenge des Fabrikats in der Weise ermittelt, daß die beiden Zahlen miteinander vervielfältig werden und sodann in der erhaltenen Summe das Komma um vier Stellen nach links verschoben wird.

7. Werden z. B. 124 Liter Birnenessenz vorgeführt, so ist wie folgt, zu verfahren: Nachdem eine Probe von 100 Kubikzentimeter in die Bürette gefüllt und nach entsprechendem Wasserzusatze mit Kochsalz durchschüttelt ist, wird nach einstündigem Stehen der Lösung, währenddessen sich eine Schicht aromatischer Beimengungen oben abgesetzt hat, die oberste Grenze des übrigen Inhalts der Bürette bei dem Striche für 268 Kubikzentimeter gefunden. Die Menge der alkoholhaltigen Kochsalzlösung beträgt hiernach 268 Kubikzentimeter, wovon die Hälfte, 134 Kubikzentimeter, in den Kolben abzulassen ist, indem der Hahn so lange offen gehalten wird, bis die untere Fläche der öligen Schicht mit dem Strich 134 der Skala zusammenfällt. Man füllt nun 100 Kubikzentimeter Wasser in den Kolben nach und treibt in das Meßglas 100 Kubikzentimeter nach dem unter Ziffer 4 beschriebenen Verfahren über. Haben diese 100 Kubikzentimeter Erzeugnis bei einer Temperatur von + 13 Grad eine scheinbare Stärke von $16,_5$ Prozent, so beträgt nach Tafel 1 die wahre Stärke 17 Prozent. Ein Liter des Erzeugnisses wiegt nach Tafel 3 bei + 13 Grad und der wahren Stärke von 17 Prozent $0,_{9740}$ Kilogramm, mithin wiegen 10000 Liter 9740 Kilogramm. Bei 17 Prozent wahrer Stärke sind nach Tafel 2 an Alkohol enthalten:

in 9000 Kilogramm	. . . .	1932	Liter
„ 700 „	. . . .	$150,_2$	„
„ 40 „	. . . .	$8,_6$	„
zusammen in 9740 Kilogramm	. . . .	$2090,_8$	Liter.

Das Doppelte oder $4181,_6$ Liter bildet die Alkoholmenge von

10000 Liter des Fabrikats. Hiernach enthalten die vorgeführten 124 Liter Birnenessenz

$$\frac{124 \times 4181,_6}{10000} = 51,_{85184} \text{ Liter}$$

oder abgerundet $51,_9$ Liter Alkohol.

(Die Tafeln sind wegen großen Umfangs nicht mit abgedruckt. Sie sind sämtlich in der Alkohol-Ermittlungsordnung, amtliche Ausgabe, enthalten. Diese ist bei Julius Springer, Berlin, erschienen. Für die weitaus meisten Fälle wird im Übrigen die Alkoholermittlungstabelle S. 104—108 genügen.)

Anleitung
zur Untersuchung von alkoholhaltigen Parfümerien, Kopf-, Zahn- und Mundwassern, deren Alkoholgehalt nicht nach Maßgabe der Alkoholermittelungsordnung festgestellt werden kann.

(Anlage 21 zu § 65 Branntweinsteuer-Befreiungsordnung.)

50 Gramm der Parfümerien usw. werden mit 50 Gramm Wasser und 50 Gramm Petroleumbenzin von der Dichte $0,_{80}$ bis $0,_{71}$ in einem Scheidetrichter kräftig geschüttelt. Nach mindestens zwölfstündiger Ruhe wird das Gewicht der unteren Schicht bestimmt, ihre Dichte mit der Westphalschen Wage oder einem Pyknometer bei 15 Grad ermittelt und daraus die absolute Menge des Alkohols in dieser Schicht berechnet. Durch Vervielfältigung mit 2 wird die in der untersuchten Flüssigkeit enthaltene Alkoholmenge gefunden.

Enthalten die Parfümerien Harze oder andere Extraktivstoffe, so werden 50 Gramm derselben mit 50 Gramm Wasser versetzt und von dem Gemische mindestens 90 Gramm abdestilliert. Das Destillat wird mit Wasser auf 100 Gramm aufgefüllt und, wie oben beschrieben, weiter untersucht. Falls freie Säure zugegen ist, wird ebenso verfahren, vor der Destillation jedoch die Säure mit Natronlauge schwach übersättigt.

Stark glyzerinhaltige Zubereitungen (Brillantine) werden mit ihrem doppelten Gewichte Wasser verdünnt; 150 Gramm dieser Verdünnung werden destilliert, bis nahezu 100 Gramm Destillat übergegangen sind. Das Destillat wird mit Wasser auf 100 Gramm aufgefüllt, die in ihm enthaltene Alkoholmenge ermittelt und diese durch Vervielfältigung mit 2 auf diejenige der untersuchten Brillantine usw. umgerechnet.

Anleitung
zur Untersuchung der im § 71 unter c bis h genannten Äther.[1]

(Anlage 24 zu § 75 Branntweinsteuer-Befreiungsordnung.)

Aus den zu untersuchenden Äthern sind Proben in Mengen von je 100 Gramm zu entnehmen. Genau 25 Gramm Äther werden durch Kochen mit Kalilauge am Rückflußkühler verseift, alsdann wird der Alkohol abdestilliert und das Destillat auf das Gewicht des angewandten Äthers oder ein mehrfaches davon mit Wasser aufgefüllt. In dem Destillate wird der Alkohol nach Gewichtsprozenten ermittelt und daraus berechnet, wieviel Kilogramm Alkohol in 100 Kilogramm des untersuchten Äthers enthalten sind. Durch Vervielfältigung mit $1{,}_{25}$ werden die Kilogramme Alkohol auf Liter Alkohol umgerechnet. Es ist anzugeben, wieviel Liter vergütungsfähigen Alkohols in 100 Kilogramm des vorgeführten Äthers enthalten sind.

Die Destillate sind ferner auf die Abwesenheit von Schwefeläther sowie solcher Stoffe zu prüfen, welche nicht oder nicht notwendig aus Branntwein hergestellt sind und eine geringere Dichte als Wasser haben, wie z. B. Aceton und Holzgeist.

Anleitung
zur Bestimmung des Gehalts an Nebenerzeugnissen der Gärung und Destillation. (Sogen. Fuselölbestimmung.)

(Anlage 1 zu § 5 Alkohol-Ermittlungsordnung.)

Die Bestimmung der Nebenerzeugnisse der Gärung und Destillation erfolgt durch Ausschütteln des auf einen Alkoholgehalt von 24,7 Gewichtsprozent verdünnten Branntweins mit Chloroform. Die hierzu erforderlichen Meßgeräte müssen von der Normal-Eichungskommission bezogen werden.

---

[1]) A. a. O. sind genannt:
Ameisenäther,
Baldrianäther,
Butteräther,
Oxaläther,
Sebacinäther.

a) Bestimmung der Dichte (des spezifischen Gewichts) beziehungsweise des Alkoholgehalts des Branntweins.

Zur Feststellung der Dichte des Branntweins bedient man sich eines mit einem Glasstopfen verschließbaren Dichtefläschchens von 50 Kubikzentimeter Raumgehalt. Das Dichtefläschchen wird in reinem, trockenem Zustande leer gewogen, nachdem es eine halbe Stunde im Wagekasten gestanden hat. Dann wird es mit Hilfe eines fein ausgezogenen Glockentrichters bis über die Marke mit destilliertem Wasser gefüllt und in ein Wasserbad von 15° C. gestellt. Nach einstündigem Stehen im Wasserbade wird das Fläschchen herausgehoben, wobei man nur den leeren Teil des Halses anfaßt, und es wird sofort die Oberfläche des Wassers auf die Marke eingestellt. Dies geschieht durch Eintauchen kleiner Stäbchen oder Streifen aus Filtrierpapier, die das über der Marke stehende Wasser aufsaugen. Die Oberfläche des Wassers bildet in dem Halse des Fläschchens eine nach unten gekrümmte Fläche; man stellt die Flüssigkeit am besten in der Weise ein, daß bei durchfallendem Lichte der schwarze Rand der gekrümmten Oberfläche soeben die Marke berührt. Nachdem man den inneren Hals des Fläschchens mit Stäbchen aus Filtrierpapier getrocknet hat, setzt man den Glasstopfen auf, trocknet das Fläschchen äußerlich ab, stellt es eine halbe Stunde in den Wagekasten und wägt es. Die Bestimmung des Wasserinhalts des Dichtefläschchens ist dreimal auszuführen und aus dem Ergebnisse der drei Wägungen das Mittel zu nehmen. Wenn das Dichtefläschchen längere Zeit im Gebrauche gewesen ist, müssen die Gewichte des leeren und des mit Wasser gefüllten Fläschchens von neuem bestimmt werden, da diese Gewichte mit der Zeit sich nicht unerheblich ändern können. Nachdem man das Dichtefläschchen entleert und getrocknet oder mehrmals mit dem zu untersuchenden Branntwein ausgespült hat, füllt man es mit dem Branntwein und verfährt in derselben Weise wie bei der Bestimmung des Wasserinhalts des Dichtefläschchens; besonders ist darauf zu achten, daß die Einstellung der Flüssigkeitsoberfläche stets in derselben Weise geschieht.

Bedeutet:

a das Gewicht des leeren Dichtefläschchens,

b das Gewicht des bis zur Marke mit destilliertem Wasser von 15° C. gefüllten Dichtefläschchens,

c das Gewicht des bis zur Marke mit Branntwein von 15° C. gefüllten Dichtefläschchens,

so ist die Dichte d des Branntweins bei 15° C., bezogen auf Wasser von derselben Temperatur $d = \frac{c-a}{b-a}$.

Den der Dichte entsprechenden Alkoholgehalt des Branntweins in Gewichtsprozenten entnimmt man der zweiten Spalte der Alkoholtafel von Windisch (Berlin 1893, bei Julius Springer).

b) Verdünnung des Branntweins auf einen Alkoholgehalt von 24,7 Gewichtsprozent.

100 Kubikzentimeter des Branntweins, dessen Alkoholgehalt bestimmt wurde, werden bei 15° C. in einem amtlich geeichten Meßkölbchen abgemessen und in eine Flasche von etwa 400 Kubikzentimeter Raumgehalt gegossen. Die Hilfstafel I lehrt, wieviel Kubikzentimeter destillierten Wassers von 15° C. zu 100 Kubikzentimeter Branntwein von dem vorher bestimmten Alkoholgehalte zugefügt werden müssen, um einen Branntwein von annähernd 24,7 Gewichtsprozent Stärke zu erhalten. Man läßt die aus der Tafel I sich ergebende Menge Wasser von 15° C. aus einer nach fünftel Kubikzentimeter geteilten amtlich geeichten Bürette zu dem Branntwein fließen, wobei etwa 50 Kubikzentimeter Wasser zum Ausspülen des Kölbchens dienen. Man schüttelt die Mischung um, verstopft die Flasche, kühlt die Flüssigkeit auf 15° C. ab und bestimmt aufs neue die Dichte beziehungsweise den Alkoholgehalt nach der unter a) gegebenen Vorschrift. Der Alkoholgehalt des verdünnten Branntweins beträgt genau oder nahezu 24,7 Gewichtsprozent. Ist er höher als 24,7 Gewichtsprozent, so setzt man noch eine nach Maßgabe der Hilfstafel I berechnete Menge Wasser von 15° C. zu dem verdünnten Branntwein. Ist der Alkoholgehalt des verdünnten Branntweins niedriger als 24,7 Gewichtsprozent, so entnimmt man aus der Hilfstafel II die Anzahl Kubikzentimeter absoluten Alkohols von 15° C., die auf 100 Kubikzentimeter des verdünnten Branntweins zuzusetzen sind. Die etwa erforderliche Menge absoluten Alkohols wird mit Hilfe einer amtlich geeichter Meßpipette oder Bürette zugegeben, die nach fünfzigstel oder hundertstel Kubikzentimeter geteilt ist.

Beträgt der Alkoholgehalt des verdünnten Branntweins nicht weniger als 24,6 und nicht mehr als 24,8 Gewichtsprozent, so wird er durch den berechneten Wasser- bezw. Alkoholzusatz hinreichend genau au 24,7 Gewichtsprozent gebracht; von einer nochmaligen Alkoholbestimmung kann in diesem Falle abgesehen werden. Wird dagegen der Alkoholgehalt des verdünnten Branntweins kleiner als 24,6 oder größer als 24,8 Gewichtsprozent gefunden, so muß der Alkoholgehalt nach Zugabe der berechneten Menge Wasser bezw. Alkohol nochmals bestimmt werden, um festzustellen, ob er nunmehr hinreichend genau gleich 24,7 Gewichtsprozent ist. Ein hierbei sich ergebender Unterschied muß durch einen dritten Zusatz von Wasser bezw. Alkohol nach Maßgabe der Hilfstafel I bezw. II ausgeglichen werden.

c) Ausschütteln des verdünnten Branntweins von 24,7 Gewichtsprozent Alkohol mit Chloroform.

Zwei amtlich geeichte Schüttelapparate werden in geräumige mit Wasser gefüllte Glasgefäße gesenkt, das Wasser wird auf die Temperatur von 15° C. gebracht. Sodann gießt man unter Anwendung eines Trichters, dessen in eine Spitze auslaufende Röhre bis zu dem Boden der Schüttelapparate reicht, in jeden der beiden Schüttelapparate etwa 20 Kubikzentimeter Chloroform von 15° C. und stellt die Oberfläche des Chloroforms genau auf den untersten die Zahl 20 tragenden Teilstrich ein; einen etwaigen Überschuß an Chloroform nimmt man mit einer langen in eine Spitze auslaufenden Glasröhre mit der Vorsicht aus den Apparaten, daß die Wände derselben nicht von Chloroform benetzt werden. In jeden Apparat gießt man 100 Kubikzentimeter des auf einen Alkoholgehalt von 24,7 Gewichtsprozent verdünnten Branntweines, die man in amtlich geeichten Meßkölbchen abgemessen und auf die Temperatur von 15° C. gebracht hat, und läßt je 1 Kubikzentimeter verdünnte Schwefelsäure von der Dichte 1,286 bei 15° C. zufließen. Man verstopft die Apparate und läßt sie zum Ausgleiche der Temperatur etwa eine viertel Stunde in dem Kühlwasser von 15° C. schwimmen. Dann nimmt man einen gut verstopften Apparat aus dem Kühlwasser heraus, trocknet ihn äußerlich rasch ab, läßt durch Umdrehen den ganzen Inhalt in den weiten Teil des Apparats fließen, schüttelt das Flüssigkeitsgemenge 150 Mal kräftig durch und senkt den Apparat wieder in das Kühlwasser von 15° C.; genau ebenso verfährt man mit dem zweiten Apparate. Das Chloroform sinkt rasch zu Boden; kleine in der Flüssigkeit schwebende Chloroformtröpfchen bringt man durch Neigen und Umherwirbeln der Apparate zum Niedersinken. Wenn das Chloroform sich vollständig gesammelt hat, wird seine Raummenge d. h. der Stand des Chloroforms in der eingeteilten Röhre, abgelesen.

d) Berechnung der Menge der in dem Branntweine enthaltenen Nebenerzeugnisse der Gärung und Destillation.

Zur Berechnung des Gehalts des Branntweins an Nebenerzeugnissen der Gärung und Destillation muß die Vermehrung der Raummenge bekannt sein, die das Chloroform beim Schütteln mit vollkommen reinen Branntweinen von 24,7 Gewichtsprozent erleidet. Man bestimmt sie in der Weise, daß man mit dem reinsten Erzeugnisse der Branntwein-Reinigungsanstalten, dem sogenannten neutralen Weinsprit, genau nach den unter a, b und c gegebenen Vorschriften verfährt und die Raummenge des Chloroforms nach dem Schütteln feststellt. Wegen der grundsätzlichen Bedeutung dieses Versuchs mit reinstem Branntwein ist der Alkoholgehalt mit größter Genauigkeit auf 24,7 Gewichtsprozent zu bringen, und ist die Ermittelung der Raummenge des Chloroforms für jeden Schüttelapparat drei- bis fünfmal zu wiederholen.

Dieser Versuch mit reinem Branntwein muß für jedes neue Chloroform und jeden neuen Apparat wieder angestellt werden; solange dasselbe Chloroform und dieselben Apparate in Anwendung kommen, ist nur eine Versuchsreihe nötig. Man mache daher den Vorversuch mit einem Chloroform, von dem eine größere Menge zur Verfügung steht. Das Chloroform ist vor Licht geschützt, am besten in Flaschen aus braunem Glase, aufzubewahren.

Ist die Raummenge des Chloroforms nach dem Ausschütteln des zu untersuchenden Branntweins gleich a Kubikzentimeter, ferner die Raummenge des Chloroforms nach dem Ausschütteln des im Absatz I bezeichneten verdünnten Weinsprits gleich b Kubikzentimeter, so zieht man b von a ab. Je nachdem a — b kleiner oder größer ist als 0,45 Kubikzentimeter, enthält der Branntwein weniger oder mehr als 1 Gewichtsprozent Nebenerzeugnisse der Gärung und Destillation auf 100 Gewichtsteile wasserfreien Alkohols. Die Zahl der Gewichtsprozente dieser Nebenerzeugnisse bis zu 5 Prozent erhält man erforderlichenfalls durch Vervielfältigung des Unterschiedes a — b mit 2,22.

Anleitung zur Untersuchung der Denaturierungsmittel mit Ausnahme des Essigs.

Anlage 2 zur Befr.O. § 5.

I. Holzgeist.

1. Farbe. Die Farbe des Holzgeistes soll nicht dunkler sein als die einer Auflösung von 2 Kubikzentimeter Zehntel-Normal-Jodlösung in einem Lieder destillierten Wassers.

2. Siedepunkt. 100 Kubikzentimeter Holzgeist werden in einen Kupferkolben mit kurzem Halse von 180 bis 200 Kubikzentimeter Raumgehalt gebracht und der Kolben auf eine Asbestplatte mit einem kreisförmigen Ausschnitte von 30 Millimeter Durchmesser gestellt. Auf diesen

Kolben wird ein mit einer Kugel versehenes 12 Millimeter weites und 170 Millimeter langes Siederohr aufgesetzt, das durch ein, einen Zentimeter über der Kugel seitlich angesetztes Rohr mit einem Liebigschen Kühler verbunden wird, dessen Wasserhülle mindestens 400 Millimeter lang ist. Durch die obere Öffnung des Siederohrs wird ein amtlich beglaubigtes, die Temperaturen von 0 Grad bis 200 Grad anzeigendes Thermometer so eingeführt, daß dessen Quecksilbergefäß die Mitte der Kugel einnimmt. Die Destillation wird so geleitet, daß in der Minute etwa 5 Kubikzentimeter Destillat übergehen; das Destillat wird in einem in Kubikzentimeter geteilten Glaszylinder aufgefangen. Es sollen bei 75 Grad und bei dem normalen Barometerstande von 760 Millimeter mindestens 90 Kubikzentimeter übergegangen sein.

Beträgt der Barometerstand während der Destillation nicht 760 Millimeter, so soll für je 30 Millimeter ein Grad in Anrechnung gebracht werden, z. B. sollen bei 770 Millimeter Barometerstand 90 Kubikzentimeter bei 75,3 Grad übergegangen sein und bei 750 Millimeter Barometerstand 90 Kubikzentimeter bei 74,7 Grad.

3. **Mischbarkeit mit Wasser.** 20 Kubikzentimeter Holzgeist sollen mit 40 Kubikzentimeter Wasser eine klare oder doch nur so schwach opalisierende Mischung geben, daß Druckschrift nach 5 Minuten durch eine Schicht von 15 cm noch deutlich erkennbar ist.

4. **Gehalt an Aceton.**

a) Abscheidung mit Natronlauge. Beim Durchschütteln von 20 Kubikzentimeter Holzgeist mit 40 Kubikzentimeter Natronlauge von 1,3 Dichte sollen nach einer halben Stunde mindestens 5 Kubikzentimeter des Holzgeistes abgeschieden sein.

b) Titration. 1 Kubikzentimeter einer Mischung von 10 Kubikzentimeter Holzgeist mit 90 Kubikzentimeter Wasser wird mit 10 Kubikzentimeter Doppelt-Normal-Natronlösung versetzt. Darauf werden 50 Kubikzentimeter Zehntel-Normal-Jodlösung unter Umschütteln hinzugefügt und die Mischung 3 Minuten nach Beginn des Zusetzens der Jodlösung mit verdünnter Schwefelsäure angesäuert. Der Jodüberschuß wird mit Zehntel-Normal-Natriumthiosulfatlösung, zuletzt unter Zusatz einiger Tropfen Stärkelösung zurücktitriert. Es sollen mindestens 22 Kubikzentimeter Zehntel-Normal-Jodlösung durch den Holzgeist gebunden werden. Die Temperatur der Flüssigkeiten soll während des Versuches zwischen 15 und 20 Grad liegen.

5. **Aufnahmefähigkeit für Brom.** 100 Kubikzentimeter einer Lösung von Kaliumbromat und Kaliumbromid, die nach der unten folgenden Anweisung hergestellt ist, werden mit 20 Kubikzentimeter einer verdünnten

Schwefelsäure von 1,29 Dichte versetzt. Zu diesem Gemische, das eine Lösung von 0,703 Gramm Brom darstellt, wird aus einer in Zehntel-Kubikzentimeter geteilten Bürette mit einer genügend (im Lichten etwa 2 Millimeter) weiten Ausflußspitze tropfenweise unter fortwährendem Umrühren so lange Holzgeist zugesetzt, bis dauernde Entfärbung eintritt. Das Tropfen soll so geregelt werden, daß in einer Minute annähernd 10 Kubikzentimeter Holzgeist ausfließen. Zur Entfärbung sollen nicht mehr als 30 Kubikzentimeter und nicht weniger als 20 Kubikzentimeter Holzgeist erforderlich sein.

Die Prüfung der Aufnahmefähigkeit für Brom ist stets bei vollem Tageslicht auszuführen, die Temperatur der Flüssigkeiten soll 20 Grad nicht übersteigen.

Anweisung zur Herstellung der Bromsalzlösung.

Nach wenigstens zweistündigem Trocknen bei 100 Grad und Abkühlenlassen im Exsikkator werden 2,447 Gramm Kaliumbromat und 8,719 Gramm Kaliumbromid, die vorher auf ihre Reinheit geprüft sind, abgewogen und in Wasser gelöst. Die Lösung wird zu 1 Liter aufgefüllt.

II. Pyridinbasen.

1. **Farbe.** Wie beim Holzgeiste.

2. **Verhalten gegen Cadmiumchlorid.** 10 Kubikzentimeter einer Lösung von 1 Kubikzentimeter Pyridinbasen in 100 Kubikzentimeter Wasser werden mit 5 Kubikzentimeter einer 5prozentigen wässerigen Lösung von wasserfreiem geschmolzenem Cadmiumchlorid versetzt und kräftig geschüttelt; es soll alsbald eine deutliche kristallinische Ausscheidung eintreten. Mit 5 Kubikzentimeter Neßlerschem Reagens sollen 10 Kubikzentimeter derselben Pyridinbasenlösung einen weißen Niederschlag geben.

3. **Siedepunkt.** Werden 100 Kubikzentimeter Pyridinbasen in der für den Holzgeist vorgeschriebenen Weise destilliert, so sollen bei 140 Grad mindestens 90 Kubikzentimeter übergegangen sein.

4. **Mischbarkeit mit Wasser.** Wie beim Holzgeiste.

5. **Wassergehalt.** Beim Durchschütteln von 20 Kubikzentimeter Basen mit 20 Kubikzentimeter Natronlauge von 1,4 Dichte sollen nach einigem Stehenlassen mindestens 18,5 Kubikzentimeter der Basen abgeschieden sein.

6. **Titration.** 1 Kubikzentimeter Pyridinbasen in 10 Kubikzentimeter Wasser gelöst, werde mit Normal-Schwefelsäure versetzt, bis ein Tropfen der Mischung auf Kongopapier einen deutlichen blauen Rand hervorruft,

der alsbald wieder verschwindet. Es sollen nicht weniger als 10 Kubikzentimeter der Säurelösung bis zum Eintritte dieser Reaktion verbraucht sein.

Zur Herstellung des Kongopapiers wird Filtrierpapier durch eine Lösung von 1 Gramm Kongorot in 1 Liter Wasser gezogen und getrocknet.

III. Lavendelöl.

1. **Farbe und Geruch.** Die Farbe des Lavendelöls soll die des Holzgeistes sein. Das Öl soll den charakteristischen Geruch der Lavendelblüten haben.

2. **Dichte.** Die Dichte des Lavendelöls soll bei 15 Grad zwischen 0,880 und 0,900 liegen.

3. **Löslichkeit in Branntwein.** 10 Kubikzentimeter Lavendelöl sollen sich bei 20 Grad in 30 Kubikzentimeter Branntwein von 63 Gewichtsprozent klar lösen.

IV. Rosmarinöl.

1. **Farbe und Geruch.** Die Farbe des Rosmarinöls soll die des Holzgeistes, der Geruch soll kampherartig sein.

2. **Dichte.** Die Dichte des Rosmarinöls soll bei 15 Grad zwischen 0,895 und 0,920 liegen.

3. **Löslichkeit in Branntwein.** 10 Kubikzentimeter Rosmarinöl sollen sich bei 20 Grad in 100 Kubikzentimeter Branntwein von 73,5 Gewichtsprozent klar lösen.

IVa. Kristallviolettlösung.

Kristallviolettlösung soll eine Auflösung von Kristallviolett (salzsaurem Hexamethylpararosanilin) in Branntwein von mindestens 85,6 Gewichtsprozent sein; in 1 Liter der Lösung sollen mindestens 0,4 Gramm des Farbstoffes enthalten sein.

1. **Verdampfungsrückstand.** Werden 100 Kubikzentimeter der Lösung verdampft, so soll der bei 100 Grad getrocknete Rückstand nicht weniger als 40 und nicht mehr als 45 Milligramm betragen.

2. **Farbstärke.** Wird Kristallviolettlösung mit Wasser auf die vierhundertfache Raummenge verdünnt, so soll diese Verdünnung klar und nicht weniger tief gefärbt sein als eine Lösung von 0,04 Gramm eines zuverlässig reinen Musters von Kristallviolett in 100 Kubikzentimeter Branntwein von mindestens 85,6 Gewichtsprozent, welche ebenfalls mit Wasser auf die vierhundertfache Raummenge verdünnt ist.

V. Schellacklösung.

10 Gramm der Lösung sollen mindestens 3,3 Gramm Schellack hinterlassen, nachdem ihre Verdunstung auf dem Wasserbade vorgenommen und der eingedampfte Rückstand im Trockenschranke eine halbe Stunde lang einer Temperatur von 100 bis 105 Grad ausgesetzt worden ist.

VI. Kampher.

Weiße kristallinische Masse oder weißes kristallinisches Pulver von starkem eigenartigem Geruch und brennend scharfem, bitterlichem Geschmacke. Werden Kampferstücke in einer Reibschale zerdrückt, so sollen die Bruchstücke dabei etwas zusammenbacken, sollen sich jedoch nach Befeuchten mit Äther zerreiben lassen.

0,5 g Kampfer sollen sich in 10 ccm Branntwein von 73,5 g Gewichtsprozent bei 15° vollständig lösen. Werden 0,5 g Kampfer bei einer 100° nicht überschreitenden Temperatur verdunstet, so soll das Gewicht eines etwa verbleibenden Rückstandes nicht mehr als 25 mg betragen.

VII. Terpentinöl.

1. **Dichte.** Die Dichte des Terpentinöls soll bei 15 Grad zwischen 0,855 und 0,875 liegen.

2. **Siedepunkt.** Werden 100 Kubikzentimeter Terpentinöl in der für den Holzgeist vorgeschriebenen Weise destilliert, so sollen unter 150 Grad nicht mehr als 5 Kubikzentimeter, bis 175 Grad mindestens 90 Kubikzentimeter übergegangen sein.

3. **Mischbarkeit mit Wasser.** 20 Kubikzentimeter Terpentinöl werden mit 20 Kubikzentimeter Wasser kräftig geschüttelt. Wenn nach einigem Stehen beide Schichten sich getrennt haben und klar geworden sind, so soll die obere mindestens 19 Kubikzentimeter betragen.

VIII. Benzol.

1. **Löslichkeit im Wasser.** Werden 10 Kubikzentimeter Benzol mit 10 Kubikzentimeter Wasser in einem in Zehntel-Kubikzentimeter geteilten Zylinder geschüttelt, so soll die obere Schicht nach 5 Minuten noch mindestens 9,5 Kubikzentimeter betragen.

2. **Siedepunkt.** Werden 100 Kubikzentimeter Benzol in der für Holzgeist vorgeschriebenen Weise destilliert, so sollen bis 77 Grad nicht mehr als 1 Kubikzentimeter, bis 100 Grad nicht weniger als 90 Kubikzentimeter übergegangen sein.

Beträgt der Barometerstand während der Destillation nicht 760 Millimeter, so soll in der beim Holzgeist erläuterten Weise für je 22 Millimeter 1 Grad in Anrechnung gebracht werden.

3. **Verhalten gegen Schwefelsäure.** Werden 5 Kubikzentimeter

Benzol mit 5 Kubikzentimeter konzentrierter reiner Schwefelsäure in einem Stöpselgläschen 5 Minuten lang kräftig geschüttelt und sodann der Ruhe überlassen, so soll nach Verlauf von weiteren 2 Minuten oder doch, sobald Schichtenbildung eingetreten ist, die Farbe der unteren Schicht nicht dunkler sein als diejenigen einer Auflösung von 1 Gramm reinen doppelt-chromsauren Kalis in 1 Liter Schwefelsäure von 50 Prozent Gehalt an Schwefelsäurehydrat. Für die Farbenvergleichung sind 5 Kubikzentimeter dieser Chromatlösung in einem Stöpseglase von gleicher Art, wie das für die Probe benutzte, jedesmal frisch abzumessen und mit reinem Benzol zu überschichten.

IX. Äther (Schwefeläther).

1. **Dichte.** Die Dichte des Äthers soll bei 15 Grad zwischen 0,720 und 0,735 liegen.

2. **Mischbarkeit mit Wasser.** Werden 20 Kubikzentimeter Äther mit 20 Kubikzentimeter Wasser kräftig geschüttelt, so soll nach dem Absetzen die obere Schicht mindestens 16,5 Kubikzentimeter betragen.

X. Tieröl.

1. **Farbe.** Die Farbe des Tieröls soll schwarzbraun sein.

2. **Siedepunkt.** Werden 100 Kubikzentimeter Tieröl in der für den Holzgeist vorgeschriebenen Weise destilliert, so sollen unter 90 Grad nicht mehr als 5 Kubikzentimeter, bis 180 Grad mindestens 50 Kubikzentimeter übergegangen sein.

3. **Pyrrolreaktion.** 2,5 Kubikzentimeter einer 1prozentigen Lösung des Tieröls in Branntwein von 86 Gewichtsprozent werden mit Alkohol auf 100 Kubikzentimeter verdünnt. Bringt man in 10 Kubikzentimeter dieser Lösung, die 0,025 Prozent Tieröl enthält, einen mit konzentrierter Salzsäure befeuchteten Fichtenholzspan, so soll er nach wenigen Minuten deutliche Rotfärbung zeigen.

4. **Verhalten gegen Quecksilberchlorid.** 4 Kubikzentimeter der 1prozentigen Lösung des Tieröls in Branntwein von 86 Gewichtsprozent sollen beim Versetzen mit 5 Kubikzentimeter einer 2prozentigen Lösung von Quecksilberchlorid in Branntwein von 86 Gewichtsprozent alsbald eine voluminöse fleckige Fällung geben. 5 Kubikzentimeter der 0,025prozentigen Lösung des Tieröls, mit 5 Kubikzentimeter der Quecksilberchloridlösung versetzt, sollen alsbald noch eine deutliche Trübung zeigen.

XI. Chloroform.

1. **Dichte.** Die Dichte des Chloroforms soll bei 15° zwischen 1,485 und 1,489 liegen.

2. **Mischbarkeit mit Wasser.** Werden 10 Kubikzentimeter Chloroform mit 20 Kubikzentimeter Wasser geschüttelt, so soll nach dem Absetzen die untere Schicht mindestens 9,5 Kubikzentimeter betragen.

XII. Jodoform.

1. **Äußere Beschaffenheit.** Das Jodoform soll ein zitronengelbes kristallinisches Pulver von durchdringendem Geruche sein.

2. **Flüchtigkeit.** Wird 1 Gramm Jodoform durch Erhitzen verflüchtigt, so soll ein wägbarer Rückstand nicht verbleiben.

3. **Schmelzpunkt.** Der in kapillaren Glasröhrchen und in einem Luft- oder Flüssigkeitsbade mit einem amtlich geprüften Thermometer ohne Berücksichtigung von Korrekturen bestimmte Schmelzpunkt soll zwischen 110 und 120 Grad liegen.

XIIa. Bromäthyl.

1. **Dichte.** Die Dichte des Bromäthyls soll bei 15 Grad zwischen 1,452 und 1,458 liegen.

2. **Mischbarkeit mit Wasser.** Werden 10 Kubikzentimeter Bromäthyl mit 20 Kubikzentimeter Wasser geschüttelt so soll nach dem Absetzen die untere Schicht mindestens 9,5 Kubikzentimeter betragen.

XIII. Petroleumbenzin.

1. **Äußere Beschaffenheit.** Das Benzin soll aus farblosen nicht fluoreszierenden Anteilen des Petroleums bestehen.

2. **Dichte.** Die Dichte des Petroleumbenzins bei 15 Grad soll zwischen 0,65 und 0,72 liegen.

3. **Siedepunkt.** Werden 100 Kubikzentimeter Petroleumbenzin in der für den Holzgeist vorgeschriebenen Weise destilliert, so sollen bis 40 Grad nicht mehr als 5 Kubikzentimeter, bis 110 Grad mindestens 75 Kubikzentimeter übergangen sein.

4. **Löslichkeit im Wasser.** Werden 20 Knbikzentimeter Petroleumbenzin mit 20 Kubikzentimeter Wasser geschüttelt, so soll nach einer halben Stunde die obere Schicht mindestens 19 Kubikzentimeter betragen.

5. **Löslichkeit in Branntwein.** 2 Kubikzentimeter Petroleumbenzin sollen sich bei nicht mehr als 20 Grad in 20 Kubikzentimeter Branntwein von 86 Gewichtsprozent klar lösen.

XIV. Technisch reiner Methylalkohol.

1. **Äußere Beschaffenheit.** Der Methylalkohol soll eine farblose mit blauer Flamme brennbare Flüssigkeit sein.

2. **Dichte.** Die Dichte des Methylalkohols soll bei 15 Grad zwischen 0,795 und 0,810 liegen.

3. **Siedepunkt.** Werden 100 Kubikzentimeter Methylalkohol in der für den Holzgeist vorgeschriebenen Weise destilliert, so sollen bis 63 Grad nicht mehr als 2 Kubikzentimeter, bis 67 Grad mindestens 90 Kubikzentimeter übgangen sein. Der Einfluß des Barometerstandes ist wie bei dem Holzgeiste in Anrechnung zu bringen.

4. **Löslichkeit in Wasser und in Natronlauge.** 20 Kubikzentimeter Methylalkohol sollen sich mit 40 Kubikzentimeter Wasser und mit 40 Kubikzentimeter Natronlauge von 1,3 Dichte zu je einer klaren Flüssigkeit mischen.

XV. Rizinusöl.

1. **Äußere Beschaffenheit.** Das Rizinusöl soll ein bei gewöhnlicher Temperatur zähflüssiges, hellgelbliches, fettes Öl sein.

2. **Löslichkeit in Branntwein.** 5 Gramm Rizinusöl sollen sich bei 15 bis 20 Grad in 15 Gramm Branntwein von 86 Gewichtsprozent klar lösen.

3. **Gehalt an freier Säure.** Werden 5 Gramm Rizinusöl in 25 Kubikzentimeter Branntwein von mindestens 80 Gewichtsprozent gelöst und mit einigen Tropfen Phenolphtaleinlösung versetzt, so sollen zur Rotfärbung der Lösung nicht mehr als 5 Kubikzentimeter Zehntel-Normal-Kalilauge nötig sein.

XVI. Natronlauge.

1. **Äußere Beschaffenheit.** Die Natronlauge soll eine farblose oder gelbliche Flüssigkeit sein.

2. **Dichte.** Die Dichte der Natronlauge soll nicht weniger als 1,357 (38 Grad Beaumé) betragen.

3. **Titration.** 1 Kubikzentimeter Natronlauge mit 50 Kubikzentimeter Wasser und einigen Tropfen Phenolphtaleimlösung versetzt, soll durch Zusatz von 10 Kubikzentimeter Normal-Schwefelsäure noch nicht entfärbt werden.

Anleitung zur Prüfung des zur Verwendung als Denaturierungsmittel bestimmten Essigs.

(Anlage 9 zu § 22 Branntweinsteuer-Befreiungsordnung).

Zur Prüfung des Essigs auf seinen Gehalt an Essigsäure wird eine Lösung von 1 Gramm Phenolphtalein in 500 Gramm Branntwein von mindestens 93 Gewichtsprozent hergestellt und ein amtlich beglaubigter Essigprober benutzt. Der Essigprober ist eine unten geschlossene zylindrische Glasröhre mit Fuß, die mehrere Teilmarken trägt. Die unterste Marke begrenzt einen inneren Raum von 20 Kubikzentimeter; oberhalb dieser Marke befinden sich 12 bis 14 der Reihe nach numerierte Teilstriche, deren je zwei benachbarte einen inneren Raum von $1\,{}^{2}/_{3}$ Kubikzentimeter begrenzen. Der Essigprober wird mit dem Essig bis zur untersten Teilmarke gefüllt, dazu ein, auch wohl zwei Tropfen der Phtaleinlösung getan und endlich vorsichtig gerade so viel Doppelt-Normal-Natronlösung zugegossen, bis die vorher farblose Flüssigkeit sich rot färbt und die rote Farbe auch nach erfolgter Schüttelung behält. Die Nummer des Teilstrichs, bis zu dem die Flüssigkeit nunmehr reicht, zeigt den Gehalt des Essigs an Essigsäure in Prozenten an.

Da der Gehalt der Doppel-Normal-Natronlösung an Ätznatron und damit ihr Wirkungswert durch den Einfluß der Luft verändert wird, ist ihre Beschaffenheit längstens zwei Tage vor jeder Verwendung zu prüfen. Dies geschieht mit Hilfe einer volumetrischen Normalsäure (Essigsäure, Salzsäure oder Schwefelsäure), welche aus einer Apotheke oder von einem als zuverlässig bekannten Chemiker zu beschaffen und in einer sauberen, durch Glas-, Kautschuck- oder glatte Korkstopfen wohl verschlossenen Flasche zu verwahren ist. Volumetrische Normalsäuren sind solche, die im Liter die ihren chemischen Äquivalenten entsprechende Anzahl von Grammen an reiner Säure enthalten. Diese Anzahl ist für Normal-Essigsäure $60,_{01}$ Gramm, für Normal-Salzsäure $36,_{46}$ Gramm, für Normal-Schwefelsäure $49,_{04}$ Gramm. Die Normalsäure wird genau wie ein zu prüfender Essig in den Essigprober gegossen, bis die unterste Marke erreicht ist und nach Zusatz von Phtaleinlösung allmählich mit der Doppelt-Normal-Natronlösung versetzt, bis Rotfärbung eintritt. Der Flüssigkeitsspiegel soll dann den Teilstrich 6 gerade erreichen oder ihn höchstens um ein Viertel des Abstandes bis zum nächsten Teilstrich überschreiten. Ist mehr Natronlösung erforderlich, so ist sie zu verwerfen und durch neue zu ersetzen.

Anleitung zur Untersuchung von Lacken und Polituren auf den Harzgehalt.

(Anlage 1 zu § 4 Branntweinsteuer-Befreiungsordnung.)

10 Gramm der zu untersuchenden Flüssigkeit sind auf dem Wasserbade bis zum Verdunsten des Alkohols zu erwärmen und hierauf im Trockenschranke zwei Stunden lang einer Temperatur von 100 bis 105 Grad auszusetzen. Es soll mindestens 1 Gramm fester Rückstand verbleiben.

Anleitung zur Untersuchung von Kollodium auf den Gehalt an Kollodiumwolle.

(Anlage 1a zu § 4 Branntweinsteuer-Befreiungsordnung.)

10 Gramm der zu untersuchenden Flüssigkeit sind bei einer Temperatur von etwa 40° in dünner Schicht zwei Stunden lang der Verdunstung zu überlassen. Es soll mindestens $0,_1$ Gramm fester Rückstand verbleiben.

Seifenpulver.

Ausführungsbestimmungen betreffend das Gesetz über die Erhebung einer Abgabe von Salz; Bundesratsbeschluß vom 18. Juli 1888 (Zentralblatt f. d. Deutsche Reich 1888, S. 484 und 651).

(Anlage II B.)

Anleitung zur chemischen Untersuchung von Seifenpulver.

Zur Prüfung von Seifenpulver auf seine Reinheit und Unverfälschtheit ist eine Probeflüssigkeit herzustellen, welche aus gleichen Raumteilen 85prozentigen Alkohols und konzentrierter Essigsäure durch Mischen erhalten wird.

Von dem zu untersuchenden Pulver, das vor der Untersuchung etwa acht Tage lang der Luft auszusetzen ist, bringt man in ein Proberohr ungefähr 1 g, gießt von der Probeflüssigkeit ungefähr 10—15 ccm darauf und erwärmt die Flüssigkeit bis zum Kochen. Reines Seifenpulver gibt hierbei eine fast klare Lösung; fremde der Seife beigesetzte Bestandteile setzen sich zu Boden.

Man läßt die Flüssigkeit sich vollkommen absetzen, gießt sodann die klargewordene Flüssigkeit vom Bodensatz ab und setzt derselben Wasser hinzu (das gleiche oder doppelte Volumen).

Die Fettsäuren der Seife scheiden sich alsbald an der Oberfläche ab als ölige Masse. Bei sogenannten mineralischen Seifenpulver, Talk usw., tritt letztere Erscheinung nicht ein.

Dabei ist zu bemerken, daß auch allenfalsige Beimischungen von kohlensauren Alkalien (Soda), sowie von kohlensauren Erden (Kreide, Magnesia) sich in dem Gemisch von Alkohol und Essigsäure vollständig auflösen. In diesem Falle tritt jedoch beim Übergießen des verfälschten Seifenpulvers mit dem Säuregemisch ein starkes oder doch deutlich wahrnehmbares Aufbrausen von Kohlensäure ein, wodurch jene Beimengungen angezeigt werden. Dabei ist nur zu beachten, daß auch bei unvermischtem Seifenpulver eine sehr geringe Entwickelung von Kohlensäure in einzelnen Bläschen stattfindet, welche Erscheinung mit der aufbrausenden Entwickelung der Kohlensäure bei absichtlichen Zusätzen sehr verschieden ist.

Als geboten ist weiter zu bezeichnen, daß die prüfenden Zoll- oder Steuerbeamten durch Versuche mit selbst geschabter reiner Kernseife sich von dem Unterschiede der letztgedachten Erscheinung ein klares Bild verschaffen.

Erwünscht ist auch die Gewinnung einer Erfahrung seitens der Beamten hinsichtlich der Menge der schließlich abgeschiedenen Fettsäuren; die Beamten würden bei Ausführung vorbezeichneten Probeversuchs zugleich ein Bild von der Menge der dabei sich abscheidenden Fettsäure gewinnen können und darauf den Vergleich mit anderem zur Denaturierung von Salz vorgeführten Seifenpulver zu machen imstande sein.

In Bezug auf die äußere Beschaffenheit des Seifenpulvers ist noch zu bemerken, daß das reine Seifenpulver immer etwas gelblich gefärbt ist und einen schwach-laugenhaft-fettigen Geschmack und schwachen Seifengeruch besitzt, während die mineralischen Fälschungsmittel farb-, geschmack- und geruchlos sind.

IX. Süßstoffe.

(Nicht offiziell; die Anleitung ist auf Anregung des Reichsschatzamtes im Kaiserlichen Gesundheitsamt ausgearbeitet und in der Zeitschrift für Nahrungsmitteluntersuchung 1903 in der Nummer vom 15. September veröffentlicht.)

Anweisung
zur chemischen Untersuchung der künstlichen Süßstoffe.

Die chemische Untersuchung der im Handel vorkommenden Zubereitungen (Kristalle, Pulver, Tabletten, Plätzchen usw.) künstlicher Süßstoffe hat sich zu erstrecken:

I. Auf den Nachweis der Art und Menge des in jenen Zubereitungen enthaltenen reinen Süßstoffes.

II. Auf die Bestimmung des Wassers und auf den Nachweis der Art und Menge der anderweitigen Stoffe, welche dem reinen Süßstoffe zur Erhöhung seiner Löslichkeit in Wasser oder zur Herabminderung und Ausgleichung seiner Süßkraft beigemengt worden sind.

I. Nachweis der Art und Menge des reinen Süßstoffes.

Vorbemerkung. Da von den bis jetzt bekannten künstlichen Süßstoffen nur das Benzoesäuresulfinid (Saccharin) Bedeutung besitzt, so ist in vorliegender Anweisung nur diese Verbindung berücksichtigt worden. Wo daher im folgenden von Süßstoff schlechthin die Rede ist, ist darunter Saccharin zu verstehen, während die Zubereitungen des Saccharins, wie sie im Handel unter mannigfachen Namen vorkommen, als künstliche Süßstoff-Präparate oder künstliche Süßstoff-Zubereitungen bezeichnet sind.

Wo es sich nachstehend um quantitative Bestimmungen handelt, sind deren Ergebnisse auf lufttrockene Substanz zu berechnen.

1. Qualitative Prüfung auf Saccharin, $C_6H_4<\genfrac{}{}{0pt}{}{CO}{SO_2}>NH$.

Wenn der künstliche Süßstoff frei von Beimengungen ist, so kann man ihn unmittelbar an seinem Schmelzpunkt erkennen: Saccharin schmilzt bei 224°, in völlig reinem Zustande bei 227—228°.

Liegt der Süßstoff jedoch in Verbindung oder Mischung mit anderen Stoffen vor, z. B. als Salz oder gemischt mit Zucker oder Parasulfaminbenzoesäure oder anderen Substanzen, so muß das Saccharin zu seiner Kennzeichnung zunächst aus dieser Mischung abgeschieden werden. Dies geschieht, indem das Süßstoff-Präparat in Wasser oder, wenn es darin schwer löslich ist, in verdünnter Natronlauge gelöst und das Saccharin aus der Lösung durch Zusatz von verdünnten Mineralsäuren gefällt und erforderlichen Falles durch Umkristallisieren gereinigt wird. Alsdann wird der Schmelzpunkt des so erhaltenen Süßstoffes bestimmt. Ergibt sich hierbei die Vermutung, daß Parasulfaminbenzoesäure anwesend ist, so ist nach 2 zu verfahren. Zur Erkennung des Saccharins dienen ferner folgende Reaktionen:

Charakteristisch für das Saccharin ist vor allem sein intensiv süßer Geschmack.

Durch Erhitzen mit Ätznatron auf 250° wird der Süßstoff in Salizylsäure übergeführt. Die Schmelze wird in Wasser gelöst, die Lösung mit Schwefelsäure angesäuert und die Salizylsäure mit Äther ausgeschüttelt, die ätherische Lösung wird verdunstet und der Rückstand in Wasser aufgenommen. Die so erhaltene Lösung gibt mit Eisenchlorid eine charakteristische violette Färbung.

Ferner kann man den Schwefel des Saccharins durch Schmelzen mit einem Gemisch von Soda und Salpeter zu Schwefelsäure oxydieren und diese nachweisen.

2. Qualitative Prüfung auf Parasulfaminbenzoesäure,

$$C_6H_4<\genfrac{}{}{0pt}{}{COOH}{SO_2-NH_2}.$$

Die Parasulfaminbenzoesäure steht dem Saccharin in ihrer chemischen Zusammensetzung sehr nahe; bei der Fabrikation des letzteren wird sie als Nebenprodukt gewonnen, welchem jedoch die süßenden Eigenschaften des Saccharins vollkommen fehlen. Nur die reinsten Saccharin-Präparate sind frei von Parasulfaminbenzoesäure. Auf die Gegenwart dieser Säure muß daher besonders Rücksicht genommen werden.

Wenn ein in Wasser leicht lösliches Süßstoff-Präparat vorliegt, so löst man dieses in wenig Wasser auf; ist das Präparat aber in Wasser schwer löslich, so übergießt man es mit wenig Wasser und fügt tropfenweise Natronlauge hinzu, bis Lösung erfolgt ist. In beiden Fällen wird die Lösung mit Essigsäure angesäuert.

Ein sogleich oder innerhalb 24 Stunden sich bildender Niederschlag wird abfiltriert, mit Wasser bis zum Verschwinden des süßen Geschmacks ausgewaschen und getrocknet. Darauf wird der Schmelzpunkt des Rückstandes bestimmt. Parasulfaminbenzoesäure schmilzt bei 288° unter Zersetzung. Aus dem Filtrat wird durch Zusatz von verdünnter Salzsäure das Saccharin abgeschieden, und wie unter 1. angegeben, umkristallisiert und gekennzeichnet.

Wenn sich aber aus der mit Essigsäure angesäuerten Lösung auch nach 24-stündigem Stehen keine Kristalle ausgeschieden haben, so wird 1 g der künstlichen Süßstoff-Zubereitung mit 10 ccm Salzsäure (1,124 spez. Gewicht) und mit 10 ccm Wasser am Rückflußkühler 1 bis 2 Stunden erhitzt. Die Lösung wird darauf auf dem Wasserbade eingedampft, der Rückstand mit wenig heißem Wasser aufgenommen und 24 Stunden hingestellt. Wenn Parasulfaminbenzoesäure, auch in kleiner Menge, zugegen ist, so scheidet sie sich in Form glänzender Blättchen aus. Diese werden abfiltriert und, wie oben angeführt, weiter behandelt.

3. Quantitative Bestimmungen des Saccharins und sonstiger stickstoffhaltiger Beimengungen.

a) Bestimmung des Saccharin-Stickstoffs.

0,5—0,7 g oder bei geringerem Gehalte der künstlichen Süßstoff-Zubereitung an reinem Süßstoff entsprechend größere Mengen, werden mit 20 ccm oder einer entsprechend größeren Menge einer etwa 20 %-igen Schwefelsäure 2 Stunden am Steigrohre zum gelinden Sieden erhitzt. Nach dem Erkalten wird die Flüssigkeit mit 200 ccm Wasser sowie mit Natronlauge im geringen Überschuß versetzt, das hierdurch entbundene Ammoniak überdestilliert und in einer Zehntelnormal-Schwefelsäure aufgefangen. Aus der gefundenen Menge Stickstoff ergibt sich durch Multiplikation mit 13,045 die Menge des Saccharins in der untersuchten Probe.

Dies gilt aber nur für den Fall, daß weder Ammoniumsalze noch andere, Ammoniak unter den angeführten Bedingungen abspaltende Stoffe vorliegen. Sind Ammoniumsalze vorhanden, so müssen sich nach den allgemein üblichen Verfahren der Analyse durch Destillation mit Magnesia bestimmt und die so gefundene Stickstoff-Menge von dem Gesamtstickstoff in Abrechnung gebracht werden.

b) Bestimmung des Gesamtstickstoffs und der Parasulfaminbenzoesäure.

Die quantitative Bestimmung der Parasulfaminbenzoesäure ist nur erforderlich, wenn durch die qualitative Prüfung die Anwesenheit dieser Säure nachgewiesen wurde.

Die Bestimmung des Gesamtstickstoffs geschieht nach dem Verfahren von Kjeldahl.

Wird von der Menge des Gesamtstickstoffs die für Saccharin gefundene Menge Stickstoff abgezogen, so ergibt sich die Menge Stickstoff, welche in Form von Parasulfaminbenzoesäure vorhanden ist. Hieraus wird durch Multiplikation mit 14,328 die Menge der vorhandenen Parasulfaminbenzoesäure berechnet. Lagen gleichzeitig noch Ammoniumsalze vor, so ist von der Menge des Gesamtstickstoffs nicht nur die Menge des Saccharinstickstoffs, sondern auch die für die Ammoniumsalze berechnete in Abzug zu bringen.

II. Bestimmung des Wassers sowie Nachweis der Art und Menge der dem künstlichen Süßstoffen beigemengten anderweitigen Süßstoffe.

a) Bestimmung des Wassers.

0,5 bis 1 g der feingepulverten Masse werden bei 105—110° bis zum gleichbleibenden Gewichte getrocknet.

Wenn die Süßstoffzubereitung indes doppeltkohlensaures Natrium enthält, so ist vorstehendes Verfahren wegen gleichzeitiger Verflüchtigung von Kohlensäure nicht angängig. Liegt ein besonderer Anlaß vor, in diesem Falle eine quantitative Bestimmung des Wassers vorzunehmen, so ist dieselbe in der Weise auszuführen, daß die Substanz in einem Rohr im Trockenofen unter Durchleiten von trockener Luft auf 105—110° erwärmt und das Wasser in einem Chlorcalcium-Rohr aufgefangen und gewogen wird.

b) Nachweis der Art und Menge der beigemengten anderweitigen Stoffe.

Von Stoffen, welche dem reinen künstlichen Süßstoffe zur Erhöhung seiner Löslichkeit in Wasser oder zur Herabminderung und Ausgleichung seiner Süßkraft beigemengt sein können, kommen von mineralischen Beimengungen Natriumbikarbonat, von kohlenstoffhaltigen Beimengungen Stärkezucker, Milchzucker, Rohrzucker besonders in Betracht. Außerdem kommt der Süßstoff in Form seines leichter löslichen Natriumsalzes vor.

Soweit der Nachweis solcher Bestandteile oder Beimengungen nicht in dem Nachstehenden besonders beschrieben ist, hat er nach den allgemein üblichen Verfahren der Analyse zu geschehen.

1. Bestimmung mineralischer Bestandteile und Beimengungen.

1—2 g Substanz werden in einer gewogenen Platinschale verascht; wenn ein Rückstand von mehr als 1 bis 2% hinterbleibt, so wird derselbe zunächst

einer qualitativen Prüfung

unterworfen.

Wird Natrium in der Asche nachgewiesen, so wird eine kleine Menge des künstlichen Süßstoffpräparates in Wasser aufgelöst. Tritt hierbei eine Entwickelung von Kohlensäure ein, so weist dies auf die Anwesenheit von Natriumkarbonat (Natriumbikarbonat) hin.

Quantitative Bestimmung des Natriums.

Wenn die qualitative Prüfung die Gegenwart von Natrium ergeben hat, so werden 0,5—1 g der feingepulverten Maße von neuem in einem gewogenen Platintiegel vorsichtig mit einigen Tropfen konzentrierter Schwefelsäure durchfeuchtet und verascht. Aus der gefundenen Menge Natriumsulfat berechnet man durch Multiplikation mit 0,3243 den Gehalt an Natrium. Löst sich die untersuchte künstliche Süßstoffzubereitung in kaltem Wasser leicht und ohne Entwickelung von Kohlensäure auf, so liegt das Natriumsalz des Süßstoffs vor.

2. Bestimmung kohlenstoffhaltiger Beimengungen.

Schon beim Kochen des Süßstoffs nach I 3a kann man an der Bräunung der Lösung erkennen, ob kohlenstoffhaltige Beimengungen, besonders Zuckerarten, vorhanden sind. Man nimmt folgende Prüfungen auf Zucker vor:

a) Qualitative Prüfung auf Zucker.

1 bis 2 g der feingepulverten Masse werden in Wasser aufgelöst, wenn nötig unter Zusatz von einigen Tropfen verdünnter Natronlauge. Die Lösung wird mit Fehling'scher Lösung versetzt und zum Sieden erhitzt. Tritt eine Reduktion der Kupferlösung ein, so ist ein reduzierend wirkender Zucker vorhanden, dessen Art nach den hierfür üblichen analytischen Verfahren bestimmt werden kann. Im allgemeinen kommt hierbei nur Milchzucker in Frage.

Wenn aber die Fehlingsche Lösung nicht reduziert worden ist, so werden 1 bis 2 g des künstlichen Süßstoff-Präparats in 10 ccm Wasser gelöst und unter Zusatz von Salzsäure kurze Zeit auf dem Wasserbade erwärmt. Darauf wird die Lösung nahezu neutralisiert und mit

Fehlingscher Lösung zum Sieden erhitzt. Tritt hierbei eine Reduktion der Kupferlösung ein, so ist die Anwesenheit von Rohrzucker nachgewiesen.

b) Quantitative Bestimmung des Zuckers.

Liegt ein besonderer Anlaß vor, den vorhandenen Zucker auch der Menge nach zu bestimmen, so wird

α) die quantitative Bestimmung der unmittelbar reduzierend wirkenden Zucker, wenn es sich um Stärkezucker handelt, in sinngemäßer Anwendung der „Anweisung zur chemischen Untersuchung des Weines", Abschnitt II, 10a (Zentrbl. für das Deutsche Reich 1896, S. 203) ausgeführt; die Bestimmung des Milchzuckers geschieht in gleicher Weise, nur wird die Kochdauer des Reduktionsgemisches auf 6 Minuten erhöht und zur Berechnung die Soxhletsche Tabelle zur Bestimmung des Milchzuckers benutzt.

β) Die quantitative Bestimmung des Rohrzuckers geschieht durch Polarisation in sinngemäßer Anwendung der Anlage C der Ausführungsbestimmungen zum Deutschen Zuckersteuergesetze vom 27. Mai 1896 (Zentrbl. für das Deutsche Reich 1896, S. 269).

γ) Die quantitative Bestimmung von Rohrzucker neben Stärkezucker geschieht in sinngemäßer Anwendung der „Anweisung zur chemischen Untersuchung des Weines", Abschnitt II, 10b (Zentrbl. für das Deutsche Reich 1896, S. 204).

δ) Die quantitative Bestimmung von Rohrzucker neben Milchzucker geschieht in sinngemäßer Anwendung der Anlage zur Bekanntmachung des Reichskanzlers vom 8. November 1897, betreffend Änderungen der Ausführungsbestimmungen zum Deutschen Zuckersteuergesetze.

X. Zucker und zuckerhaltige Waren.

(Rübenzucker, Syrup, Melasse, Schokolade und andere kakaohaltige Waren, Bonbons, Dragees, Raffinadezeltchen, Schaumwaren, Dessertbonbons, Marzipanmasse, Kakes und ähnliche Backwaren, eingedickte Milch.)

Ausführungsbestimmungen zum Zuckersteuergesetz vom $\frac{\text{27. Mai 1896}}{\text{6. Januar 1903}}$.
(Zentralblatt f. d. Deutsche Reich 1903, S. 284 und 1906 Nr. 4 und S. 947—949.)

Anleitung für die Steuerstellen zur Untersuchung der Zuckerabläufe auf Invertzuckergehalt und Feststellung des Quotienten der weniger als 2 vom Hundert Invertzucker enthaltenden Zuckerabläufe.

1. Allgemeine Vorschriften.

1. Bei Beginn der Untersuchung ist zunächst eine Prüfung des Ablaufs nach dem unter II 1 beschriebenen Verfahren auf den Gehalt an Invertzucker auszuführen. Sobald sich dieser Gehalt zu 2 vom Hundert oder mehr ergibt, erfolgt das weitere Verfahren nach § 2 Abs. 4, 5 der Ausführungsbestimmungen.

2. Ergibt die nachfolgend unter II 2 beschriebene Untersuchung einen Quotienten von 70 oder mehr, so ist von der weiteren Prüfung des Ablaufs Abstand zu nehmen, falls nicht der Anmelder eine Untersuchung durch den Chemiker beantragt.

3. Die bei der Untersuchung der Abläufe zu verwendenden Gewichte, Meßgeräte und Spindeln müssen geeicht oder eichamtlich beglaubigt sein.

2. Ausführung der Untersuchung.

1. Untersuchung der Zuckerabläufe auf Invertzuckergehalt.

In einer Messing- oder Porzellanschale, deren Gewicht auszugleichen ist, werden genau 10 g des nötigenfalls durch Anwärmen dünnflüssig gemachten, Ablaufs abgewogen und durch Zusatz von etwa 50 ccm warmem Wasser und Umrühren mit einem Glasstab in Lösung gebracht. Die Lösung bedarf, auch wenn sie getrübt erscheinen sollte, in der Regel einer Filtrierung nicht. Man bringt sie in einen sogenannten Erlenmeyerschen Kolben von etwa 200 ccm Raumgehalt und fügt 50 ccm Fehlingsche Lösung hinzu.

Die Fehlingsche Lösung erhält man durch Zusammengießen gleicher Teile von Kupfervitriollösung (34,6 g reiner kristallisierter Kupfervitriol, zu 500 ccm mit Wasser gelöst) und Seignettesalz-Natronlauge (173 g kristallisiertes Seignettesalz, zu 400 ccm mit Wasser gelöst; die Lösung vermischt mit 100 ccm einer Natronlauge, welche 500 g Natronhydrat im Liter enthält). Beide Flüssigkeiten sind fertig von einer Chemikalienhandlung zu beziehen und müssen getrennt aufbewahrt werden; von jeder sind 25 ccm mittels besonderer Pipette zu entnehmen und der Lösung des Zuckerablaufs unter Umschütteln zuzusetzen.

Die mit der Fehlingschen Lösung versetzte Flüssigkeit wird im Kochkolben auf ein durch einen Dreifuß getragenes Drahtnetz gestellt, welches sich über einem Bunsenbrenner oder einer guten Spirituslampe befindet, aufgekocht und 2 Minuten im Sieden erhalten. Die Zeit des Siedens darf nicht abgekürzt werden.

Hierauf entfernt man den Brenner oder die Lampe, wartet einige Minuten, bis ein in der Flüssigkeit entstandener Niederschlag sich abgesetzt hat, hält den Kolben gegen das Licht und beobachtet, ob die Flüssigkeit noch blau gefärbt ist. Ist noch Kupfer in der Lösung vorhanden, was durch die blaue Farbe angezeigt wird, so enthält die Lösung weniger als 2 vom Hundert Invertzucker, anderenfalls sind 2 oder mehr vom Hundert dieses Zuckers vorhanden.

Die Färbung erkennt man deutlicher, wenn man ein Blatt weißes Schreibpapier hinter den Kolben hält und so beobachtet, daß das Licht durch die Flüssigkeit hindurch auf das Blatt Papier fällt.

Sollte die Flüssigkeit nach dem Kochen gelbgrün oder bräunlich erscheinen, so liegt die Möglichkeit vor, daß noch unzersetzte Kupferlösung vorhanden ist und deren blaue Farbe nur durch die gelbbraune Farbe des Ablaufs verdeckt wird. In solchen Fällen ist wie folgt zu verfahren:

Man fertigt aus gutem, dickem Filtrierpapier ein kleines Filter, feuchtet es mit etwas Wasser an und setzt es in einen Glastrichter ein, wobei es am Rande des Trichters gut festgedrückt wird. Der letztere wird auf ein Reagensgläschen gesetzt. Hierauf filtriert man etwa 10 ccm der Flüssigkeit durch das Filter und setzt dem Filtrat ungefähr die gleiche Menge Essigsäure und einen oder zwei Tropfen einer wässerigen Lösung von gelbem Blutlaugensalz zu. Entsteht hierbei eine stark rote Färbung des Filtrats, so ist noch Kupfer in der Lösung und somit erwiesen, daß der Zuckerablauf weniger als 2 vom Hundert Invertzucker enthält.

2. Bestimmung des Quotienten.

Als Quotient im Sinne der Vorschrift im § 1 der Ausführungsbestimmungen gilt diejenige Zahl, welche durch Teilung des hundertfachen Betrags der Polarisationsgrade des Ablaufs durch die Prozente Brix berechnet wird.

a) Ermittelung der Prozente Brix.

Man wägt in einem reinen Becherglase von etwa 1/2 Liter Raumgehalt zusammen mit einem hinlänglich langen Glasstabe 200 bis 300 g des Ablaufs auf 1 g genau ab. Nachdem man das Glas von der Wage heruntergenommen hat, fügt man etwa 150 ccm heißes destilliertes Wasser hinzu, rührt mit dem stets im Glase verbleibenden Stabe so lange vorsichtig (um das Glas nicht zu zerstoßen) um, bis der Ablauf im Wasser sich vollständig gelöst hat, stellt das Glas in kaltes Wasser und beläßt es daselbst, bis der Inhalt ungefähr die Zimmerwärme angenommen hat. Hierauf trocknet man das Glas sorgfältig ab, stellt es wieder auf die Wage, setzt auf die andere Schale zu den vorhandenen weitere Gewichtsstücke, welche dem Gewichte des Ablaufs entsprechen, und läßt in das Glas so lange destilliertes Wasser von Zimmerwärme, zuletzt vorsichtig und tropfenweise, einlaufen, bis die Ware abermals einspielt.

Nachdem die zweite Wägung beendet ist, rührt man die Flüssigkeit mit dem inzwischen im Glase verbliebenen Glasstabe so lange gehörig um, bis sich auch nicht die geringste Schlierenbildung mehr zeigt. Der ursprüngliche Ablauf ist dann auf die Hälfte seines Gehalts an Zucker verdünnt.

Zum Zwecke der Spindelung wird ein Teil der so vorbereiteten Flüssigkeit in einen Glaszylinder hineingegeben. Die Spindelung selbst erfolgt mittels der Brixschen Spindel nach den für die Spindelung von Branntwein, Mineralöl, Wein usw. bestehenden Regeln (siehe z. B. Alkoholermittelungsordnung, Zentralblatt für das Deutsche Reich 1900, S. 377). Zu beachten ist, daß die Prozente auf Fünftelprozente, die Wärmegrade auf ganze Grade abzulesen sind.

Da die abgelesenen Wärmegrade nicht immer mit der Normaltemperatur (20° C.) übereinstimmen, sind die abgelesenen Prozente nur scheinbare. Zu ihrer Umrechnung auf berichtigte Prozente Brix dient die am Schlusse dieser Anlage abgedruckte Tafel 1. Sie enthält in der ersten mit „Wärmegrade" überschriebenen Zeile die Temperaturen von 10 bis 29°, in der ersten mit „Abgelesene Prozente" überschriebenen Spalte die scheinbaren abgelesenen Prozente. Die folgenden Spalten geben die berichtigten Prozente. Man sucht die der abgelesenen Temperatur entsprechende Spalte und geht in dieser bis zu derjenigen Zeile, an deren Anfang, in der ersten Spalte, die abgelesenen Prozente stehen. Die Zahl, auf die man trifft, gibt die berichtigten Prozente der verdünnten Lösung. Beträgt z. B. die abgelesene Temperatur 22° und die abgelesene Prozentangabe 38,6, so findet man für die berichtigten Prozente 38,7. Die so ermittelten berichtigten Prozente sind mit 2 zu vervielfältigen, um die berichtigten Prozente der unverdünnten Lösung zu erhalten.

b) Polarisation.

Bei der Polarisation der Zuckerabläufe ist nach Anlage C zu verfahren. Jedoch geschieht das Abwägen und Entfärben in nachfolgend angegebener Weise.

Zur Untersuchung wird nur das halbe Normalgewicht — 13,0 g — des Zuckerablaufs verwendet. Man wägt diese Menge in eine Messing- oder Porzellanschale ab, fügt 40 bis 50 ccm lauwarmes destilliertes Wasser hinzu und rührt mit einem Glasstabe so lange um, bis der Ablauf im Wasser sich vollständig gelöst hat. Hierauf wird die Flüssigkeit in einen Meßkolben von 100 ccm Raumgehalt gefüllt, und der an der Schale und dem Glasstabe noch haftende Rest mit etwa 10 bis 20 ccm Wasser in den Kolben nachgespült. Darauf folgt die Klärung.

Man läßt zunächst etwa 5 ccm Bleiessig in den Kolben einfließen und mischt durch vorsichtiges Umschwenken. Ist die Flüssigkeit, nachdem der entstehende Niederschlag sich abgesetzt hat — was meist in wenigen Minuten geschieht —, noch zu dunkel, so fährt man mit dem Zusatz von Bleiessig fort, bis die genügende Helligkeit erreicht ist. Oft sind bis zu 12 ccm Bleiessig zur Klärung erforderlich. Dabei ist jedoch zu beachten, daß Bleiessig zwar genügend, aber in nicht zu großen Mengen zugesetzt werden darf; jeder hinzugesetzte Tropfen Bleiessig muß noch einen Niederschlag in der Flüssigkeit hervorbringen.

Gelingt es nicht, die Flüssigkeit durch den Zusatz von Bleiessig so weit zu klären, daß die Polarisation im 200 mm-Rohre ausgeführt werden kann, so ist zu versuchen, ob dies im 100 mm-Rohre möglich ist. Gelingt auch dies nicht, so muß eine neue Lösung hergestellt und diese vor dem Bleiessigzusatz mit etwa 10 ccm Alaunlösung versetzt werden; diese Lösungen geben mit Bleiessig starke Niederschläge, welche klärend wirken, und gestatten die Anwendung großer Mengen Bleiessig.

Die zur Klärung hinzugefügten Flüssigkeiten dürfen zusammen nicht so viel betragen, daß die Lösung im Kolben über die begrenzende Marke steigt. Nach der Klärung wird mit Wasser bis zur Marke aufgefüllt und gehörig durchgeschüttelt.

Nachdem die Polarisation ausgeführt ist, sind die abgelesenen Polarisationsgrade mit 2 zu vervielfältigen, weil nur das halbe Normalgewicht des Ablaufs zur Untersuchung verwendet worden ist. Hat man statt eines 200 mm-Rohres nur ein 100 mm-Rohr angewendet, so sind die abgelesenen Grade mit 4 zu vervielfältigen.

Berechnung des Quotienten. Bezeichnet man die ermittelten berichtigten Prozente Brix der unverdünnten Lösung mit B und die ermittelten Polarisationsgrade mit P, so berechnet sich der Quotient Q nach der Formel $Q = \frac{100\,P}{B}$. Bei der Angabe des Endergebnisses sind die Bruchteile auf volle Zehntel abzurunden, und zwar, wenn die zweite Stelle nach dem Komma weniger als 5 beträgt, nach unten, andernfalls nach oben.

Beispiel für die Feststellung des Quotienten. 223 g eines Zuckerablaufs sind mit 223 g Wasser verdünnt worden. Die Brixsche Spindel zeigt 35,2 Prozent bei 21° C.; nach der Tafel 1 ist die berichtigte Prozentangabe 35,3, dieses mit 2 vervielfältigt gibt 70,6. Die Polarisation des halben Normalgewichts im 200 mm-Rohre sei 25,2 Grad; daher beträgt die wirkliche Polarisation $25{,}2 \times 2 = 50{,}4$ Grad. Der Quotient berechnet sich hiernach auf $\frac{100 \,.\, 50{,}4}{70{,}6} = 71{,}39$ oder abgerundet 71,4.

Schlußbestimmung.

Über die Untersuchung ist eine Befundsbescheinigung auszustellen, welche außer einer genauen Bezeichnung der Probe folgende Angaben zu enthalten hat: das Ergebnis der Prüfung auf Invertzuckergehalt, die abgelesenen Prozente Brix der verdünnten Lösung, die Temperatur der Lösung, die berichtigten Prozente Brix nach der Vervielfältigung mit 2, das Ergebnis der Polarisation für das ganze Normalgewicht (also die abgelesenen Polarisationsgrade vervielfältigt mit 2 oder — bei Anwendung eines 100 mm-Rohres — mit 4) und den Quotienten.

Anmerkung. Die für die Steuerbeamten bestimmten Tabellen werden hier fortgelassen.

Anleitung für die Chemiker zur Feststellung des Quotienten der Zuckerabläufe und zur Ermittelung des Raffinosegehalts.

Allgemeine Vorschriften.

Die Vorschriften unter I Ziffer 2 und 3 der Anlage A finden auch auf diese Feststellung Anwendung mit der Maßgabe, daß auch nicht geeichte, jedoch eichfähige Geräte Verwendung finden dürfen, sofern sie einer genauen Prüfung durch den untersuchenden Chemiker unterzogen sind; hierüber ist bei der Mitteilung des Ergebnisses ein entsprechender Vermerk zu machen. Auf die Spindeln und Gewichte bezieht sich diese Ausnahme nicht.

In allen Fällen, in denen eine chemische Ermittelung des Gesamtzuckergehaltes stattfindet, ist bei der Berechnung des Quotienten an die Stelle der Polarisationsgrade der Gesamtzuckergehalt, als Rohrzucker berechnet, zu setzen.

Nach den Ausführungsbestimmungen soll die Feststellung des Quotienten eines Zuckerablaufs einem Chemiker übertragen werden, wenn

a) bei der Abfertigungsstelle oder dem Amte, an welches die Probe versendet ist, zur Ermittelung des Quotienten geeignete Beamte nicht vorhanden sind;
b) der Zuckerablauf 2 oder mehr vom Hundert Invertzucker enthält;
c) der Anmelder die Berechnung des Quotienten nach dem chemisch ermittelten reinen Zuckergehalte beantragt hat.

Den Chemikern wird bei der Übersendung der Proben von der Amtsstelle jedesmal mitgeteilt werden, aus welchem der angegebenen Gründe die Untersuchung erfolgen soll, und ob die Anwendung der Raffinoseformel gemäß § 2 Absatz 5 der Ausführungsbestimmungen zulässig ist.

In den unter a und b bezeichneten Fällen haben die Chemiker zunächst nach den Vorschriften der Anlage A zu verfahren, jedoch sind die Prozente Brix durch Ermittelung der Dichte des unverdünnten Ablaufs bei 20° C. mittels des Pyknometers zu berechnen. Die Berechnung darf nur auf Grund der nachstehenden Tafel 2 geschehen. Ergibt diese vorläufige Untersuchung einen Quotienten, der kleiner ist als 70, und einen Invertzuckergehalt von 2 oder mehr vom Hundert, so tritt die chemische Untersuchung nach den Vorschriften des nachstehenden Abschnitts 1 ein.

Die gleichen Vorschriften gelten im Falle unter c, sobald es sich nicht um Berücksichtigung des Raffinosegehalts handelt. Ist dagegen auch die Berücksichtigung des Raffinosegehalts vom Anmelder verlangt, so ist bei einem 2 vom Hundert nicht erreichenden Gehalt an Invertzucker nach den Vorschriften des nachfolgenden Abschnitts 2a zu verfahren. Enthält der Ablauf 2 oder mehr vom Hundert Invertzucker und ist bei der Übersendung der Proben von der Amtsstelle mitgeteilt, daß die Anwendung der Raffinoseformel zulässig ist, so ist nach Abschnitt 2b zu verfahren. Die Untersuchung auf den Gehalt an Invertzucker geschieht in beiden Fällen nach der unter II 1 der Anlage A gegebenen Vorschrift.

Tafel 2
zur Ermittelung der Prozente Brix aus der Dichte bei 20° C.

Prozente Brix	Zehntel-Prozente ,0	,1	,2	,3	,4	,5	,6	,7	,8	,9
	Dichte bei 20° C. für die nebenstehenden ganzen Prozente und obenstehenden Zehntel-Prozente Brix									
0	0,9982	0,9986	0,9990	0,9994	0,9998	1,0002	1,0006	1,0010	1,0013	1,0017
1	1,0021	1,0025	1,0029	1,0033	1,0037	1,0041	1,0045	1,0048	1,0052	1,0056
2	1,0060	1,0064	1,0068	1,0072	1,0076	1,0080	1,0084	1,0088	1,0091	1,0095
3	1,0099	1,0103	1,0107	1,0111	1,0115	1,0119	1,0123	1,0127	1,0131	1,0135
4	1,0139	1,0143	1,0147	1,0151	1,0155	1,0159	1,0163	1,0167	1,0171	1,0175
5	1,0179	1,0183	1,0187	1,0191	1,0195	1,0199	1,0203	1,0207	1,0211	1,0215
6	1,0219	1,0223	1,0227	1,0231	1,0235	1,0239	1,0243	1,0247	1,0251	1,0255
7	1,0259	1,0263	1,0267	1,0271	1,0275	1,0279	1,0283	1,0287	1,0291	1,0295
8	1,0299	1,0303	1,0308	1,0312	1,0316	1,0320	1,0324	1,0328	1,0332	1,0336
9	1,0340	1,0343	1,0349	1,0353	1,0347	1,0361	1,0365	1,0369	1,0373	1,0377
10	1,0381	1,0386	1,0390	1,0394	1,0398	1,0402	1,0406	1,0410	1,0415	1,0419
11	1,0423	1,0427	1,0431	1,0435	1,0440	1,0444	1,0448	1,0452	1,0456	1,0460
12	1,0465	1,0469	1,0473	1,0477	1,0481	1,0486	1,0490	1,0494	1,0498	1,0502
13	1,0507	1,0511	1,0515	1,0519	1,0524	1,0528	1,0532	1,0536	1,0541	1,0545
14	1,0549	1,0553	1,0558	1,0562	1,0566	1,0570	1,0575	1,0579	1,0583	1,0587

15	1,0592	1,0596	1,0600	1,0605	1,0609	1,0613	1,0617	1,0622	1,0626	1,0630
16	1,0635	1,0639	1,0643	1,0648	1,0652	1,0656	1,0661	1,0665	1,0669	1,0674
17	1,0678	1,0682	1,0687	1,0691	1,0695	1,0700	1,0704	1,0708	1,0713	1,0717
18	1,0721	1,0726	1,0730	1,0735	1,0739	1,0743	1,0748	1,0752	1,0757	1,0761
19	1,0765	1,0770	1,0774	1,0779	1,0783	1,0787	1,0792	1,0796	1,0801	1,0805
20	1,0810	1,0814	1,0818	1,0823	1,0827	1,0832	1,0836	1,0841	1,0845	1,0850
21	1,0854	1,0859	1,0863	1,0868	1,0872	1,0877	1,0881	1,0886	1,0890	1,0895
22	1,0899	1,0904	1,0908	1,0913	1,0917	1,0922	1,0926	1,0931	1,0935	1,0940
23	1,0944	1,0949	1,0953	1,0958	1,0962	1,0967	1,0971	1,0976	1,0981	1,0985
24	1,0990	1,0994	1,0999	1,0103	1,1008	1,1013	1,1017	1,1022	1,1026	1,1031
25	1,1036	1,1040	1,1045	1,1049	1,1054	1,1059	1,1063	1,1068	1,1072	1,1077
26	1,1082	1,1086	1,1091	1,1096	1,1100	1,1105	1,1110	1,1114	1,1119	1,1124
27	1,1128	1,1133	1,1138	1,1142	1,1147	1,1152	1,1156	1,1161	1,1166	1,1170
28	1,1175	1,1180	1,1185	1,1189	1,1194	1,1199	1,1203	1,1208	1,1213	1,1218
29	1,1222	1,1227	1,1232	1,1237	1,1241	1,1246	1,1251	1,1256	1,1260	1,1265
30	1,1270	1,1275	1,1279	1,1284	1,1289	1,1294	1,1299	1,1303	1,1308	1,1313
31	1,1318	1,1323	1,1327	1,1332	1,1337	1,1342	1,1347	1,1351	1,1356	1,1361
32	1,1366	1,1371	1,1376	1,1380	1,1385	1,1390	1,1395	1,1400	1,1405	1,1410
33	1,1415	1,1419	1,1424	1,1429	1,1434	1,1439	1,1444	1,1449	1,1454	1,1459
34	1,1463	1,1468	1,1473	1,1478	1,1483	1,1488	1,1493	1,1498	1,1503	1,1508
35	1,1513	1,1518	1,1523	1,1528	1,1533	1,1538	1,1542	1,1547	1,1552	1,1557
36	1,1562	1,1567	1,1572	1,1577	1,1582	1,1587	1,1592	1,1597	1,1602	1,1607
37	1,1612	1,1617	1,1622	1,1627	1,1632	1,1637	1,1642	1,1647	1,1653	1,1658
38	1,1663	1,1668	1,1673	1,1678	1,1683	1,1688	1,1693	1,1698	1,1703	1,1708
39	1,1713	1,1718	1,1724	1,1729	1,1734	1,1739	1,1744	1,1749	1,1754	1,1759

Prozente Brix	Zehntel-Prozente ,0	,1	,2	,3	,4	,5	,6	,7	,8	,9
40	1,1764	1,1770	1,1775	1,1780	1,1785	1,1790	1,1795	1,1800	1,1806	1,1811
41	1,1816	1,1821	1,1826	1,1831	1,1837	1,1842	1,1847	1,1852	1,1857	1,1863
42	1,1868	1,1873	1,1878	1,1883	1,1888	1,1894	1,1899	1,1904	1,1909	1,1915
43	1,1920	1,1925	1,1931	1,1936	1,1941	1,1946	1,1951	1,1957	1,1962	1,1967
44	1,1972	1,1978	1,1983	1,1988	1,1994	1,1999	1,2004	1,2010	1,2015	1,2020
45	1,2025	1,2031	1,2036	1,2041	1,2047	1,2052	1,2057	1,2063	1,2068	1,2073
46	1,2079	1,2084	1,2089	1,2095	1,2100	1,2105	1,2111	1,2116	1,2122	1,2127
47	1,2132	1,2138	1,2143	1,2149	1,2154	1,2159	1,2165	1,2170	1,2176	1,2181
48	1,2186	1,2192	1,2197	1,2203	1,2208	1,2214	1,2219	1,2224	1,2230	1,2235
49	1,2241	1,2246	1,2252	1,2257	1,2263	1,2268	1,2274	1,2279	1,2285	1,2290
50	1,2296	1,2301	1,2307	1,2312	1,2318	1,2323	1,2329	1,2334	1,2340	1,2345
51	1,2351	1,2356	1,2362	1,2367	1,2373	1,2379	1,2384	1,2390	1,2395	1,2401
52	1,2406	1,2412	1,2418	1,2423	1,2429	1,2434	1,2440	1,2446	1,2451	1,2457
53	1,2462	1,2468	1,2474	1,2479	1,2485	1,2490	1,2496	1,2502	1,2507	1,2513
54	1,2519	1,2524	1,2530	1,2536	1,2541	1,2547	1,2553	1,2558	1,2564	1,2570
55	1,2555	1,2581	1,2587	1,2592	1,2598	1,2604	1,2610	1,2615	1,2621	1,2627
56	1,2632	1,2638	1,2644	1,2650	1,2655	1,2661	1,2667	1,2673	1,2678	1,2684
57	1,2690	1,2696	1,2701	1,2707	1,2713	1,2719	1,2725	1,2730	1,2736	1,2742
58	1,2748	1,2754	1,2759	1,2765	1,2771	1,2777	1,2783	1,2788	1,2794	1,2800
59	1,2806	1,2812	1,2818	1,2824	1,2830	1,2835	1,2841	1,2847	1,2853	1,2859

60	1,2865	1,2870	1,2876	1,2882	1,2888	1,2894	1,2900	1,2906	1,2912	1,2918
61	1,2924	1,2929	1,2935	1,2941	1,2947	1,2953	1,2959	1,2965	1,2971	1,2977
62	1,2983	1,2989	1,2995	1,3001	1,3007	1,3013	1,3019	1,3025	1,3031	1,3037
63	1,3043	1,3049	1,3055	1,3061	1,3067	1,3073	1,3079	1,3085	1,3091	1,3097
64	1,3103	1,3109	1,3115	1,3121	1,3127	1,3133	1,3139	1,3145	1,3151	1,3157
65	1,3163	1,3169	1,3175	1,3182	1,3188	1,3194	1,3200	1,3206	1,3212	1,3218
66	1,3224	1,3230	1,3236	1,3243	1,3249	1,3255	1,3261	1,3267	1,3273	1,3279
67	1,3286	1,3292	1,3298	1,3304	1,3310	1,3316	1,3323	1,3329	1,3335	1,3341
68	1,3347	1,3353	1,3360	1,3366	1,3372	1,3378	1,3384	1,3391	1,3397	1,3403
69	1,3409	1,3416	1,3422	1,3428	1,3434	1,3440	1,3447	1,3453	1,3459	1,3465
70	1,3472	1,3478	1,3484	1,3491	1,3497	1,3503	1,3509	1,3516	1,3522	1,3528
71	1,3535	1,3541	1,3547	1,3553	1,3560	1,3566	1,3572	1,3579	1,3585	1,3591
72	1,3598	1,3604	1,3610	1,3617	1,3623	1,3630	1,3636	1,3642	1,3649	1,3655
73	1,3661	1,3668	1,3674	1,3681	1,3687	1,3693	1,3700	1,3706	1,3713	1,3719
74	1,3725	1,3732	1,3738	1,3745	1,3751	1,3757	1,3764	1,3770	1,3777	1,3783
75	1,3790	1,3796	1,3803	1,3809	1,3816	1,3822	1,3829	1,3835	1,3841	1,3848
76	1,3854	1,3861	1,3867	1,3874	1,3880	1,3887	1,3893	1,3900	1,3907	1,3913
77	1,3920	1,3926	1,3933	1,3939	1,3946	1,3952	1,3959	1,3965	1,3972	1,3978
78	1,3985	1,3992	1,3998	1,4005	1,4011	1,4018	1,4025	1,4031	1,4038	1,4044
79	1,4051	1,4058	1,4064	1,4071	1,4077	1,4084	1,4091	1,4097	1,4104	1,4111
80	1,4117	1,4124	1,4130	1,4137	1,4144	1,4150	1,4157	1,4164	1,4170	1,4177
81	1,4184	1,4190	1,4197	1,4204	1,4210	1,4217	1,4224	1,4231	1,4237	1,4244
82	1,4251	1,4257	1,4264	1,4271	1,4278	1,4284	1,4291	1,4298	1,4305	1,4311
83	1,4318	1,4325	1,4332	1,4338	1,4345	1,4352	1,4359	1,4365	1,4372	1,4379
84	1,4386	1,4393	1,4399	1,4406	1,4413	1,4420	1,4427	1,4433	1,4440	1,4447

Prozente Brix	Zehntel-Prozente ,0	,1	,2	,3	,4	,5	,6	,7	,8	,9
85	1,4454	1,4461	1,4468	1,4474	1,4481	1,4488	1,4495	1,4502	1,4509	1,4515
86	1,4522	1,4529	1,4536	1,4543	1,4550	1,4557	1,4564	1,4570	1,4577	1,4584
87	1,4591	1,4598	1,4605	1,4612	1,4619	1,4626	1,4633	1,4640	1,4646	1,4653
88	1,4660	1,4667	1,4674	1,4681	1,4688	1,4695	1,4702	1,4709	1,4716	1,4723
89	1,4730	1,4737	1,4744	1,4751	1,4758	1,4765	1,4772	1,4779	1,4786	1,4793
90	1,4800	1,4807	1,4814	1,4821	1,4828	1,4835	1,4842	1,4849	1,4856	1,4863
91	1,4870	1,4877	1,4884	1,4891	1,4898	1,4905	1,4912	1,4919	1,4926	1,4934
92	1,4941	1,4948	1,4955	1,4962	1,4969	1,4976	1,4983	1,4990	1,4997	1,5004
93	1,5012	1,5019	1,5026	1,5033	1,5040	1,5047	1,5054	1,5061	1,5069	1,5076
94	1,5083	1,5090	1,5097	1,5104	1,5112	1,5119	1,5126	1,5133	1,5140	1,5147
95	1,5155	1,5162	1,5169	1,5176	1,5183	1,5191	1,5198	1,5205	1,5212	1,5219
96	1,5227	1,5234	1,5241	1,5248	1,5255	1,5263	1,5270	1,5277	1,5285	1,5292
97	1,5299	1,5306	1,5313	1,5321	1,5328	1,5335	1,5342	1,5350	1,5357	1,5364
98	1,5372	1,5379	1,5386	1,5393	1,5401	1,5408	1,5415	1,5423	1,5430	1,5437
99	1,5445	1,5452	1,5449	1,5467	1,5474	1,5481	1,5489	1,5496	1,5503	1,5511
100	1,5518	—	—	—	—	—	—	—	—	—

1. Feststellung des Quotienten ohne Rücksicht auf Raffinosegehalt.

Die folgende Vorschrift gilt in allen Fällen, unbeschadet ob Stärkezucker vorhanden ist oder nicht.

Man wägt das halbe Normalgewicht (13 g) vom Ablauf ab, löst es in einem Meßkolben von 100 ccm Raumgehalt in 75 ccm Wasser, setzt 5 ccm Salzsäure vom spezifischen Gewicht 1,19 zu und erwärmt auf 67–70° C. im Wasserbade. Auf dieser Temperatur wird der Kolbeninhalt noch 5 Minuten unter häufigem Umschütteln gehalten. Da das Anwärmen 2½ bis 5 Minuten dauern kann, wird die Arbeit im ganzen 7½ bis 10 Minuten in Anspruch nehmen; in jedem Falle soll sie in 10 Minuten beendet sein. Man füllt nach dem Erkalten zur Marke auf, verdünnt darauf 50 ccm von den 100 ccm zum Liter, nimmt davon 25 ccm (entsprechend 0,1625 g des Ablaufs) in einen Erlenmeyerschen Kolben und setzt, um die vorhandene freie Säure abzustumpfen, 25 ccm einer Lösung von kohlensaurem Natrium zu, welche durch Lösen von 1,7 g wasserfreiem Salze zum Liter bereitet ist. Darauf versetzt man mit 50 ccm Fehlingscher Lösung (Anlage A II 1), erhitzt in derselben Weise wie bei einer Invertzuckerbestimmung zum Sieden und hält die Flüssigkeit genau 2 Minuten im Kochen. Das Anwärmen der Flüssigkeit soll möglichst rasch mittels eines guten Dreibrenners geschehen und unter Benutzung eines Drahtnetzes mit übergelegter ausgeschnittener Asbestpappe 3½ bis 4 Minuten in Anspruch nehmen; sobald die Flüssigkeit kräftig siedet, wird der Dreibrenner mit einem Einbrenner vertauscht. Nach dem Erhitzen verdünnt man die Flüssigkeit in dem Kolben mit der gleichen Raummenge luftfreien kalten Wassers und verfährt im übrigen genau nach dem für Invertzuckerbestimmung bekannten Verfahren der Gewichtsanalyse mittels Reduktion des Kupferoxyduls im Wasserstoffstrom oder Ausfällung des Kupfers aus der salpetersauren Lösung des Kupferoxyduls auf elektrolytischem Wege. Zur Berechnung des Ergebnisses aus der gefundenen Kupfermenge ist ausschließlich die nachfolgende Tafel zu benutzen, welche den Rohrzuckergehalt unmittelbar in Prozenten angibt. Die Umrechnung des Invertzuckers in Rohrzucker ist demnach nicht erforderlich.

Tafel 3
zur Berechnung des Rohrzuckergehalts aus der gefundenen Kupfermenge bei 2 Minuten Kochdauer und 0,1625 g Ablauf.

Kupfer mg	Rohrzucker %	Kupfer mg	Rohrzucker %	Kupfer mg	Rohrzucker %	Kupfer mg	Rohrzucker %
79	23,57	120	36,74	161	49,60	202	62,77
80	23,88	121	36,98	162	49,91	203	63,08
81	24,12	122	37,35	163	50,22	204	63,45
82	24,43	123	37,66	164	50,58	205	63,75
83	24,74	124	37,97	165	50,83	206	64,06
84	25,05	125	38,28	166	51,20	207	64,43
85	25,35	126	38,58	167	51,51	208	64,80
86	25,66	127	38,89	168	51,82	209	65,05
87	25,97	128	39,20	169	52,12	210	65,42
88	26,28	129	39,51	170	52,43	211	65,78
89	26,52	130	39,82	171	52,80	212	66,03
90	27,45	131	40,18	172	53,11	213	66,40
91	27,69	132	40,43	173	53,42	214	66,77
92	28,00	133	40,74	174	53,72	215	67,08
93	28,31	134	41,11	175	54,03	216	67,38
94	28,62	135	41,42	176	54,34	217	67,69
95	28,92	136	41,66	177	54,65	218	68,06
96	29,23	137	42,03	178	55,01	219	68,37
97	29,54	138	42,34	179	55,32	220	68,68
98	29,85	139	42,65	180	55,63	221	69,05
99	30,15	140	42,95	181	55,94	222	69,42
100	30,46	141	43,26	182	56,25	223	69,66
101	30,83	142	43,57	183	56,62	224	70,03
102	31,08	143	43,88	184	56,86	225	70,40
103	31,38	144	44,18	185	57,17	226	70,71
104	31,75	145	44,49	186	57,54	227	71,02
105	32,06	146	44,86	187	57,85	228	71,38
106	32,31	147	45,11	188	58,15	229	71,69
107	32,68	148	45,48	189	58,52	230	72,00
108	33,05	149	45,78	190	58,83	231	72,37
109	33,29	150	46,15	191	59,14	232	72,68
110	33,60	151	46,40	192	59,45	233	73,05
111	33,91	152	46,77	193	59,82	234	73,35
112	34,22	153	47,08	194	60,18	235	73,66
113	34,58	154	47,32	195	60,43	236	74,03
114	34,83	155	47,69	196	60,80	237	74,34
115	35,14	156	48,00	197	61,17	238	74,71
116	35,51	157	48,37	198	61,42	239	75,02
117	35,75	158	48,62	199	61,78	240	75,38
118	36,06	159	48,98	200	62,15	241	75,69
119	36,43	160	49,29	201	62,46	242	76,00

Kupfer mg	Rohrzucker %	Kupfer mg	Rohrzucker %	Kupfer mg	Rohrzucker %	Kupfer mg	Rohrzucker %
243	76,37	249	78,40	255	80,37	261	82,40
244	76,68	250	78,71	256	80,74	262	82,71
245	77,05	251	79,02	257	81,05	263	83,08
246	77,35	252	79,38	258	81,35	264	83,45
247	77,72	253	79,69	259	81,72	265	83,69
248	78,03	254	80,06	260	82,09	266	84,06

Bei der Berechnung des Quotienten sind im Endergebnisse die Bruchteile auf Zehntel abzurunden, und zwar, wenn die zweite Stelle nach dem Komma weniger als 5 beträgt, nach unten, anderenfalls nach oben.

Beispiel: 25 ccm des invertierten Zuckerablaufs, enthaltend 0,1625 g des Ablaufs, geben bei der Reduktion 171 mg Kupfer; diese entsprechen 52,80 Prozent Zucker. Angenommen, der Ablauf zeige 74,6 Prozent Brix, so ist sein Quotient 70,77 oder abgerundet 70,8.

2. Feststellung des Quotienten der Zuckerabläufe mit Rücksicht auf Raffinosegehalt.

a) Besteht Sicherheit darüber, daß der Gehalt an Invertzucker 2 vom Hundert nicht erreicht, so bedarf es außer der Feststellung der Prozente Brix nur der Bestimmung der Polarisation nach Anlage A und C vor und nach der Inversion, bezogen auf das ganze Normalgewicht. Die Inversion ist nach dem unter 1. beschriebenen Verfahren auszuführen. Bezeichnen P und J die Polarisationsgrade, so ist

der Gehalt an Zucker $Z = \frac{0,5124 \,.\, P - J}{0,839}$.

Will man außerdem den Gehalt an Raffinosehydrat ermitteln, so dient dazu die Formel $R = \frac{P - Z}{1,572}$.

Beispiel: Für einen Ablauf von 56,2 Prozent Brix, 56,6° direkter Polarisation und — 13,1° Polarisation nach der Inversion (bezogen auf das ganze Normalgewicht) berechnet sich der Zuckergehalt auf $Z = \frac{0,5124 \,.\, 56,6 - (-13,1)}{0,839} = 50,18$ oder abgerundet 50,2 Prozent; der Gehalt an Raffinosehydrat auf $R = \frac{56,6 - 50,2}{1,572} = 4,07$ oder abgerundet 4,1 Prozent; der Quotient auf $Q = \frac{100 \,.\, 50,2}{56,2} = 89,32$ oder abgerundet 89,3.

b) Bei einem Gehalte von 2 vom Hundert Invertzucker und darüber muß statt der direkten Polarisation (P) des vorigen Verfahrens die Bestimmung des Gesamtzuckers in dem invertierten Ablauf mittels Fehlingscher Lösung treten.

Nachdem die Prozente Brix ermittelt worden sind, bestimmt man den Gehalt des Ablaufs an Zucker (Z), indem man die durch den invertierten Ablauf aus Fehlingscher Lösung abgeschiedene Menge Kupfer (Cu) nach den Vorschriften des Abschnitts 1 und die Inversionspolarisation (J) — bezogen auf das ganze Normalgewicht — feststellt.

Der Berechnung ist die folgende Formel zu grunde zu legen:

$$Z = \frac{582,98 \,.\, Cu - J \,.\, F_2}{0,9491 \,.\, F_1 + 0,3266 \,.\, F_2'}$$

in welcher F_1 und F_2 die Reduktionsfaktoren einerseits des invertierten Rohrzuckers, andererseits der invertierten Raffinose bedeuten. Nachstehend sind diese Werte unter der Voraussetzung, daß nur Zucker, Invertzucker und Raffinose vorhanden sind, für die hauptsächlich in Betracht kommenden Kupfermengen von 0,120 bis 0,230 g berechnet und ist die Formel durch Einsetzung der berechneten Werte vereinfacht worden.

Für Cu = 120 mg ist	Z = 247,0 . Cu — 0,608 . J
130 mg	Z = 247,4 . Cu — 0,607 . J
140 mg	Z = 247,7 . Cu — 0,606 . J
150 mg	Z = 248,1 . Cu — 0,605 . J
160 mg	Z = 248,4 . Cu — 0,604 . J
170 mg	Z = 248,7 . Cu — 0,604 . J
180 mg	Z = 249,2 . Cu — 0,604 . J
190 mg	Z = 249,7 . Cu — 0,604 . J
200 mg	Z = 250,0 . Cu — 0,604 . J
210 mg	Z = 250,4 . Cu — 0,605 . J
220 mg	Z = 251,2 . Cu — 0,606 . J
230 mg	Z = 251,7 . Cu — 0,607 . J.

Da die Reduktionsfaktoren sich nur sehr langsam ändern, so genügt die vorstehende Berechnung von 0,01 zu 0,01 g Kupfer. Milligramme Kupfer rundet man beim Aufsuchen des entsprechenden Wertes in der Tafel auf Zentigramme ab, und zwar unterhalb 5 nach unten, anderenfalls nach oben.

Den Gehalt an Raffinosehydrat findet man nach der Formel

$$R = (1,054 \,.\, J + 0,344 \,.\, Z) \,.\, 1,178.$$

Beispiel: Der Ablauf habe eine Inversionspolarisation J = — 8,5° und eine Menge Kupfer — nach der Inversion und bezogen auf 0,1625 g — Cu = 0,184 g ergeben. Dann ist aus der Tafel für Cu = 180 mg der Wert

$Z = 249{,}2 \,.\, Cu - 0{,}604 \,.\, J$ oder

$Z = 249{,}2 \,.\, 0{,}184 - 0{,}604 \,.\, (-8{,}5)$

$Z = 50{,}98$ Prozent oder abgerundet 51,0 Prozent.

Daraus berechnet sich nach obiger Raffinoseformel der Gehalt an Raffinosehydrat

$R = [1{,}054 \,.\, (-8{,}5) + 0{,}344 \,.\, 51{,}0] \,.\, 1{,}178 = 10{,}11$ Prozent oder abgerundet $= 10{,}1$ Prozent.

Schlußbestimmung.

Über jede Untersuchung ist eine Befundsbescheinigung auszustellen und der Amtsstelle, welche die Probe eingesendet hat, zu übermitteln. Die Bescheinigung hat außer der genauen Bezeichnung der Probe sowie einem Vermerk über die Art der verwendeten Meßgeräte zu enthalten:

1. in den eingangs unter a bezeichneten Fällen:
   α) wenn der Invertzuckergehalt 2 vom Hundert nicht erreicht: das Ergebnis der Prüfung auf Invertzuckergehalt, die Prozente Brix oder die Dichte bei 20° und die daraus berechneten Prozente Brix, die direkte Polarisation und den berechneten Quotienten;

   β) wenn der Invertzuckergehalt 2 oder mehr vom Hundert beträgt: das Ergebnis der Prüfung auf Invertzuckergehalt, die Prozente Brix oder die Dichte bei 20° und die daraus berechneten Prozente Brix, die nach dem Verfahren unter 1 gefundene Kupfermenge und den sich daraus ergebenden Gesamtzuckergehalt, schließlich den berechneten Quotienten;
2. in den eingangs unter b bezeichneten Fällen: wie zu 1 *β*;
3. in den eingangs unter c bezeichneten Fällen:
   α) wenn der Invertzuckergehalt 2 vom Hundert nicht erreicht: das Ergebnis der Prüfung auf Invertzuckergehalt, die Prozente Brix oder die Dichte bei 20° und die daraus berechneten Prozente Brix, die Polarisation des Ablaufs vor und nach der Inversion — bezogen auf das ganze Normalgewicht —, den nach dem Verfahren unter 2a ermittelten Gehalt an Zucker, gegebenenfalls den an Raffinosehydrat, schließlich den berechneten Quotienten;

   β) wenn der Invertzuckergehalt 2 oder mehr vom Hundert beträgt: das Ergebnis der Prüfung auf Invertzuckergehalt, die Prozente Brix oder die Dichte bei 20° und die daraus berechneten Prozente Brix, die gefundene Kupfermenge, die Polarisation nach der Inversion — bezogen auf das ganze Normalgewicht , die nach 2 b berechnete Menge Zucker und gegebenenfalls des Raffinosehydrats, schließlich den berechneten Quotienten.

Anleitung
zur Bestimmung der Polarisation.

Zur Bestimmung der Polarisation für Zwecke der Steuerverwaltung darf nur ein Halbschattensaccharimeter benutzt werden. Für dieses entspricht bei Beobachtung im 200 mm-Rohre ein Grad Drehung einem Gehalte von 0,26 g Zucker in 100 ccm Flüssigkeit bei der Normaltemperatur von 20° C.; eine Zuckerlösung, welche in 100 ccm 26 g — das sogenannte Normalgewicht — Zucker enthält, bewirkt sonach eine Drehung von 100 Grad. Demgemäß zeigen, wenn man im 200 mm-Rohre eine Lösung untersucht, welche in 100 ccm 26 g der Probe enthält, die Grade der Skala die Prozente Zucker an. Wendet man nur die Hälfte des Normalgewichts zur Untersuchung an, so müssen die abgelesenen Grade verdoppelt werden, um Prozente Zucker zu erhalten. Dasselbe gilt für diejenigen Fälle, in denen die Untersuchung einer, das ganze Normalgewicht enthaltenden Lösung in einem 100 mm-Rohre erfolgt. Andererseits machen Untersuchungen von Lösungen des doppelten Normalgewichts im 200 mm-Rohre, sowie von solchen des einfachen Normalgewichts im 400 mm-Rohre die Halbierung der abgelesenen Grade erforderlich.

Die Untersuchungen sind namentlich bei Polarisationen nach der Inversion, möglichst bei der vorangegebenen Normaltemperatur vorzunehmen.

Bei der Polarisation ist wie folgt zu verfahren:

Man stellt auf einer geeigneten Wage zunächst das Gewicht einer Messingschale oder eines zur Aufnahme des zu untersuchenden Zuckers dienenden, zweckmäßig an den beiden Langseiten umgebogenen Kupferblechs fest und wägt darauf das Normalgewicht, 26 g, des zu untersuchenden Zuckers ab. Falls die Zuckerprobe nicht gleichmäßig gemischt ist, ist es notwendig, sie vor dem Abwägen unter Zerdrücken der etwa vorhandenen Klumpen gut durchzurühren. Die Wägung muß mit einer gewissen Schnelligkeit geschehen, weil sonst, besonders in warmen Räumen, die Probe Wasser abgeben kann, wodurch die Polarisation erhöht wird. Man löst die abgewogene Zuckermenge alsdann in der Messingschale auf oder schüttet sie vom Kupferblech durch einen Trichter in einen Meßkolben von 100 ccm Raumgehalt, spült anhängende Zuckerteilchen mit etwa 80 ccm destilliertem Wasser von Zimmerwärme, welches man einer Spritzflasche entnimmt, nach und bewegt die Flüssigkeit im Kolben unter leisem Schütteln und Zerdrücken größerer Klümpchen mit einem Glasstabe so lange, bis der Zucker sich vollständig gelöst hat. Am Glasstabe haftende Zuckerlösung wird beim Entfernen des Stabes mit destilliertem Wasser ins Kölbchen zurückgespült, und dieses eine halbe Stunde lang in Wasser von 20° C. gestellt. Hierauf wird die Flüssigkeit im Kolben mittels destillierten Wassers genau bis zu der Marke aufgefüllt. Zu diesem Zwecke hält man den Kolben in senkrechter Stellung gegen das Licht so vor sich, daß in der Höhe des Auges die Kreislinie der Marke sich als eine gerade Linie darstellt, und setzt tropfenweise destilliertes Wasser zu, bis der untere, dunkel erscheinende Rand der gekrümmten Oberfläche der Flüssigkeit im Kolbenhalse in eine Linie mit dem als Marke dienenden Ätzstrich fällt. Nach dem Auffüllen ist der Kolbenhals mit Filtrierpapier zu trocknen und die Flüssigkeit durch Schütteln gut mindestens 1 bis 2 Minuten lang durchzumischen.

Zuckerlösungen, welche nach der weiterhin zu erwähnenden Filtrierung nicht klar oder noch so dunkel gefärbt sind, daß sie im Polarisationsapparate nicht hinlänglich durchsichtig sind, müssen vor dem Auffüllen zur Marke geklärt oder, wenn erforderlich, entfärbt werden.

Die Klärung geschieht in der Regel durch Zusatz von 3 bis 5 ccm eines dünnen Breies von Tonerdehydrat nebst 1 bis 3 ccm Bleiessig. Gelingt die Klärung auf diese Weise nicht, so ist der Bleiessigzusatz vorsichtig zu vermehren, jedoch nur soweit, daß jeder neu hinzugesetzte Tropfen Bleiessig noch einen Niederschlag hervorruft.

Nach der Klärung wird der innere Teil des Halses des Kölbchens mit destilliertem Wasser mittels einer Spritzflasche abgespült und die Lösung in der oben angegebenen Weise bis zur Marke aufgefüllt. Hierauf wird die im Halse des Kölbchens etwa noch anhaftende Flüssigkeit mit Fließpapier abgetupft, die Öffnung des Kölbchens durch Andrücken eines Fingers geschlossen und der Inhalt durch wiederholtes Umkehren und Schütteln des Kolbens gut durchgemischt.

Bezüglich der Klärung gelten folgende allgemeine Bemerkungen:

1. Die Flüssigkeit braucht um so weniger entfärbt zu sein, je größer die Lichtstärke der Lampe ist, welche zur Beleuchtung des Polarisationsapparats dient. Man bedient sich einer Glühlichtlampe (Spiritus oder Gas) oder einer Petroleumlampe, im Notfall auch einer gewöhnlichen Gaslampe oder einer elektrischen Lampe, welche zu dem vorliegenden Zwecke zugerichtet ist. Doch ist ein

chromsäurehaltiges Strahlenfilter zwischen Lichtquelle und Auge einzuschalten.

2. Bleiessig darf nie in allzu großer Menge zugesetzt werden. Bei einiger Übung lernt man sehr bald erkennen, wann mit dem Bleiessigzusatz aufgehört werden muß.
3. Die Wirkung des Klärmittels ist um so besser, je kräftiger die Flüssigkeit nach dem Auffüllen zur Marke durchgeschüttelt wird.

Man schreitet alsdann zur Filtrierung der Flüssigkeit mittels eines in einen Glastrichter eingesetzten Papierfilters. Der Trichter wird auf einen sogenannten Filtrierzylinder, welcher die Flüssigkeit aufnimmt, gesetzt und, um Verdunstung zu verhüten, mit einer Glasplatte oder einem Uhrglase bedeckt. Trichter und Zylinder müssen ganz trocken sein; ein Feuchtigkeitsgehalt würde eine nachträgliche Verdünnung der Zuckerlösung bewirken.

Zweckmäßig wird das Filter so groß hergestellt, daß man die 100 ccm Flüssigkeit auf einmal aufgeben kann; auch empfiehlt es sich, falls das Papier nicht sehr dick ist, ein doppeltes Filter anzuwenden. Die ersten durchlaufenden Tropfen werden weggegossen, weil sie trübe sind und durch den Feuchtigkeitsgehalt des Filtrierpapiers beeinflußt sein können. Ist das nachfolgende Filtrat trübe, so muß es auf das Filter zurückgegossen werden, bis die Flüssigkeit klar durchläuft. Es ist dringend notwendig, diese Vorsichtsmaßregel nicht zu verabsäumen, da nur mit ganz klaren Flüssigkeiten sich sichere polarimetrische Beobachtungen anstellen lassen.

Nachdem auf die beschriebene Weise eine klare Lösung erzielt worden ist, wird das Rohr, welches zur polarimetrischen Beobachtung dienen soll, mit dem dazu erforderlichen Teile der im Filtrierzylinder aufgefangenen Flüssigkeit gefüllt.

In der Regel ist ein 200 mm-Rohr zu benutzen; wird dabei eine genügende Klarheit des Bildes im Polarisationsapparat nicht erreicht, so ist die Benutzung eines 100 mm-Rohres vorzuziehen.

Die Beobachtungsrohre sind aus Messing oder Glas gefertigt; ihr Verschluß an beiden Enden wird durch runde Glasplatten, sogenannte Deckgläschen, bewirkt. Festgehalten werden die Deckgläschen entweder durch aufzusetzende Schraubenkapseln oder durch federnde Kapseln, welche über das Rohr geschoben und von den Federn festgehalten werden.

Die Rohre müssen gut gereinigt und getrocknet sein. Die Reinigung geschieht zweckmäßig durch wiederholtes Ausspülen mit Wasser und Nachstoßen eines trocknen Pfropfens aus Papier oder entfetteter Watte mittels eines Holzstabs. Die Deckgläser müssen blank geputzt sein und dürfen keine fehlerhaften Stellen oder Schrammen zeigen. Beim Füllen des

Rohres ist seine Erwärmung durch die Hand zu vermeiden. Man faßt deshalb das unten geschlossene Rohr am oberen Teile nur mit zwei Fingern an, gießt es so voll, daß die Flüssigkeitskuppe die obere Öffnung überragt, wartet kurze Zeit, um etwa entstandenen Luftblasen Zeit zum Aufsteigen zu lassen — was durch sanftes Aufstoßen des senkrecht gehaltenen Rohres beschleunigt wird —, und schiebt das Deckgläschen von der Seite in wagerechter Richtung über die Öffnung des Rohres. Das Aufschieben muß so schnell und sorgfältig ausgeführt werden, daß unter dem Deckgläschen keine Luftblase entstehen kann. Ist das Überschieben das erste Mal nicht befriedigend ausgefallen, so muß es wiederholt werden, nachdem man das Deckgläschen wieder geputzt und getrocknet und die Kuppe der Zuckerlösung an der Mündung des Rohres durch Hinzufügen einiger Tropfen der Flüssigkeit wiederhergestellt hat. Nach dem Aufschieben des Deckgläschens wird das Rohr mit der Kapsel verschlossen. Erfolgt der Verschluß mit einer Schraubenkapsel, so ist mit Sorgfalt darauf zu achten, daß diese nur soweit angezogen wird, daß das Deckgläschen nur eben in fester Lage sich befindet; ist das Deckgläschen zu fest angezogen, so kann es optisch aktiv werden, und man erhält bei der Polarisation ein unrichtiges Ergebnis. Ist die Schraube zu stark angezogen worden, so genügt es nicht, sie zu lockern, sondern man muß auch längere Zeit warten, bevor man die Polarisation vornimmt, da die Deckgläschen das angenommene Drehungsvermögen zuweilen nur langsam wieder verlieren. Um sicher zu gehen, wiederholt man alsdann die Beobachtung mehrere Male nach Verlauf von je 10 Minuten, bis das Ergebnis eine Änderung nicht mehr erleidet.

Nachdem das Rohr gefüllt ist, hält man es gegen das Licht und überzeugt sich, ob das Gesichtsfeld kreisrund erscheint, und ob insbesondere keine Teile des zur Milderung der Pressung des Deckgläschens eingelegten Gummiringes über den inneren Metallrand der Verschlußkapsel hervorragen. Zeigen sich solche Gummiteile, so ist ein anderes trockenes Rohr unter Verwendung eines weiter ausgeschnittenen Gummiringes mit der Flüssigkeit zu füllen. Sodann wird der Polarisationsapparat zur Beobachtung bereit gemacht. Dieser soll in einem Raum aufgestellt werden, welcher möglichst ein Wärme von 20° C. zeigt und welcher durch Verhängen der Fenster und dergleichen nach Möglichkeit verdunkelt ist, damit das Auge bei der Beobachtung durch seitliche Lichtstrahlen nicht gestört wird. Es ist darauf zu achten, daß die zum Apparat gehörige Lampe in gutem Stande sei. Man stellt die Lampe in einer Entfernung von 15 bis 20 cm vom Apparat auf. Nach dem Anzünden wartet man mindestens eine Viertelstunde, ehe man zur Polarisation schreitet. Jede Veränderung der Beschaffenheit der Flamme oder der Entfernung der

Lampe vom Apparat, also jedes Hoch- oder Niedrigschrauben des Dochtes oder der Flamme, jedes Vorwärtsschieben oder Drehen der Lampe beeinflußt das Ergebnis der Beobachtung.

Durch Verschiebung des Fernrohrs, welches an dem vorderen Ende des Apparats sich befindet, stellt man diesen alsdann so ein, daß die Linie, welche das Gesichtsfeld im Apparat in zwei Teile teilt, scharf zu erkennen ist. Man drückt dabei das Auge nicht an das Augenglas des Fernrohrs an, sondern hält es 1 bis 3 cm davon ab und sorgt dafür, daß der Körper während der Beobachtung in bequemer Stellung sich befindet, da jede unnatürliche Stellung zu einer störenden Anstrengung des Auges führt. Wenn der Apparat richtig eingestellt ist, muß daß Gesichtsfeld kreisrund und scharf begrenzt erscheinen. Man beruhige sich niemals mit einer unvollkommenen Erfüllung dieser Vorbedingung, sondern ändere die Stellung der Lampe des Apparats oder des Fernrohres so lange, bis man das bezeichnete Ziel erreicht hat.

Man überzeugt sich zunächst von der Richtigkeit des Apparats, indem man die Polarisation einer Quarzplatte bestimmt, deren Drehungswert bekannt ist. Man legt die Platte so in den vorderen Teil des Apparats hinein, daß sie dem Beobachter zugekehrt ist, schließt den Deckel des Apparats und schreitet nun zur Beobachtung, indem man die Schraube unterhalb des Fernrohrs hin und her spielen läßt, bis die beiden durch die Linie getrennten Hälften des Gesichtsfeldes gleich beschattet erscheinen.

Das Ergebnis der Nullpunktablesung wird in folgender Weise festgestellt. Man liest an der mit einem Nonius versehenen Skala des Apparats, welche man durch Verschiebung eines Spiegels scharf sichtbar machen kann, das Ergebnis der Einstellung ab. Auf dem festliegenden Nonius ist der Raum von 9 Teilen der Skala in 10 gleiche Teile geteilt. Auf der Skala liest man die ganzen Grade von 0 bis zum letzten Gradstriche vor dem Nullpunkte des Nonius ab, die Teilung des Nonius wird zur Ermittelung der zuzuzählenden Zehntel benutzt; diese sind durch die Nummer desjenigen Noniensstrichs gegeben, welcher sich mit einem der Striche der Skala deckt. Wenn der Apparat richtig ist, so muß die gefundene Drehung mit dem bekannten Polarisationswerte der Quarzplatte übereinstimmen. Ist dies nicht der Fall, so muß die Abweichung bei der Polarisation der Zuckerprobe in Anrechnung gebracht werden.

Man begnügt sich nicht mit einer Einstellung, sondern macht mindestens 6 Einstellungen und berechnet das Mittel der dabei gefundenen Abweichungen. Geben einzelne Ablesungen eine Abweichung von mehr als $^{3}/_{10}$ Teilstrichen von dem Durchschnitte, so werden sie als unrichtig ganz außer Betracht gelassen. Zwischen je zwei Beobachtungen gönnt man dem Auge 20 bis 40 Sekunden Ruhe.

Nachdem die Prüfung des Apparats stattgefunden hat, wird das Rohr mit der Zuckerlösung in den Apparat gelegt. Man wiederholt jetzt die Scharfeinstellung des Fernrohrs, bis die Linie, welche das Gesichtsfeld teilt, wieder deutlich sichtbar und ein scharfes kreisrundes Bild des Gesichtsfeldes erzielt wird. Bleibt das Gesichtsfeld auch nach Veränderung der Einstellung getrübt, so muß die ganze Untersuchung noch einmal von vorn begonnen werden. Hat man dagegen ein klares Bild erzielt, so dreht man die unter dem Fernrohre befindliche Schraube wieder so lange, bis gleiche Beschattung eingetreten ist. Hierauf liest man an der Skala denjenigen Grad, welcher dem Nullpunkte des Nonius vorangeht, und an letzterem die Zehntelgrade ab. Wiederum führt man die einzelnen Beobachtungen mit Zwischenräumen von 10 bis 40 Sekunden so lange aus, bis 5 oder 6 derselben untereinander um nicht mehr als $^3/_{10}$ Grade abweichen; als Endergebnis der Polarisation nimmt man den Durchschnitt der so ermittelten Werte. Ergab die Prüfung der Quarzplatte nicht den richtigen Wert, so muß man die Abweichung berücksichtigen, und zwar hinzurechnen, wenn die Polarisation zu niedrig, und abziehen, wenn sie zu hoch war.

Anleitung
zur Ermittelung des Zuckergehalts von zuckerhaltigen Waren.

Nach §§ 2, 3 der Anlage D darf für zuckerhaltige Waren mit den dort gedachten Ausnahmen die Vergütung der Zuckersteuer nur gewährt werden, wenn die Waren ohne Mitverwendung von Honig, Abläufen, Rübensäften und Stärkezucker hergestellt sind. Während die Nichtverwendung dieser Stoffe im allgemeinen durch die Überwachung der Fabrik und die Einsicht der Betriebsbücher ausreichend gesichert erscheint, ist die Nichtverwendung von Stärkezucker auch durch die chemische Untersuchung von Proben der Waren auf Stärkezuckergehalt festzustellen, und zwar soll das Vorhandensein von Stärkezucker angenommen werden, wenn für 100° Rechtsdrehung, welche sich aus der direkten Polisarisation berechnet, die Linksdrehung der zu untersuchenden Lösung nach der Inversion 28° oder weniger beträgt.

Der Zuckergehalt der stärkezuckerfreien zuckerhaltigen Waren ist auf verschiedene Weise festzustellen, je nachdem sie weniger als zwei vom Hundert oder mindestens zwei vom Hundert Invertzucker enthalten. Infolgedessen ist zunächst die Untersuchung auf Invertzuckergehalt nach den Vorschriften des Abschnitts II 1 der Anlage A mit der Abweichung vorzunehmen, daß die mit der Fehlingschen Lösung zu kochende Zuckerlösung nicht 10 g der Probe, sondern 10° Polarisation zu entsprechen hat.

Von zuckerhaltigen Waren, welche weniger als zwei vom Hundert Invertzucker enthalten, wird der Zuckergehalt nach dem Clergetschen Verfahren festgestellt, wobei die Inversion genau nach den bezüglichen Vorschriften unter 1 der Anlage B zu bewirken, die Polarisation nach den Vorschriften in der Anlage C auszuführen ist.

Zur Berechnung des Zuckergehalts Z dient die Formel

$$Z = \frac{100\,(P - J)}{C - {}^1/_2\,t}.$$

P ist die Polarisation vor der Inversion, bezogen auf eine Lösung des in dem ganzen Normalgewicht der zu untersuchenden Ware enthaltenen Zuckers zu 150 ccm und bestimmt im 200 mm-Rohr.

J bedeutet die Polarisation der vorstehenden Lösung nach der Inversion im 200 mm-Rohr.

Benutzt man zur Inversion die nämliche Lösung, welche zur ersten Polarisation gedient hat, was zweckmäßig ist, so genügt es wenn man hierzu 50 ccm der Lösung verwendet.

C ist ein Wert, der von der Menge des in der zu invertierenden Lösung wirklich vorhandenen Zuckers abhängt. Diese Menge erhält man mit hinreichender Annäherung durch Vervielfältigung der abgelesenen Polarisation vor der Inversion mit der Zahl Kubikzentimeter des zur Inversion benutzten Teiles der ursprünglichen Lösung und mit dem ganzen Normalgewicht in Gramm und durch Teilung mit 10000. Die so ermittelte Menge, abgerundet auf ganze Gramm, ergibt den Betrag von C aus der nachfolgenden Tafel:

Für g Zucker in 100 ccm	ist C einzusetzen mit
1	141,85
2	141,91
3	141,98
4	142,05
5	142,12
6	142,18
7	142,25
8	142,32
9	142,39
10	142,46
11	142,52
12	142,59
13	142,66

t ist die Temperatur während der Polarisation nach der Inversion im Polarisationsapparat in Graden Celsius.

Beispiel: Es sei der in dem halben Normalgewichte der Ware, 13 g, enthaltene Zucker zu 200 ccm gelöst; 100 ccm der Lösung entsprechen also dem $^1/_4$ Normalgewichte. Die abgelesene Polarisation vor der Inversion betrage bei Benutzung des 100 mm-Rohres $+ 7^0$. Sie ist demnach mit 4 und, weil das 100 mm-Rohr verwendet wurde, nochmals mit 2 zu vervielfältigen. Es ergibt sich $P = + 56^0$.

Von der Lösung seien 50 ccm zur Inversion benutzt. Die Polarisation nach der Inversion betrage bei Benutzung des 200 mm-Rohres $- 2{,}35^0$ und somit für die 100 ccm der obigen ursprünglichen Lösung $- 4{,}7^0$; da die Lösung dem $^1/_4$ Normalgewicht entspricht, so ist $J = -18{,}8^0$. Ferner ist die Menge des Zuckers, der in den zur Inversion verwendeten 50 ccm enthalten ist, $= \frac{26\,.\,14\,.\,50}{10000} = 1{,}82$. Damit findet sich aus der Tafel für C der Wert 141,91 und es wird nunmehr die Formel zur Berechnung des Zuckergehalts, falls die Temperatur während der Polarisation nach der Inversion 19^0 betrug, $Z = \frac{100\,(56 + 18{,}8)}{141{,}91 - 9{,}5} = 56{,}49$ oder abgerundet 56,5 Prozent.

Der Zuckergehalt derjenigen Waren, welche 2 vom Hundert oder mehr Invertzucker enthalten, ist nach dem unter 1 der Anlage B angegebenen Verfahren zu ermitteln. Zur Berechnung des Zuckergehalts dient die nachstehende

Tafel 4

zur Berechnung des Rohrzuckergehalts aus der gefundenen Kupfermenge bei 2 Minuten Kochdauer.

Cu mg	Rohrzucker mg	Cu mg	Rohrzucker mg	Cu mg	Rohrzucker mg	Cu mg	Rohrzucker mg
32	16,2	42	20,8	52	25,6	62	30,2
33	16,6	43	21,3	53	26,0	63	30,7
34	17,1	44	21,8	54	26,5	64	31,2
35	17,6	45	22,2	55	27,0	65	31,6
36	18,0	46	22,7	56	27,4	66	32,1
37	18,4	47	23,2	57	27,8	67	32,6
38	18,9	48	23,7	58	28,3	68	33,1
39	19,4	49	24,1	59	28,8	69	33,5
40	19,9	50	24,6	60	29,3	70	34,0
41	20,3	51	25,1	61	29,7	71	34,5

Cu mg	Rohrzucker mg	Cu mg	Rohrzucker mg	Cu mg	Rohrzucker mg	Cu mg	Rohrzucker mg
72	35,0	117	58,1	162	81,1	207	104,7
73	35,4	118	58,6	163	81,6	208	105,3
74	35,9	119	59,2	164	82,2	209	105,7
75	36,4	120	59,7	165	82,7	210	106,3
76	36,9	121	60,1	166	83,2	211	106,9
77	37,3	122	60,7	167	83,7	212	107,4
78	37,8	123	61,2	168	84,2	213	107,9
79	38,3	124	61,7	169	84,7	214	108,5
80	38,8	125	62,2	170	85,2	215	109,0
81	39,2	126	62,7	171	85,8	216	109,5
82	39,7	127	63,2	172	86,3	217	110,0
83	40,2	128	63,8	173	86,8	218	110,6
84	40,7	129	64,2	174	87,3	219	111,2
85	41,2	130	64,7	175	87,8	220	111,6
86	41,7	131	65,3	176	88,4	221	112,2
87	42,2	132	65,7	177	88,8	222	112,8
88	42,7	133	66,2	178	89,4	223	113,2
89	43,1	134	66,8	179	89,9	224	113,8
90	44,6	135	67,3	180	90,4	225	114,4
91	45,0	136	67,7	181	90,9	226	114,9
92	45,5	137	68,3	182	91,4	227	115,4
93	46,0	138	68,8	183	92,0	228	116,0
94	46,5	139	69,3	184	92,4	229	116,5
95	47,0	140	69,8	185	92,9	230	117,0
96	47,5	141	70,3	186	93,5	231	117,6
97	48,0	142	70,8	187	94,1	232	118,1
98	48,6	143	71,4	188	94,5	233	118,7
99	49,0	144	71,8	189	95,1	234	119,2
100	49,5	145	72,3	190	95,6	235	119,7
101	50,1	146	72,9	191	96,1	236	120,3
102	50,5	147	73,3	192	96,6	237	120,8
103	51,0	148	73,9	193	97,2	238	121,4
104	51,6	149	74,4	194	97,8	239	121,9
105	52,1	150	75,0	195	98,2	240	122,5
106	52,5	151	75,4	196	98,8	241	123,0
107	53,1	152	76,0	197	99,4	242	123,5
108	53,7	153	76,5	198	99,8	243	124,1
109	54,1	154	77,0	199	100,4	244	124,6
110	54,6	155	77,5	200	101,0	245	125,2
111	55,1	156	78,0	201	101,5	246	125,7
112	55,6	157	78,6	202	102,0	247	126,3
113	56,2	158	79,0	203	102,5	248	126,8
114	56,6	159	79,6	204	103,1	249	127,4
115	57,1	160	80,1	205	103,6	250	127,9
116	57,7	161	80,6	206	104,1	251	128,4

Cu mg	Rohrzucker mg	Cu mg	Rohrzucker mg	Cu mg	Rohrzucker mg	Cu mg	Rohrzucker mg
252	129,0	268	137,7	284	146,6	300	155,6
253	129,5	269	138,2	285	147,2	301	156,2
254	130,1	270	138,8	286	147,7	302	156,7
255	130,6	271	139,4	287	148,3	303	157,3
256	131,2	272	139,8	288	148,9	304	157,9
257	131,7	273	140,4	289	149,3	305	158,5
258	132,2	274	141,0	290	149,9	306	158,9
259	132,8	275	141,6	291	150,5	307	159,5
260	133,4	276	142,0	292	151,0	308	160,1
261	133,9	277	142,6	293	151,6	309	160,6
262	134,4	278	143,2	294	152,2	310	161,2
263	135,0	279	143,7	295	152,8	311	161,8
264	135,6	280	144,3	296	153,3	312	162,4
265	136,0	281	144,9	297	153,9		
266	136,6	282	145,4	398	154,5		
267	137,2	283	146,0	299	155,0		

Hierauf wird der Prozentgehalt an Zucker berechnet und demnächst der Gesamtgehalt als Rohrzucker in Prozenten der Probe ausgedrückt. Geringere Bruchteile als volle Zehntel-Prozente bleiben unberücksichtigt.

Bei der Herstellung der Lösung ist es in der Regel nicht zulässig, die festen Proben (Schokolade usw.) mit Wasser in einem Kölbchen bis zur Marke aufzufüllen, weil auch die unlöslichen Bestandteile einen gewissen Raum einnehmen und der hierdurch verursachte Fehler oft zu erheblich sein würde. Es ist daher in der Regel die Lösung erst nach der Filtrierung und dem Auswaschen des Rückstandes sowie nach Zusatz der Klärungsmittel zu einer bestimmten Raummenge aufzufüllen, oder durch die doppelte Polarisation einer auf 100 ccm und auf 200 ccm verdünnten Lösung die Raummenge der unlöslichen Anteile in Anrechnung zu bringen.

Für die Klärung können bestimmte Vorschriften nicht gegeben werden. Gute Dienste leistet Tonerdebrei oder Bleiessig mit darauffolgendem Zusatz einer gleich großen Menge kaltgesättigter Alaunlösung. Für die Inversionspolarisation erfolgt die Klärung zweckmäßig durch mit Salzsäure ausgewaschene Knochenkohle, deren Aufnahmevermögen für Zucker bekannt ist.

Im einzelnen ist noch folgendes hervorzuheben:

A. Schokolade und andere kokaohaltige Waren.

Man feuchtet das halbe Normalgewicht der auf einem Reibeisen zerkleinerten Probe je in einem 100- und 200 ccm-Kölbchen mit etwas Alkohol an und übergießt das Gemisch mit 75 ccm kaltem Wasser. Das Ganze bleibt unter öfterem Umschwenken ungefähr $^3/_4$ Stunden bei Zimmerwärme stehen. Alsdann füllt man genau zur Marke auf, schüttelt nochmals durch und filtriert. Die klaren Filtrate werden darauf im 200 mm-Rohre polarisiert. Bedeutet x die Raummenge der unlöslichen Anteile, a die Polarisation der Lösung im 100 ccm-Kölbchen, b diejenige im 200 ccm-Kölbchen, so ist

$$x = 100 \frac{a - 2b}{a - b}$$

und die tatsächliche Polarisation des halben Normalgewichts Schokolade für 100 ccm Lösung:

$$P = \frac{(100 - x)\,a}{100}.$$

B. Zuckerwerk.

a) Karamellen (Bonbons, Boltjes) mit Ausnahme der nicht vergütungsfähigen Gummibonbons.

Bei Karamellen, welche vom Anmelder als stärkezuckerhältig bezeichnet worden sind, ist durch die Untersuchung festzustellen, daß sie mindestens 80° Rechtsdrehung und mindestens 50 vom Hundert Zucker nach der vorstehend angegebenen Clergetschen Formel zeigen. Anderenfalls sind sie als nicht vergütungsfähig zu bezeichnen.

Karamellen, welche als stärkezuckerfrei angemeldet sind, müssen zunächst auf Stärkezuckergehalt geprüft werden. Ist kein Stärkezucker vorhanden, so erfolgt die Untersuchung ähnlich wie bei den Raffinadezeltchen.

b) Dragees (überzuckerte Samen und Kerne, auch unter Zusatz von Mehl).

Dragees werden ähnlich wie Schokolade ausgezogen.

c) Raffinadezeltchen (Zucker in Zeltchenform, auch mit Zusatz von ätherischen Ölen oder Farbstoffen).

Man löst das Normalgewicht der Probe im Meßkolben von 100 ccm Raumgehalt, füllt zur Marke auf und nimmt die Filtrierung erst nachträglich vor.

d) Schaumwaren (Gemenge von Zucker mit einem Bindemittel, wie Eiweiß, auch nebst einer Geschmacks- oder Heilmittelzutat).

Die durch Zerreiben zerkleinerte Probe wird wiederholt in der Wärme mit 70-prozentigem Branntwein ausgezogen. Die Auszüge werden filtriert; der Rückstand ist auf dem Filter mit 70-prozentigem Branntwein auszuwaschen. Die vereinigten Filtrate sind durch Eindampfen auf dem Wasserbade völlig von Alkohol zu befreien; der Rückstand wird mit Wasser in ein Kölbchen von 100 ccm Raumgehalt gespült. Nach Zusatz von Bleiessig und der doppelten Menge kaltgesättigter Alaunlösung wird bis zur Marke aufgefüllt und filtriert.

e) Dessertbonbons (Fondants usw. aus Zucker und Einlagen von Schachtelmus, Früchten usw.).

Die Probe wird in einem Meßkolben von 100 ccm Raumgehalt mit Wasser übergossen. Bleibt wenig Rückstand, so kann ohne weiteres zur Marke aufgefüllt werden; anderenfalls muß die Polarisation wie unter A bestimmt werden.

f) Marzipanmasse und Marzipanwaren (Zucker mit zerquetschten Mandeln).

Die Masse wird zweckmäßig mit kaltem Wasser in einer Porzellanschale zerrieben. Das Gemisch wird durch feine Gaze oder durch einen Wattebausch filtriert und der Rückstand mit Wasser nachgewaschen. Das milchig getrübte Filtrat wird geklärt und entsprechend aufgefüllt. Marzipan ist in der Regel frei von Invertzucker.

g) Kakes und ähnliche Backwaren.

Man übergießt das halbe Normalgewicht der fein zerriebenen Probe in einem Kolben von ungefähr 50 ccm Raumgehalt mit etwa 30 ccm kaltem Wasser und läßt das Ganze unter öfterem Umschwenken 1 Stunde stehen. Nach dieser Zeit filtriert man die überstehende Flüssigkeit mit Hilfe einer sehr schwach wirkenden Saugpumpe, zieht den Rückstand im Kolben noch mehrmals kürzere Zeit mit kaltem Wasser aus, bringt schließlich die unlöslichen Bestandteile mit auf das Filter und wäscht mehrmals mit kaltem Wasser nach. Die vereinigten klaren Auszüge werden auf 100 ccm aufgefüllt. Der Zuckergehalt der Lösung wird in allen Fällen nach dem für die Untersuchung solcher zuckerhaltigen Waren angegebenen Verfahren ermittelt, welche 2 vom Hundert Invertzucker und darüber enthalten.

h) Verzuckerte Süd- und einheimische Früchte glasiert oder kandiert; in Zuckerauflösungen eingemachte Früchte (Schachtelmus, Pasten, Kompott, Gallerte).

Sind die Waren stärkezuckerfrei, so ist die Bestimmung des Zuckers nach dem unter 1 in Anlage B gegebenen Verfahren auszuführen. Sind sie unter Verwendung von Stärkezucker eingemacht, so ist das weiter unten beschriebene Verfahren anzuwenden. Die Vorbereitung der Proben zur Untersuchung hat in folgender Weise zu geschehen:

Die für die Untersuchung entnommenen Früchte werden gewogen und in einen großen Trichter, in welchem sich ein Porzellansieb befindet, geschüttet. Man läßt die Zuckerlösung möglichst gut abtropfen und nimmt darauf, falls bei Steinobst die Steine vor dem Einmachen nicht entfernt worden waren, deren Entfernung vor. Die Steine werden möglichst vom Fruchtfleisch befreit, gewogen und ihr Gewicht von dem Gesamtgewicht abgezogen. Die etwa an den Händen haften gebliebenen Teile des Fruchtfleisches und der Zuckerlösung werden am zweckmäßigsten mit einem Messer entfernt und mit den Früchten in eine gut verzinnte Fleischhackmaschine oder eine andere geeignete Vorrichtung gebracht. Um einen gleichmäßigen Brei zu erzielen, läßt man die Masse mehrere Male durch die Maschine gehen, fügt alsdann die Zuckerlösung hinzu und schickt das Ganze noch 4 bis 5 Mal durch die Maschine. Beim Arbeiten nach diesem Verfahren kann nicht vermieten werden, daß kleine Mengen des Breies an den inneren Wandungen der Gefäße haften bleiben; doch sind diese im Vergleiche zum Gesamtgewichte so gering, daß sie, ohne das Ergebnis der Untersuchung wesentlich zu beeinträchtigen, vernachlässigt werden können. Will man jedoch auf diese Menge nicht verzichten, so spült man die betreffenden Gefäße mit etwa 100 ccm lauwarmem Wasser aus, fängt die Flüssigkeit für sich auf, füllt sie zu 100 ccm auf und bestimmt darin den Rohrzuckergehalt auf dieselbe Weise wie in der Hauptmenge. Die in diesen Resten ermittelte Rohrzuckermenge ist in entsprechender Weise zu berücksichtigen.

200 g des durch die Zerkleinerung erhaltenen Breies werden auf einer empfindlichen Tarierwage abgewogen und mit destilliertem Wasser auf 1 Liter verdünnt. Man läßt die Mischung unter häufigem Umschütteln 24 Stunden an einem kühlen Orte stehen und filtriert nach dem letzten Absetzen 200 ccm durch ein großes Faltenfilter.

Handelt es sich um glasierte oder kandierte Früchte, so werden diese unter sinngemäßer Abänderung des Verfahrens in gleicher Weise für die Untersuchung vorbereitet.

Zur Ausführung der Zuckerbestimmung werden bei stärkezuckerfreien

Früchten 50 ccm des nach obiger Anleitung erhaltenen Filtrates nach dem unter 1 der Anlage B vorgeschriebenen Verfahren invertiert und nach der Abstumpfung der Säuren mit einer Natriumkarbonatlösung, welche 10 g trockenes Natriumkarbonat im Liter enthält, mit Wasser zu 1 Liter aufgefüllt. 25 ccm dieser verdünnten Lösung dienen nach Zusatz von 25 ccm Wasser und 50 ccm Fehlingscher Lösung zur Zuckerbestimmung gemäß dem obengenannten Verfahren.

Bei stärkezuckerhaltigen Früchten werden

a) zur Bestimmung des reduzierenden Zuckers (Invertzucker + Stärkezucker) 100 ccm des Filtrats auf 500 ccm verdünnt; für gewöhnlich reicht dieser Grad der Verdünnung für die Ausführung der Bestimmung des reduzierenden Zuckers aus. Will man sich darüber Sicherheit verschaffen, so kocht man als Vorprobe 2 ccm Fehlingsche Lösung 2 Minuten lang mit 1 ccm des verdünnten Filtrats; wird dabei nicht alles Kupfer reduziert, so ist die Verdünnung hinreichend. Im anderen Falle müssen 25 ccm des verdünnten oder 5 ccm des ursprünglichen Filtrats auf 50 ccm aufgefüllt werden. Mit dieser Verdünnung wird alsdann in allen Fällen die Ausführung der Bestimmung des reduzierenden Zuckers möglich sein; dazu verwendet man 25 ccm der verdünnten Lösung, setzt 25 ccm Wasser und 50 ccm Fehlingsche Lösung zu und verfährt weiter nach 1 in Anlage B.

b) Die Bestimmung des Gesamtzuckers erfolgt in der gleichen Weise, wie die Zuckerbestimmung in den stärkezuckerfreien Früchten.

Der Gehalt der stärkezuckerhaltigen Früchte an Rohrzucker ergibt sich aus dem Unterschiede der auf 100 g Brei berechneten Mengen Rohrzucker vor und nach der Inversion.

Ist die bei der Zerkleinerung der Früchte an den inneren Gefäßwandungen haften gebliebene Menge des Breies besonders gesammelt und der Zuckergehalt darin ermittelt worden, so ist dieses Ergebnis bei der Berechnung entsprechend zu berücksichtigen.

Behufs Untersuchung von Schachtelmus, Pasten, Kompott, Gallerte u. dgl. werden 200 g der Ware in einer Porzellan-Reibschale mit Wasser zu einem gleichmäßigen Brei zerrieben und mit Wasser zu 1 Liter aufgefüllt. Die Untersuchung erfolgt weiter nach dem für stärkezuckerfreie gezuckerte Früchte angegebenen Verfahren.

C. Zuckerhaltige alkoholhaltige Flüssigkeiten.

Bei der Polarisation braucht der Alkohol nicht entfernt zu werden; vor der Inversion muß dies jedoch geschehen.

D. Flüssiger Raffinadezucker.

Der flüssige Raffinadezucker enthält in der Regel Invertzucker. Die Untersuchung kann sich darauf beschränken, festzustellen, daß mindestens ein Zuckergehalt von insgesamt 75 vom Hundert vorhanden ist.

E. Invertzuckersyrup.

Die Feststellung des Zuckergehalts erfolgt nach dem unter 1 in Anlage B angegebenen Verfahren.

F. Eingedickte Milch.

100 g der Milchprobe werden abgewogen, mit Wasser zu einer leicht flüssigen Masse verrührt und in einen Meßkolben von 500 ccm Raumgehalt gespült. Die Flüssigkeit wird darauf mit etwa 20 ccm Bleiessig versetzt, mit Wasser zu 500 ccm aufgefüllt, durchgeschüttelt und filtriert.

Vom Filtrat werden 75 ccm in einem Kolben von 100 ccm Raumgehalt gebracht und, wenn erforderlich, mit etwas Tonerdebrei versetzt. Darauf wird mit Wasser zur Marke aufgefüllt, filtriert und nach Anlage C polarisiert.

Ferner werden 75 ccm desselben Filtrats mit 5 ccm Salzsäure vom spezifischen Gewicht 1,19 versetzt, nach Vorschrift der Anlage B invertiert, zu 100 ccm aufgefüllt und filtriert, worauf wiederum die Polarisation für 20° C. bestimmt wird. Hiernach berechnet sich der Gehalt Z der eingedickten Milch an Rohrzucker aus der Gleichung

$$Z = 1{,}25\ (1{,}016\ .\ P - J),$$

worin P die vor der Inversion, J die nach der Inversion gefundene Polarisation bedeutet.

Beispiel: Die Polarisation P sei + 28,10; die Polarisation J werde zu — 0,30 ermittelt. Setzt man diese beiden Zahlenwerte für P und J in die eben angegebene Formel, so erhält man

$$Z = 1{,}25\ (1{,}016\ .\ 28{,}10 + 0{,}30) = 36{,}06.$$

Demnach ist der Gehalt der eingedickten Milch an Rohrzucker zu 36,1 vom Hundert anzunehmen.

Schlußbestimmung.

Über jede Untersuchung ist der Amtsstelle, welche die Probe eingesendet hat, eine Befundsbescheinigung zu übermitteln, welche außer der genauen Bezeichnung der Probe Angaben über die Art und das Ergebnis der Ermittelungen und den daraus berechneten in Hundertteilen anzugebenden Zuckergehalt sowie einen Vermerk über die Art der verwendeten Meßgeräte zu enthalten hat.

XI. Kakao und Kakaowaren.

Aus den Ausführungsbestimmungen zum Gesetz betr. die Vergütung des Kakaozolls bei der Ausfuhr von Kakaowaren vom 22. April 1892 (R.G.Bl. S. 601).
(Zentralblatt f. d. Deutsche Reich 1903, S. 429.)

§ 1. Für nachstehende Waren

a) Kakaomasse in Teig-, Pulver- oder sonstiger Form,
b) Schokolade, die aus Kakaomasse und Zucker (Rüben- oder Rohrzucker) besteht und mindestens 40 vom Hundert Kakaomasse enthält,
c) kakaohaltige Zuckerwaren, einschließlich der nicht unter b fallenden Schokolade, die mindestens 60 vom Hundert Kakaomasse und Zucker, darunter mindestens 10 vom Hundert Kakoomasse enthalten,
d) Haferkakao, welcher mindestens 33 1/3 vom Hundert Kakaomasse enthält,

wird, wenn zu ihrer Herstellung im freien Verkehre befindlicher Kakao verwendet worden ist, bei der Ausfuhr oder der Niederlegung in einer öffentlichen Niederlage oder in einem Privatlager unter amtlichem Mitverschluß der Zoll für den verwendeten Kakao nach Maßgabe der nachstehenden Bestimmungen vergütet.

Der Kakaomasse steht im Sinne dieser Ausführungsbestimmungen die Kakaobutter gleich.

§ 2. Die Kakaomasse muß ohne Beimischung von anderen Stoffen, insbesondere auch von Abfällen der Verarbeitung von Rohkakao (Staub, Grus, Schalen usw.) hergestellt sein.

Kakaopulver (Kakaomasse in Pulverform, mehr oder weniger entölt) darf bei der Herstellung zugesetzte Alkalien und medizinische Stoffe bis zu 3 vom Hundert enthalten.

Bei Schokolade (§ 1 unter b) ist ein Zusatz von Gewürzen und medizinischen Stoffen bis zu 2 vom Hundert gestattet.

Anleitung
zur chemischen Untersuchung von Kakaowaren.

1. Bestimmung des Wassers.

5 g der fein gepulverten Probe werden mit 20 g ausgeglühtem Seesande gemischt und bei 100 bis 105° C. getrocknet, bis keine Gewichtsabnahme mehr stattfindet. Der Gewichtsverlust wird als Wasser in Rechnung gesetzt.

2. Bestimmung der Gesamtasche und Bestimmung ihrer Alkalität.

5 g der Probe werden in einer ausgeglühten und gewogenen Platinschale durch eine mäßig starke Flamme verkohlt. Die Kohle wird mit heißem Wasser ausgelaugt, das Ganze durch ein möglichst aschefreies Filter oder ein solches von bekanntem Aschengehalt in ein kleines Becherglas filtriert und mit möglichst wenig Wasser nachgewaschen. Das Filter mit dem Rückstande wird alsdann in der Platinschale getrocknet und vollständig verascht, bis keine Kohle mehr sichtbar ist. Zu diesem Rückstande gibt man nach dem Erkalten der Schale das erste Filtrat hinzu, dampft auf dem Wasserbad unter Zusatz von kohlensäurehaltigem Wasser ein, setzt gegen Ende des Eindampfens nochmals mit Kohlensäure gesättigtes Wasser hinzu, dampft vollends zur Trockne, erhitzt bis zur Rotglut und wägt nach dem Erkalten. Die Asche wird alsdann mit 100 ccm heißem Wasser ausgezogen und in dem filtrierten Auszuge die Alkalität durch Titrieren mit Zehntelnormalsäure ermittelt.

3. Bestimmung des Zuckers und Nachweis des Stärkezuckers.

Das Verfahren regelt sich nach Anlage E der Zuckersteuer-Ausführungsbestimmungen.

4. Bestimmung und Prüfung des Fettes.

5 bis 10 g der wasserfreien Probe werden mit der vierfachen Menge Seesand innig verrieben, in eine doppelte Hülse von Filtrierpapier gebracht und im Soxhletschen Extraktionsapparate bis zur Erschöpfung, mindestens 10 bis 12 Stunden lang mit Äther ausgezogen. Sodann wird der Äther abdestilliert, der Rückstand eine Stunde im Wasserdampftrockenschranke getrocknet und nach dem Erkalten gewogen.

a) Bestimmung des Brechungsvermögens.

Die Bestimmung des Brechungsvermögens erfolgt mit dem Butterrefraktometer der Firma Karl Zeiß, optische Werkstätte in Jena, bei einer Wärme von 40° C. Über Einrichtung und Gebrauch des Refraktometers gibt die jedem Instrumente beigegebene Gebrauchsanweisung nähere Auskunft.

b) Bestimmung des Schmelzpunkts.

Zur Bestimmung des Schmelzpunkts wird das geschmolzene Kakaofett in ein an beiden Enden offenes, dünnwandiges Glasröhrchen von $^1/_2$ bis 1 mm Weite von U-Form aufgesaugt, so daß die Fettschicht in beiden Schenkeln gleich hoch steht. Das Glasröhrchen läßt man mindestens 24 Stunden auf Eis liegen, um das Fett völlig zum Erstarren zu bringen. Erst dann ist das Glasröhrchen mit einem geeigneten Thermometer in der Weise durch einen dünnen Kautschukschlauch zu verbinden, daß das in dem Glasröhrchen befindliche Fett sich in gleicher Höhe wie die Quecksilberkugel des Thermometers befindet. Das Thermometer wird darauf in ein etwa 3 cm weites Probierröhrchen, in welchem sich die zur Erwärmung dienende Flüssigkeit (Glycerin) befindet, hineingebracht, und die Flüssigkeit erwärmt. Das Erwärmen muß, um jedes Überhitzen zu vermeiden, sehr allmählich geschehen. Der Wärmegrad, bei welchem das Fettsäulchen vollkommen klar und durchsichtig geworden ist, gilt als Schmelzpunkt.

c) Bestimmung der Jodzahl nach von Hübl.

Erforderliche Lösungen.

1. Hüblsche Jodlösung. Es werden einerseits 25 g Jod, andererseits 30 g Quecksilberchlorid in je 500 ccm fuselfreiem Branntwein von 95 Raumprozent gelöst, letztere Lösung, wenn nötig, filtriert und beide Lösungen getrennt aufbewahrt. Die Mischung beider Lösungen erfolgt zu gleichen Teilen und soll mindestens 48 Stunden vor dem Gebrauche stattfinden.

2. Natriumthiosulfatlösung. Sie enthält im Liter etwa 25 g des Salzes. Zur Titerstellung löst man 3,870 g wiederholt umkristallisiertes und völlig wasserfreies Kaliumbichromat zum Liter auf. Ferner gibt man 15 ccm einer 10-prozentigen Jodkaliumlösung in ein dünnwandiges Kölbchen mit eingeriebenem Glasstopfen von etwa 250 ccm Raumgehalt, säuert die Lösung mit 5 ccm konzentrierter Salzsäure an und verdünnt sie mit 100 ccm Wasser. Unter tüchtigem Umschütteln gibt man alsdann 20 ccm der Kaliumbichromatlösung hinzu. Jeder Kubikzentimeter dieser Lösung macht genau 0,01 g Jod frei. Man läßt nun unter Umschütteln von der Natriumthiosulfatlösung zufließen, wodurch die anfangs stark braune Lösung immer heller wird, setzt, wenn sie nur noch weingelb ist, etwas Stärkelösung hinzu und läßt unter jeweiligem

kräftigem Schütteln noch soviel Natriumthiosulfatlösung vorsichtig zufließen, bis der letzte Tropfen die Blaufärbung der Jodstärke eben zum Verschwinden bringt. Die Kaliumbichromatlösung läßt sich lange unverändert aufbewahren und ist stets zur Nachprüfung des Gehalts der Natriumthiosulfatlösung, welcher besonders im Sommer öfters neu festzustellen ist, vorrätig zu halten.

Berechnung: Da 20 ccm der Kaliumbichromatlösung 0,2 g Jod freimachen, wird die gleiche Menge Jod von der verbrauchten Zahl Kubikzentimeter Natriumthiosulfatlösung gebunden. Daraus berechnet man, wieviel Jod 1 ccm Natriumthiosulfatlösung entspricht. Die erhaltene Zahl bringt man bei allen folgenden Versuchen in Rechnung.

3. Chloroform; am besten eigens gereinigt.

4. 10-prozentige Jodkaliumlösung.

5. Stärkelösung. Man erhitzt 1 bis 2 g löslicher Stärke in etwas destilliertem Wasser; einige Tropfen der unfiltrierten Lösung genügen für jeden Versuch.

Ausführung der Bestimmung der Jodzahl.

Man bringt 0,8 bis 1 g mit Wasser gewaschenes und geschmolzenes Kakaofett in ein Kölbchen der unter Nr. 2 beschriebenen Art, löst das Fett in 15 ccm Chloroform und läßt 30 ccm Jodlösung (Nr. 1) zufließen, wobei man das Meßgefäß (Pipette oder Bürette) bei jedem Versuch in genau gleicher Weise entleert. Sollte die Flüssigkeit nach dem Umschwenken nicht völlig klar sein, so wird noch etwas Chloroform hinzugefügt. Tritt binnen kurzer Zeit fast vollständige Entfärbung der Flüssigkeit ein, so muß man noch Jodlösung zugeben. Die Jodmenge muß so groß sein, daß noch nach 3 bis 4 Stunden die Flüssigkeit stark braun gefärbt erscheint. Nach dieser Zeit ist die Umsetzung beendet. Die Versuche sind bei 15 bis 18° anzustellen, die Einwirkung unmittelbaren Sonnenlichts ist zu vermeiden.

Man versetzt dann die Mischung mit 15 ccm Jodkaliumlösung (Nr. 4), schwenkt um und fügt 100 ccm Wasser hinzu. Scheidet sich hierbei ein roter Niederschlag aus, so war die zugesetzte Menge Jodkalium ungenügend, doch kann man diesen Fehler durch nachträglichen Zusatz von Jodkalium beseitigen. Man läßt nun unter oftmaligem Schütteln so lange Natriumthiosulfatlösung zufließen, bis die wässerige Flüssigkeit und die Chloroformschicht nur mehr schwach gefärbt sind. Jetzt wird etwas Stärkelösung zugegeben und zu Ende titriert. Mit jeder Versuchsreihe ist ein sogenannter blinder Versuch, d. h. ein solcher ohne Anwendung eines Fettes zur Prüfung der Reinheit der Reagentien (namentlich auch des Chloroforms) und zur Feststellung des Gehalts der Jodlösung zu verbinden.

Bei der Berechnung der Jodzahl ist der für den blinden Versuch nötige Verbrauch in Abzug zu bringen. Man berechnet aus den Versuchsergebnissen, wieviel Gramm Jod von 100 g Kakaofett aufgenommen worden sind, und erhält so die Hüblsche Jodzahl des Kakaofetts.

Da sich bei der Bestimmung der Jodzahl die geringsten Versuchsfehler in besonders hohem Maße geltend machen, so ist peinlich genaues Arbeiten erforderlich.

Zum Abmessen der Jod- und Thiosulfatlösungen sind genau eingeteilte Meßgefäße (Pipetten oder Büretten) und zwar für jede Lösung stets das gleiche Meßgerät zu verwenden.

d) Bestimmung der Verseifungszahl (der Köttstorferschen Zahl).

Man wägt 1 bis 2 g Kakaofett in einem Kölbchen aus Jenaer Glas von 150 ccm Raumgehalt ab, setzt 25 ccm einer annähernd halbnormalen alkoholischen Kalilauge hinzu und verschließt das Kölbchen mit einem durchbohrten Korke, durch dessen Öffnung ein 75 cm langes Kühlrohr aus Kaliglas führt. Man erhitzt die Mischung auf dem kochenden Wasserbade 15 Minuten lang zum schwachen Sieden. Um die Verseifung zu vervollständigen, ist der Kolbeninhalt durch öfteres Umschwenken, jedoch unter Vermeidung des Verspritzens an den Kühlrohrverschluß zu mischen. Das Ende der Verseifung ist daran zu erkennen, daß der Kolbeninhalt eine gleichmäßige, vollkommen klare Flüssigkeit darstellt, in der keine Fetttröpfchen mehr sichtbar sind. Man versetzt die vom Wasserbade genommene Lösung mit einigen Tropfen alkoholischer Phenolphtaleinlösung und titriert die noch heiße Seifenlösung sofort mit Halbnormalsalzsäure zurück. Das Ende der Umsetzung ist sehr scharf zu erkennen; die Flüssigkeit wird durch einen Überschuß von Säure rein gelb gefärbt.

Bei jeder Versuchsreihe sind mehrere blinde Versuche in gleicher Weise, d. h. unter 15 Minuten langer Erhitzung, aber ohne Anwendung von Fett, auszuführen, um den Wirkungswert der alkoholischen Kalilauge gegenüber der halbnormalen Salzsäure festzustellen.

Aus den Versuchsergebnissen berechnet man, wieviel Milligramm Kaliumhydroxyd erforderlich sind, um 1 g des Kakaofetts zu verseifen. Dies ist die Verseifungszahl oder Köttstorfersche Zahl des Kakaofetts.

e) Prüfung auf die Anwesenheit von Sesamöl.

5 ccm des geschmolzenen Fettes werden mit 0,1 ccm einer alkoholischen Furfurollösung (1 Raumteil farbloses Furfurol in 100 Raumteilen absolutem Alkohol) gelöst und mit 10 ccm Salzsäure vom spezifischen

Gewicht 1,19 mindestens ½ Minute lang kräftig geschüttelt. Wenn die am Boden sich abscheidende Salzsäure eine nicht alsbald verschwindende Rotfärbung zeigt, so ist die Gegenwart von Sesamöl nachgewiesen.

f) Die Björklundsche Ätherprobe.

3 g Fett werden mit 6 g Äther in einem verschlossenen Reagensglase auf 18° erwärmt. Bei Gegenwart von Wachs ist die Flüssigkeit getrübt. Ist die Lösung klar, so stellt man das Röhrchen in Wasser von 0° und beobachtet die Zeit, nach welcher eine Trübung eintritt. Bei Gegenwart von Rindstalg tritt bereits vor zehn Minuten eine deutliche Trübung ein, während bei reinem Kakaofett erst nach 10 bis 15 Minuten eine Trübung zu beobachten ist. Beim Erwärmen auf 18 bis 20° verschwindet die Trübung wieder.

g) Die Filsingersche Alkohol-Ätherprobe.

2 g Fett werden in einem eingeteilten Röhrchen geschmolzen und mit 6 ccm einer Mischung aus vier Teilen Äther und einem Teil Alkohol geschüttelt und bei Zimmerwärme beiseite gestellt. Reines Kakaofett liefert eine klarbleibende Lösung.

5. Bestimmung der Stickstoffverbindungen.

1 bis 2 g der Probe werden in einem etwa 600 ccm fassenden Rundkolben von Kali- oder Jenaer Glas nach dem Verfahren von Kjeldahl so lange erhitzt, bis die Flüssigkeit auch in der Hitze farblos erscheint. Alsdann übersättigt man die Flüssigkeit nach dem Erkalten mit etwa 80 ccm einer stickstofffreien Natronlauge von 1,35 spezifischem Gewicht, destilliert, fängt das Ammoniak in einer abgemessenen überschüssigen Menge Viertelnormalschwefelsäure auf und titriert die überschüssige Schwefelsäure zurück. Durch Vervielfältigung der gefundenen Menge des Stickstoffs mit 6,25 erhält man die Menge der vorhandenen Stickstoffverbindungen (als Protein angesehen).

6. Nachweis eines Zusatzes von stärkemehlhaltigen Stoffen und Bestimmung des Stärkemehls.

Der Nachweis fremder Stärke im Kakao und in Schokolade ist zunächst auf mikroskopischem Wege auszuführen. Zur Bestimmung ihrer Menge werden 5 bis 10 g der fein gepulverten Probe, welche durch Äther von Fett und durch verdünnten Branntwein (25 Prozent) von Zucker befreit ist, in einem bedeckten Fläschchen oder noch besser in einem bedeckten Zinnbecher von 150 bis 200 ccm Raumgehalt mit 100 ccm Wasser gemengt und in einem Soxhletschen Dampftopfe 3 bis 4 Stunden lang bei 3 Atmosphären Druck erhitzt. In Ermangelung eines

Dampftopfs kann man sich auch der Reischauer-Lintnerschen Druckfläschchen bedienen, welche 8 Stunden bei 108 bis 110° C. im Glyzerinbad erhitzt werden.

Der Inhalt des Bechers oder Fläschchens wird sodann noch heiß durch einen mit Asbest gefüllten Trichter filtriert und mit siedendem Wasser ausgewaschen.

Der Rückstand darf unter dem Mikroskope keine Stärkereaktion mehr geben. Das Filtrat wird auf etwa 200 ccm ergänzt und mit 20 ccm einer Salzsäure von 1,125 spezifischem Gewicht 3 Stunden lang am Rückflußkühler im kochenden Wasserbad erhitzt. Darauf wird rasch abgekühlt und mit soviel Natronlauge versetzt, daß die Flüssigkeit noch eben schwach sauer reagiert, dann auf 500 ccm aufgefüllt und in dieser Lösung, wenn nötig, nach dem Filtrieren die entstandene Glukose nach dem Verfahren von Allihn bestimmt. Die gefundene Glukosemenge mit 0,9 vervielfältigt, ergibt die entsprechende Menge Stärke.

Will man die Glukose maßanalytisch nach Soxhlet bestimmen, so ist die Zuckerlösung auf eine geringere Raummenge einzuengen.

7. Bestimmung der Rohfaser.

3 g der entfetteten Probe werden in einer Porzellanschale, welche bis zu einer im Innern angebrachten kreisförmigen Marke 200 ccm Flüssigkeit faßt, mit 200 ccm $1^1/_4$-prozentiger Schwefelsäure (von einer Lösung, welche 50 g konzentrierte Schwefelsäure im Liter enthält, nimmt man 50 ccm und setzt 150 ccm Wasser hinzu) genau $^1/_2$ Stunde unter Ersatz des verdampfenden Wassers gekocht, sofort durch ein dünnes Asbestfilter filtriert und mit heißem Wasser hinreichend ausgewaschen. Darauf spült man das Filter samt seinem Inhalt in die Schale zurück, gibt 50 ccm Kalilauge hinzu, welche 50 g Kalihydrat im Liter enthält, füllt bis zur Marke der Schale mit Wasser auf, kocht wiederum genau $^1/_2$ Stunde unter Ersatz des verdampfenden Wassers, filtriert durch ein neues Asbestfilter oder durch einen größeren Goochschen Tiegel und wäscht mit einer reichlichen Menge kochenden Wassers und darauf nach Entfernung des Filtrats aus der Saugflasche je zwei- bis dreimal mit Alkohol und Äther nach. Das alsdann sehr bald lufttrockene Filter nebst Inhalt hebt man mittelst eines Platiospatels ab und bringt es in eine ausgeglühte Platinschale. Die dem Trichter oder der Filterplatte etwa noch anhaftenden Teilchen des Filterinhalts bringt man mit einem Gummiwischer gleichfalls in die Platinschale. Diese wird 1 Stunde bei 100 bis 105° getrocknet und zum Erkalten unter eine Glasglocke gestellt. Sodann wird sie so schnell wie möglich gewogen, darauf kräftig geglüht, bis kein Aufleuchten von verbrennenden Rohfaserteilchen mehr stattfindet,

und nach dem Erkalten unter der Glasglocke wiederum schnell gewogen. Der Unterschied zwischen der ersten und zweiten Wägung ergibt die Menge der in 3 g der Probe vorhandenen Rohfaser.

Die auf diese Weise erhaltene Rohfaser enthält noch Stickstoffverbindungen (entsprechend 0,1 bis 0,4 Prozent Stickstoff), die jedoch in der Regel nicht berücksichtigt zu werden pflegen. Sollen sie berücksichtigt werden, so ermittelt man in einem gleich behandelten Teile der Probe nach dem zweiten Filtrieren den Stickstoff durch Verbrennen nach dem Verfahren von Kjeldahl, vervielfältigt die Menge des Stickstoffs mit 6,25 und bringt hiernach die sich ergebende Menge der Rohfaser in Abzug. Sehr stärkereiche Stoffe werden zweckmäßig vor dem Kochen mit der Säure und dem Alkali behufs Lösung der Stärke mit Malzaufguß behandelt.

8. Mikroskopische Untersuchung.

Bei der mikroskopischen Untersuchung ist das Hauptaugenmerk auf die fett-, aleuron- und stärkeführenden Parenchymzellen sowie auf die Pigmentzellen zu richten. Die Epidermis mit ihren Farbstoffkörnern ist eigenartig. Bei den Schalen sind die eigentümlichen Epidermiszellen, Sklereiden und Gefäßbündelelemente zu beachten.

Das Fett muß vor der mikroskopischen Untersuchung nach Möglichkeit durch Äther entfernt werden.

9. Schlußbestimmung.

Über jede Untersuchung ist der Amtsstelle, welche die Probe eingesandt hat, eine Befundsbescheinigung zu übermitteln, welche außer der genauen Bezeichnung der Probe Angaben über die Art und das Ergebnis der Ermittelungen sowie einen Vermerk über die Art der verwendeten Meßgeräte zu enthalten hat. Die ihrer Menge nach bestimmten Bestandteile der Probe sind auf Hundertteile der wasserfreien Ware zu berechnen.

XII. Mehl.

Anweisung zur zollamtlichen Prüfung von Mühlenfabrikaten.

(Zentralbl. f. d. Deutsche Reich. 1900, S. 168.)

(Auszugsweise.)

I. Bei der zollamtlichen Abfertigung von Roggen- und Weizenmehl, welches mit dem Anspruch auf Zollnachlaß oder auf Erteilung eines Einfuhrscheines zur Ausfuhr angemeldet wird, findet das Typenverfahren Anwendung. Zu diesem Zwecke erhalten die beteiligten Zollstellen die den festgesetzten Ausbeuteklassen entsprechenden Mustertypen, deren Benutzung nach Maßgabe der „Anleitung zur Prüfung von Roggen- und Weizenmehl auf trocknem und nassem Wege (Pekarisieren)“ (Anlage a) zu erfolgen hat.

Die Typen sind der Zollamtlichen Abfertigung derart zu Grunde zu legen, daß Roggen- und Weizenmehl von geringerer Beschaffenheit als die der deklarierten Ausbeuteklasse entsprechende Type innerhalb dieser Ausbeuteklasse zur Entlastung des Zollkontos oder zur Erteilung eines Einfuhrscheines nicht zugelassen ist.

Ergibt die Vergleichung mit den Typen erhebliche Zweifel an der Richtigkeit der Deklaration, so kann die Ermittlung des Aschengehalts von der Zollbehörde angeordnet werden. Sie muß erfolgen, wenn der Anmelder es beantragt. Bleiben auch nach Vornahme der Aschenprobe Zweifel an der Richtigkeit der Deklaration bestehen, oder ist die beantragte Zollbegünstigung ohne vorherige Prüfung des Aschengehalts abgelehnt worden, so ist dem Anmelder der Nachweis der Herstellung innerhalb der deklarierten Klasse aus seinen Büchern zu gestatten.

Bei der Abfertigung von Mehl aus Hartweizen oder einem Gemische von Mehl aus Hart- und Weichweizen oder einem aus einer Mischung von Hart- und Weichweizen hergestellten Mehl sind die Mustertypen nicht in Anwendung zu bringen. Derartige Fabrikate sind vielmehr stets für sich zu prüfen, in Zweifelsfällen ist ein technisches Gutachten einzuholen.

II. Bei der zollamtlichen Abfertigung von Kleie entscheiden die Zollbehörden nach freiem Ermessen darüber, ob ein als „Kleie" deklariertes Mühlenfabrikat zollamtlich als solches zu behandeln oder nach Nr. 25 q 2 des Tarifs zu verzollen ist. Wenn die Beamten bei einem als Kleie aus Weizen oder Roggen deklarierten und zweifellos aus diesem Rohmateriale gewonnenen Mühlenfabrikate wegen des Mehlgehaltes Bedenken gegen die zollfreie Ablassung haben und die Beteiligten sich der Denaturierung widersetzen, so hat umgehend die Untersuchung der Ware auf ihren Aschengehalt mit der Maßgabe stattzufinden, daß die Ware ohne vorgängige Denaturierung zollfrei abzulassen ist, wenn ihr Aschengehalt mindestens 4,1 Prozent in der Trockensubstanz beträgt.

Bestehen Bedenken gegen die zollfreie Ablassung eines als Kleie aus Gerste deklarierten, zweifellos aus diesem Rohmateriale gewonnenen Mühlenfabrikats und widersetzen sich die Beteiligten der Denaturierung, so ist die Ware zunächst dem in der Anlage b näher beschriebenen Siebverfahren zu unterwerfen. Beträgt hierbei das abgesiebte Mehl höchstens 50 Prozent und ist dasselbe von keiner helleren als weißlich-gelben Farbe, so kann die Ware ohne vorgängige Denaturierung zollfrei abgelassen werden. Bleiben auch nach dem Absieben noch Bedenken hinsichtlich der Beschaffenheit der Ware, namentlich mit Rücksicht auf die weiße Färbung des abgesiebten Mehles, so ist umgehend die Feststellung des Aschengehalts dieses Mehles mit der Maßgabe herbeizuführen, daß die zollfreie Ablassung der Ware ohne vorgängige Denaturierung zu erfolgen hat, wenn der Aschengehalt des Mehles mindestens 5 Prozent in der Trockensubstanz beträgt.

Ebenso ist bei einem von dem Abfertigungsbeamten der Nr. 25 q 2 des Tarifs zugewiesenen Mühlenfabrikate die Ermittelung des Aschengehalts — bei Fabrikaten aus Gerste nach vorausgegangenem Siebverfahren — herbeizuführen, wenn die Beteiligten dies verlangen und für den Fall, daß das Ergebnis zu ihren Ungunsten ausfällt, also ein geringerer als der in den vorhergehenden beiden Absätzen bezeichnete Mindestgehalt an Asche festgestellt wird, die Kosten der Untersuchung übernehmen. In diesem Falle ist die zollfreie Ablassung der Ware auch nach vorgängiger Denaturierung nicht zulässig.

In allen Fällen, in welchen bei der zollamtlichen Abfertigung von

Kleie keine oder eine unvollständige Deklaration vorliegt oder der Warendisponent sich zur Abgabe einer solchen außer stande erklärt oder Zweifel an der Richtigkeit der abgegebenen Deklaration bestehen oder Gemische verschiedener Kleiearten vorliegen, haben die Abfertigungsbeamten erforderlichenfalls nach vorgängiger Vernehmung von Sachverständigen zu entscheiden, welches von beiden Untersuchungsverfahren — ob dasjenige für Roggen- und Weizenkleie oder dasjenige für Gerstenkleie — anzuwenden ist.

Anleitung

zur Prüfung von Roggen- und Weizenmehl auf trockenem und nassem Wege (Pekarisieren).

(Anlage a.)

Das von dem Ungarn Pekár erfundene Verfahren der Mehlprüfung (das sogenannte Pekarisieren) beruht darauf, daß die feinsten Unterschiede der Mehle am besten hervortreten, wenn man die Proben naß macht.

In vereinfachter Weise läßt sich das Verfahren folgendermaßen ausführen:

Man läßt sich ein oder einige Brettchen aus Rotbuchen bezw. einem anderen harten Holze machen von etwa 22 cm Länge, 10 cm Breite und 7 mm Dicke. An dem einen Ende kann das Brett der Bequemlichkeit wegen in einen Handgriff auslaufen, doch ist dies nicht unbedingt erforderlich. Das Holz tränkt man zweckmäßig durch Überpinseln mit etwas Leinölfirnis und damit dieser besser einzieht, erwärmt man das Holz ein wenig. Ist es trocken, so kann es benutzt werden.

Man lege von der zu untersuchenden Probe ein Häufchen, etwa 2 Teelöffel voll, auf das Brett, bilde daraus ein kleines Rechteck, lege ein Blatt starken, glatten Papiers (am besten starkes Schreibpapier, Velinpapier oder glatten Karton) darauf, drücke mit einem flachen Lineal auf das Papier, entferne dann das letztere und beschneide mit einem größeren Messer oder einem Falzbeine die Kanten, so daß man ein scharf umschriebenes Rechteck von etwa 5 cm Länge, 3 cm Breite und 3 mm Höhe erhält.

Hierauf entnimmt man der Mehltype eine gleiche Menge, verfährt ebenso und schiebt das aus ihr gebildete Rechteck auf dem Brette vorsichtig an das erste. Sind mehrere Proben zu untersuchen, so wird mit den anderen ebenso verfahren.

Wenn alle Rechtecke nebeneinander liegen, legt man ein Stück mehrfach zusammengefaltetes glattes Papier oder ein Stück glatten Karton auf und drückt mit dem Lineal auf alle zugleich, damit alle Rechtecke gleich hoch werden. Erforderlichenfalls muß man, wenn dadurch die äußeren Ränder etwas undeutlich oder schräg geworden sein sollten, sie noch einmal beschneiden.

Man wird nun schon bei einiger Übung selbst in diesem trockenen Zustande Unterschiede in der Farbe des Mehles erkennen können. Ganz besonders sieht man auf der ebenen Oberfläche gut die kleinen schwarzen Stückchen der Radenschale, falls solche vorhanden sind, ebenso die gelben oder gelbbraunen Kleieteilchen, und kann somit beurteilen, ob ein Mehl kleiereicher ist als die Type.

Das alles tritt indessen noch viel besser hervor, wenn die Proben naß gemacht (pekarisiert) werden. Zu diesem Zweck steckt man das Brett mit den darauf liegenden Proben vorsichtig schräge in ein Gefäß mit Wasser (jeder Eimer genügt) und hält die Proben so lange unter Wasser, bis das Aufsteigen von Luftblasen, welche zuerst aus dem Mehle hervortreten, aufhört, was gewöhnlich schon nach einer Minute geschieht. Alsdann zieht man das Brett wieder heraus und wird nun die etwaigen Unterschiede zwischen einer Mehlsorte und der Type noch viel leichter erkennen können.

Am besten ist es, man läßt sich in einer Mühle das Pekarisieren zeigen; es ist das Verfahren in jeder größeren Mühle üblich und wird darum leicht zu sehen sein.

Stimmt übrigens das Mehl schon im trockenen Zustande mit der Type überein, oder ist es gar besser, so ist ein Naßmachen nicht notwendig.

Für den Gebrauch der Typen und Typenbilder ist außerdem noch folgendes zu beachten:

Beim Vergleichen zweier Mehle darf das Auge nicht weiter als 40 cm von denselben entfernt sein. Man stellt sich zweckmäßig mitten vor ein Fenster, damit von beiden Seiten gleichmäßiges Licht auf die Probe fällt, denn es kommt sehr auf die Beleuchtungsverhältnisse an. Legt man z. B. zwei Proben von einem und demselben Mehle in Gestalt von Rechtecken nebeneinander, so kann bei ungünstiger Beleuchtung oft das eine Rechteck dunkler als das andere erscheinen. Vertauscht man die beiden Rechecke, so daß das früher dunkler erscheinende Rechteck die Stelle des früher heller erscheinenden einnimmt, so erscheint nunmehr das früher dunkle als heller und das früher helle als dunkel.

Aufbewahrung: Die Typen sind in Blechbüchsen aufzubewahren, in welche zur Fernhaltung der Würmer ein Papierbeutelchen mit Naphtalin einzulegen ist. Die Blechbüchsen müssen an einem völlig trocknen und dunklen Orte, also z. B. innerhalb eines nicht mit Glaswänden versehenen Schrankes, untergebracht werden.

Behufs Prüfung, ob keine Würmer (Larven) Käfer, Motten oder deren Gespinste darin enthalten sind, müssen die Büchsen mindestens alle 4 Wochen geöffnet werden, denn das hinzugepackte Naphtalin bietet keinen genügenden Schutz für die Reinhaltung des Mehles. Der Öffnung bedarf es auch deshalb, weil sonst das Mehl dumpfig wird. Sollten sich Würmer, Gespinste oder dergleichen vorfinden, so ist das Mehl durch ein größeres Sieb zu sieben und auf diese Weise zu reinigen. Ganz besonders ist auf das Auftreten von Gespinsten zu achten, welche midestens von den. neuerdings sehr verheerend auftretenden Mehlmotten (Ephestia Kühniella) herrühren. Diese Tiere vermehren sich so stark, daß sie in 8—14 Tagen das Mehl völlig unbrauchbar machen können, indem ihre großen weißlichen Larven (Würmer) das Mehl mit ihrem Gespinste ganz durchziehen.

Endlich empfiehlt es sich, in jede Büchse einen Zettel mit der Bezeichnung Roggen- oder Weizenmehltype zu legen, damit im Falle des Abspringens des außen angeklebten Etiketts eine Verwechselung vermieden wird.

Anleitung
für das Siebverfahren zur Prüfung von Gerstenkleie.

(Anlage b.)

Zur Prüfung von Kleie benutze man ein einfaches, rechtwinkliges Handsieb, bestehend in einen Holzrahmen von 22 cm Länge, 15 cm Breite und 5 cm Höhe, der mit bester Beutelgaze (Seidengaze) Nr. 8 bespannt ist. Von einem Deckel ist Abstand zu nehmen, da eine Beobachtung der Kleie während des Siebens zweckmäßig ist. Ebenso bedarf es eines Untersatzes nicht, weil nur das Gewicht der Rückstände von Belang ist.

Man schütte 50 g auf das Sieb und siebe in freier Hand so lange, bis nichts mehr durchfällt, höchstens aber 3 Minuten unter fortwährenden Anstoßen des Siebes an die Handfläche, bald in drehender bald in schüttelnder Bewegung. Man wiederhole alsdann die Siebung mit einer zweiten Probe von 50 g der Kleie, wäge jedesmal den Rückstand und rechne die Gewichte beider zusammen, wodurch man den Rückstand in Prozenten ermittelt.

Besonders ist darauf zu achten, daß trockne Kleie verwendet wird. Feuchte Kleie läßt sich durch Beutelgaze Nr. 8 nicht sieben und muß gegebenen Falls vorher getrocknet werden.

(Aus der alten „Anweisung" von 1894.)

Bemerkungen bezüglich der Ermittelung des Aschengehalts von Mehl und Kleie.

1. Es empfiehlt sich, etwa 2 g Substanz zur Veraschung anzuwenden, welche selbstverständlich genau gewogen werden muß.

2. Man leite die Veraschung so, daß die Asche nicht schmilzt oder zusammensintert, was zuerst an den Spitzen der verkohlten Masse sich bemerkbar zu machen pflegt, da etwaige zurückbleibende Kohleteilchen in der verglasten Asche schwer zu veraschen sind und auch eine teilweise Verflüchtigung bezw. Umsetzung der Salze zu befürchten ist. Man nehme deswegen keine zu starke Flamme.

3. Die Asche muß vollkommen weiß sein, was oft sehr lange Zeit erfordert, wenn man nicht etwa die Verbrennung im Sauerstoffstrome vornimmt. Zur Beschleunigung des Weißwerdens sind, wie bei vielen Veraschungen üblich, einige Tropfen chemisch reiner Ammoniumnitratlösung hinzuzufügen.

4. Die Asche ist wegen ihrer Hygroskopizität unter den üblichen Vorsichtsmaßregeln zu wägen.

Erlaß des sachsen-altenburgschen Ministeriums v. 7. Juli 1898, in Verfolg von Reichswegen veranlaßter (aber nicht veröffentlichter) Schritte.

(Veröffentl. d. Kaiserl. Gesundheitsamts 1900, S. 909.)

(Der Erlaß gibt Kenntnis von der Zufuhr großer Mengen amerikanischen, mit Maismehl verfälschtem Weizenmehl.)

Anleitung zur Erkennung von Maismehl in Weizenmehl.

(Hierzu 1 Tafel.)

Der Nachweis von Maismehl wird auf mikroskopischem Wege geführt und gründet sich auf die Beschaffenheit der Stärkekörner.

Im reinen Weizenmehl findet man teils ganze Zellen (Fig. 1) oder Bruchstücke von solchen mit Stärkekörnern erfüllt, teils einzelne Stärkekörner (Fig. 2 und 3). Je „griffiger" oder „griesiger" das Mehl ist, desto zahlreicher sind ganze Zellen, und das ist besonders beim amerikanischen Weizenmehl der Fall.

Die Stärkekörner des Weizens sind in zwei Formen vorhanden: als Großkörner und als Kleinkörner. Zwischen beiden kommen wenig Übergänge vor.

Die Großkörner (Fig. 2) sind dick-linsenförmig von Gestalt, von der Fläche gesehen unregelmäßig kreisrund oder oval, von der hohen Kante gesehen länglich elliptisch oder lanzettlich, häufig mit dunklem deutlich erkennbarem Längsspalt. Ihre Größe ist verschieden und schwankt beim amerikanischen Weizenmehl, soweit solches untersucht werden konnte, zwischen 0,023 bis 0,038 mm, meist beträgt sie 0,030 mm.

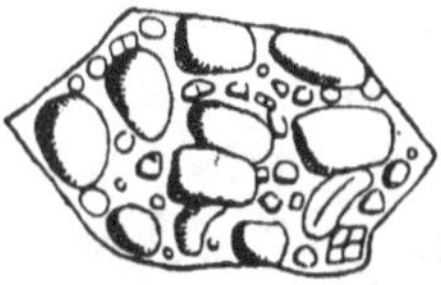
Fig. 1.

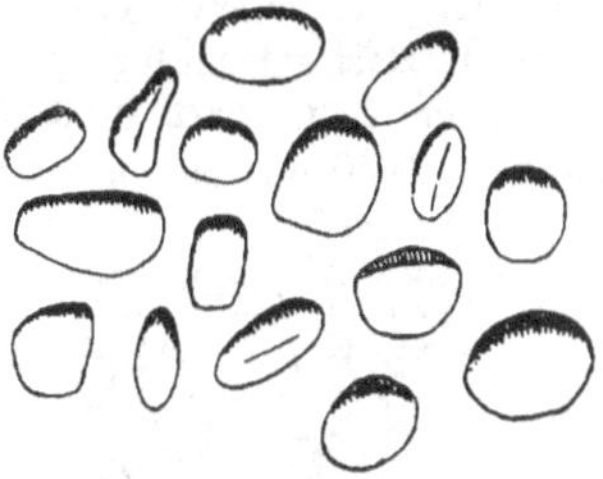
Fig. 2.

Fig. 3.

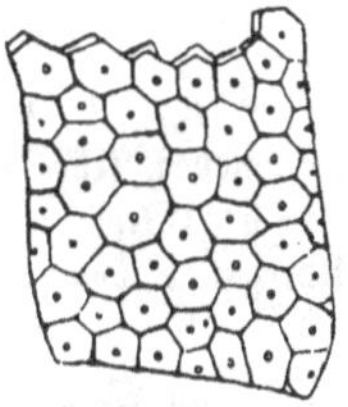
Fig. 4.

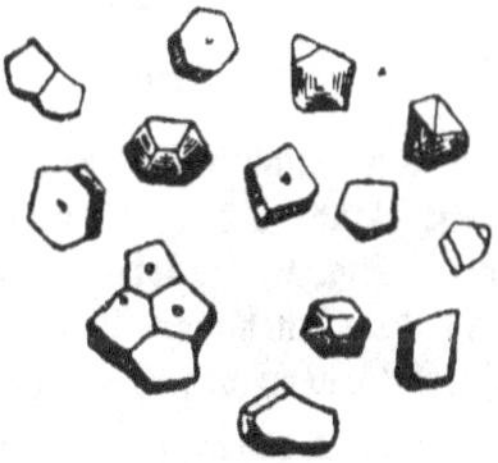
Fig. 5.

Die Kleinkörner der Weizenstärke (Fig. 3) sind bedeutend kleiner als die Großkörner, etwa 0,003 bis 0,006 mm und teils rundlich, teils eckig. Letztere sind weniger häufig und hängen mitunter noch zu mehreren zusammen, da sie Teile von zusammengesetzten Körnern sind.

Ferner ist zu beachten, daß Großkörner und Kleinkörner in den gleichen Zellen vereinigt sind; die Großkörner sind dicht von Kleinkörnern umgeben, und letztere füllen die von dem ersteren gelassenen Zwischenräume fast ganz aus.

Der Mais hat ebenfalls zwei Arten von Stärkekörnern, welche aber nicht in denselben Zellen liegen. Im äußeren, glasigen oder hornigen Teile des Maiskornes sind sie eckig und liegen dicht gedrängt aneinander (Fig. 4), im inneren, mehligen Teile aber sind sie rundlich und locker gelagert.

Die Ausdehnung des hornigen und des mehligen Teils ist bei den einzelnen Maissorten verschieden; so ist z. B. das sogenannte „Flintkorn" (Feuerstein-Mais) durch und durch glasig, während andere, wie z. B. viele „Pferdezahn-Mais"-Sorten verhältnismäßig stark mehlig und nur am äußersten Rande glasig sind.

Die scharfkantigen Stärkekörner aus dem hornigen Teile des Maises finden sich im Mehl zwar häufig zu mehreren zusammenhängend, sind aber niemals zusammengesetzte, sondern stets Einzelkörner (Fig. 5). Sie haben im Mittel einen Durchmesser von 0,017 bis 0,020 mm, selten erreichen sie 0,030 mm oder gar mehr.

Fig. 6.

Fig. 7.

Die rundlichen Stärkekörner aus dem mehligen Teile haben meist 0,009 bis 0,015 mm im Durchmesser, sehr selten 0,020 mm oder mehr (Fig. 6). Übrigens kommen an der Grenze zwischen dem hornigen und dem mehligen Teile auch Übergänge von eckigen zu rundlichen Stärkekörnern vor (Fig. 7).

Der Nachweis von Maismehl im Weizenmehl verursacht dann keine besonderen Schwierigkeiten, wenn eckige Stärkekörner aus dem hornigen Teile des Maiskorns in ausreichender Menge vorhanden sind oder sich ganze Zellen oder Bruchstücke von solchen mit vielen eckigen Körnern finden (Fig. 4 und 5). Letztere zeigen außerordentlich scharfe Umrisse und tiefe Schatten an den Seiten und besitzen außerdem meistens einen deutlich sichtbaren, zentral gelegenen Spalt (Kernhöhle). Von den kleinen eckigen Teilkörnern der Weizenstärke ist die eckige Maisstärke durch ihre Größe leicht zu unterscheiden.

Schwieriger gestaltet sich der Nachweis, wenn sehr mehliger Mais verwendet wurde, und solchen werden die Müller gerade vorziehen. Da nämlich viele Weizen-Großkörner nur 0,020 mm messen, so können diese in Mischmehlen leicht mit den rundlichen Körnern der Maisstärke verwechsel werden. Außerdem liegen im mehligen Mais die Stärkekörner — wie gesagt — nicht so dicht zusammen, wie im hornigen, sondern trennen sich leicht beim Vermahlen, so daß sich im Mehl nur

Einzelkörner finden. Zwei Umstände führen jedoch in fraglichen Fällen zur Unterscheidung. Einmal sind die Maisstärkekörner dicker als die Körner der Weizenstärke und haben mehr „Körperlichkeit", d. h. sie zeigen unter dem Mikroskop scharfe schwarze Ränder, und zweitens ist auch bei den rundlichen Körnern der Maisstärke in den meisten Fällen eine spalt- oder kreisförmige Kernhöhle erkennbar. Beide Merkmale — „Körperlichkeit" und Kernhöhle müssen jedoch zusammentreffen, wenn man ein einigermaßen sicheres Urteil fällen will.

In zweifelhaften Fällen tut man gut, eine kleine Probe des zu untersuchenden Mehles mit einer Lösung von 8 Teilen Chloralhydrat in 5 Teilen Wasser 24 Stunden hindurch (nicht länger) in einem verschlossenen Glase stehen zu lassen. Im Chloralhydrat quellen die Stärkekörner auf, sie verkleistern jedoch die Maisstärke weniger als die Weizenstärke. Untersucht man dann nach Ablauf von 24 Stunden, so kann man schon bei schwächerer Vergrößerung die noch scharf umrandeten Maisstärkekörner oder ganze Verbände von solchen von den matt erscheinenden Körnern der Weizenstärke unterscheiden. Auf diese Weise erhält man auch eine bessere Vorstellung von der Menge des Maismehlzusatzes, welche sich bei der bloßen mikroskopischen Untersuchung nur schwer abschätzen läßt.

Hat man nicht genügend Zeit, um die Behandlung mit Chloralhydrat durchzuführen, so erwärme man 2 g Mehl mit 100 g Wasser im Wasserbade auf 70—72° C. und untersuche dann mit dem Mikroskop. Die Weizenstärke ist verkleistert, ihre Körner sind gequollen, während die Maisstärkekörner — runde wie eckige — wohl erhalten geblieben sind. Man tut gut, sämtliche Untersuchungen vorher oder gleichzeitig an selbst hergestellten Gemischen von Weizen- und Maismehl auszuführen, um den Blick für die Unterscheidungsmerkmale der einzelnen Stärkeformen zu schärfen. Die Schale des Maiskornes, welche anders gebaut ist, wie die des Weizens, kann nicht gut als Hilfsmittel zur Erkennung des Maismehles herangezogen werden, da Schalenteile in den meisten Fällen im Mehl nicht vorhanden sind.

Erklärung der Figuren.

Figur 1 Stärkezelle aus Weizenmehl.

Figur 2 Großkörner der Weizenstärke.

Figur 3 Kleinkörner der Weizenstärke.

Figur 4 Bruchstück einer Zelle aus dem hornigen Teile des Maiskorns.

Figur 5 Stärkekörner aus dem hornigen Teile des Maiskorns.

Figur 6 Stärkekörner aus dem mehligen Teile des Maiskorns.

Figur 7 Übergangsformen zwischen den in Figur 5 und 6 dargestellten Stärkekörnern des Maiskorns.

XIII. Farben, Gespinste, Gewebe.

(Untersuchung auf Arsen- und Zinngehalt.)

Bekanntmachung des Reichskanzlers vom 10. April 1888.
(Zentralblatt f. d. Deutsche Reich. 1888. S. 131 ff.)

Anleitung

für die Untersuchung von Farben, Gespinsten und Geweben auf Arsen und Zinn (§ 1 Abs. 3, § 7 Abs. 2 des Gesetzes, betr. die Verwendung gesundheitsschädlicher Farben bei der Herstellung von Nahrungsmitteln, Genußmitteln und Gebrauchsgegenständen, vom 5. Juli 1887).

A. Verfahren zur Feststellung des Vorhandenseins von Arsen und Zinn in gefärbten Nahrungs- oder Genußmitteln (§ 1 des Gesetzes).

I. Feste Körper.

1. Bei festen Nahrungs- oder Genußmitteln, welche in der Masse gefärbt sind, werden 20 g in Arbeit genommen, bei oberflächlich gefärbten wird die Farbe abgeschabt und ist soviel des Abschabsels in Arbeit zu nehmen, als einer Menge von 20 g des Nahrungs- oder Genußmittels entspricht. Nur wenn solche Mengen nicht verfügbar gemacht werden können, darf die Prüfung auch an geringeren Mengen vorgenommen werden.

2. Die Probe ist durch Reiben oder sonst in geeigneter Weise fein zu zerteilen und in einer Schale aus echtem Porzellan mit einer zu messenden Menge reiner Salzsäure von $1,_{10}$ bis $1,_{12}$ spez. Gewicht und soviel destilliertem Wasser zu versetzen, daß das Verhältnis der Salzsäure zum Wasser etwa wie 1 zu 3 ist. In der Regel werden 25 ccm Salzsäure und 75 ccm Wasser dem Zwecke entsprechen.

Man setzt nun $0_{,5}$ g chlorsaures Kalium hinzu, bringt die Schale auf ein Wasserbad und fügt — sobald ihr Inhalt die Temperatur des Wasserbades angenommen hat — von 5 zu 5 Minuten weitere kleine Mengen von chlorsaurem Kalium zu, bis die Flüssigkeit hellgelb, gleichförmig und dünnflüssig geworden ist. In der Regel wird ein Zusatz von im ganzen 2 g des Salzes dem Zwecke entsprechen. Das verdampfende Wasser ist dabei von Zeit zu Zeit zu ersetzen. Wenn man den genannten Punkt erreicht hat, so fügt man nochmals $0_{,5}$ g chlorsaures Kalium hinzu und nimmt die Schale alsdann von dem Wasserbade. Nach völligem Erkalten bringt man ihren Inhalt auf ein Filter, läßt die Flüssigkeit in eine Kochflasche von etwa 400 ccm völlig ablaufen und erhitzt sie auf dem Wasserbade, bis der Geruch nach Chlor nahezu verschwunden ist. Das Filter samt dem Rückstande, welcher sich in der Regel zeigt, wäscht man mit heißem Wasser gut aus, verdampft das Waschwasser im Wasserbade bis auf etwa 50 ccm und vereinigt diese Flüssigkeit samt einem etwa darin entstandenen Niederschlage mit dem Hauptfiltrate. Man beachte, daß die Gesamtmenge der Flüssigkeit mindestens das Sechsfache der angewendeten Salzsäure betragen muß. Wenn z. B. 25 ccm Salzsäure verwendet wurden, so muß das mit dem Waschwasser vereinigte Filtrat mindestens 150, besser 200 bis 250 ccm betragen.

3. Man leitet nun durch die auf 60 bis 80° C. erwärmte und auf dieser Temperatur erhaltene Flüssigkeit 3 Stunden lang einen langsamen Strom von reinem, gewaschenem Schwefelwasserstoffgas, läßt hierauf die Flüssigkeit unter fortwährendem Einleiten des Gases erkalten und stellt die dieselbe enthaltende Kochflasche, mit Filtrierpapier leicht bedeckt, mindestens 12 Stunden an einen mäßig warmen Ort.

4. Ist ein Niederschlag entstanden, so ist derselbe auf ein Filter zu bringen, mit schwefelwasserstoffhaltigem Wasser auszuwaschen und dann in noch feuchtem Zustande mit mäßig gelbem Schwefelammonium zu behandeln, welches vorher mit etwas ammoniakalischem Wasser verdünnt worden ist. In der Regel werden 4 ccm Schwefelammonium, 2 ccm Ammoniakflüssigkeit von etwa $0_{,96}$ spez. Gewicht und 15 ccm Wasser dem Zwecke entsprechen. Den bei der Behandlung mit Schwefelammonium verbleibenden Rückstand wäscht man mit schwefelammoniumhaltigen Wasser aus und verdampft das Filtrat und das Waschwasser in einem tiefen Porzellanschälchen von etwa 6 cm Durchmesser bei gelinder Wärme bis zur Trockne. Das nach der Verdampfung Zurückbleibende übergießt man, unter Bedeckung der Schale mit einem Uhrglase, mit etwa 3 ccm roter, rauchender Salpetersäure und dampft dieselbe bei gelinder Wärme behutsam ab. Erhält man hierbei einen im feuchten Zustande gelb erscheinenden Rückstand, so schreitet man zu der sogleich zu beschreibenden

Behandlung. Ist der Rückstand dagegen dunkel, so muß er von neuem so lange der Einwirkung von roter, rauchender Salpetersäure ausgesetzt werden, bis er im feuchten Zustande gelb erscheint.

5. Man versetzt den noch feuchten Rückstand mit fein zerriebenem kohlensaurem Natrium, bis die Masse stark alkalisch reagiert, fügt 2 g eines Gemenges von 3 Teilen kohlensaurem mit 1 Teil salpetersaurem Natrium hinzu und mischt unter Zusatz von etwas Wasser, so daß eine gleichartige, breiige Masse entsteht. Die Masse wird in dem Schälchen getrocknet und vorsichtig bis zum Sintern oder beginnenden Schmelzen erhitzt. Eine weitergehende Steigerung der Temperatur ist zu vermeiden. Man erhält so eine farblose oder weiße Masse. Sollte dies ausnahmsweise nicht der Fall sein, so fügt man noch etwas salpetersaures Natrium hinzu, bis der Zweck erreicht ist. [1])

6. Die Schmelze weicht man in gelinder Wärme mit Wasser auf und filtriert durch ein nasses Filter. Ist Zinn zugegen, so befindet sich dieses nun im Rückstande auf dem Filter in Gestalt weißen Zinnoxyds, während das Arsen als arsensaures Natrium im Filtrat enthalten ist. Wenn ein Rückstand auf dem Filter verblieben ist, so muß berücksichtigt werden, daß auch in das Filtrat kleine Mengen Zinn übergegangen sein können. Man wäscht den Rückstand einmal mit kaltem Wasser, dann dreimal mit einer Mischung von gleichen Teilen Wasser und Alkohol aus, dampft die Waschflüssigkeit soweit ein, daß das mit dieser vereinigte Filtrat etwa 10 ccm beträgt und fügt verdünnte Salpetersäure tropfenweise hinzu, bis die Flüssigkeit eben sauer reagiert. Sollte hierbei ein geringer Niederschlag von Zinnoxydhydrat entstehen, so filtriert man denselben ab und wäscht ihn wie oben angegeben aus. Wegen der weiteren Behandlung zum Nachweise des Zinns vgl. Nr. 10.

7. Zum Nachweise des Arsens wird dasselbe zunächst in arsenmolybdänsaures Ammonium übergeführt. Zu diesem Zwecke vermischt man die nach obiger Vorschrift mit Salpetersäure angesäuerte, durch Erwärmen von Kohlensäure und salpetriger Säure befreite, darauf wieder abgekühlte, klare (nötigenfalls filtrierte) Lösung, welche etwa 15 ccm betragen wird. in einem Kochfläschchen mit etwa gleichem Raumteile einer Auflösung von molybdänsaurem Ammonium in Salpetersäure [2])

---

[1]) Sollte die Schmelze trotzdem schwarz bleiben, so rührt dies in der Regel von einer geringen Menge Kupfer her, da Schwefelkupfer in Schwefelammonium nicht ganz unlöslich ist.

[2]) Die oben bezeichnete Flüssigkeit wird erhalten, indem man 1 Teil Molybdänsäure in 4 Teilen Ammoniak von etwa $0,_{96}$ spez. Gewicht löst und die Lösung in 15 Teile Salpetersäure von $1,_{2}$ spez. Gewicht gießt. Man läßt die Flüssigkeit dann einige Tage in mäßiger Wärme stehen und zieht sie, wenn nötig, klar ab.

und läßt zunächst 3 Stunden ohne Erwärmen stehen. Enthielte nämlich die Flüssigkeit infolge mangelhaften Auswaschens des Schwefelwasserstoff-Niederschlages etwas Phosphorsäure, so würde sich diese als phosphormolybdänsaures Ammonium abscheiden, während bei richtiger Ausführung der Operationen ein Niederschlag nicht entsteht.

8. Die klare bezw. filtrierte Flüssigkeit erwärmt man auf dem Wasserbade, bis sie etwa 5 Minuten lang die Temperatur des Wasserbades angenommen hat.[1]) Ist Arsen vorhanden, so entsteht ein gelber Niederschlag von arsenmolybdänsaurem Ammonium, neben welchem sich meist auch weiße Molybdänsäure ausscheidet. Man gießt die Flüssigkeit nach einstündigem Stehen durch ein Filterchen von dem der Hauptsache nach in der kleinen Kochflasche verbleibenden Niederschlage ab, wäscht diesen zweimal mit kleinen Mengen einer Mischung von 100 Teilen Molybdänlösung, 20 Teilen Salpetersäure von $1,_{2}$ spez. Gewicht und 80 Teilen Wasser aus, löst ihn dann unter Erwärmen in 2 bis 4 ccm wässriger Ammonflüssigkeit von etwa $0,_{96}$ spez. Gewicht, fügt etwa 4 ccm Wasser hinzu, gießt, wenn erforderlich, nochmals durch das Filterchen, setzt $^1/_4$ Raumteil Alkohol und dann 2 Tropfen Chlormagnesium-Chlorammonium-Lösung hinzu. Das Arsen scheidet sich sogleich oder beim Stehen in der Kälte als weißes, mehr oder weniger kristallinisches arsensaures Ammonium-Magnesium ab, welches abzufiltrieren und mit einer möglichst geringen Menge einer Mischung von 1 Teil Ammoniak, 2 Teilen Wasser und 1 Teil Alkohol auszuwaschen ist.

9. Man löst alsdann den Niederschlag in einer möglichst kleinen Menge verdünnter Salpetersäure, verdampft die Lösung bis auf einen ganz kleinen Rest und bringt einen Tropfen auf ein Porzellanschälchen, einen anderen auf ein Objektglas. Zu ersterem fügt man einen Tropfen einer Lösung von salpetersaurem Silber, dann vom Rande aus einen Tropfen wässriger Ammonflüssigkeit von $0,_{96}$ spez. Gewicht; ist Arsen vorhanden, so muß sich in der Berührungszone ein rotbrauner Streifen von arsensaurem Silber bilden. Den Tropfen auf dem Objektglase macht man mit einer möglichst kleinen Menge wässriger Ammonflüssigkeit alkalisch; ist Arsen vorhanden, so entsteht sogleich oder sehr bald ein Niederschlag von arsensaurem Ammonmagnesium, der, unter dem Mikroskope betrachtet, sich als aus spießigen Kriställchen bestehend erweist.

10. Zum Nachweise des Zinns ist das, oder sind die das Zinnoxyd enthaltenden Filterchen zu trocknen, in einem Porzellantiegelchen

---

[1]) Am sichersten ist es, das Erhitzen so lange fortzusetzen, bis sich Molybdänsäure auszuscheiden beginnt.

einzuäschern und demnächst zu wägen.[1]) Nur wenn der Rückstand (nach Abzug der Filterasche) mehr als 2 mg beträgt, ist eine weitere Untersuchung auf Zinn vorzunehmen. In diesem Falle bringt man den Rückstand in ein Porzellanschiffchen, schiebt dieses in eine Röhre von schwer schmelzbarem Glase, welche vorn zu einer langen Spitze mit feiner Öffnung ausgezogen ist, und erhitzt in einem Strom reinen, trocknen Wasserstoffgases bei allmählich gesteigerter Temperatur, bis kein Wasser mehr auftritt, bis somit alles Zinnoxyd reduziert ist. Man läßt im Wasserstoffstrom erkalten, nimmt das Schiffchen aus der Röhre, neigt es ein wenig, bringt wenige Tropfen Salzsäure von $1,_{10}$ bis $1,_{12}$ spez. Gewicht in den unteren Teil desselben, schiebt es wieder in die Röhre, leitet einen langsamen Strom Wasserstoff durch dieselbe, neigt sie so, daß die Salzsäure im Schiffchen mit dem reduzierten Zinn in Berührung kommt, und erhitzt ein wenig. Es löst sich dann das Zinn unter Entbindung von etwas Wasserstoff in der Salzsäure zu Zinnchlorür. Man läßt im Wasserstoffstrom erkalten, nimmt das Schiffchen aus der Röhre, bringt nötigenfalls noch einige Tropfen einer Mischung von 3 Teilen Wasser und 1 Teil Salzsäure hinzu und prüft Tropfen der erhaltenen Lösung auf Zinn mit Quecksilberchlorid, Goldchlorid und Schwefelwasserstoff, und zwar mit letzterem vor und nach Zusatz einer geringen Menge Bromsalzsäure oder Chlorwasser.

Bleibt beim Behandeln des Schiffchen-Inhalts ein schwarzer Rückstand, der in Salzsäure unlöslich ist, so kann derselbe Antimon sein.

II. Flüssigkeiten, Fruchtgelees u. dgl.

11. Von Flüssigkeiten, Fruchtgelees und dergleichen ist eine solche Menge abzuwägen, daß die darin enthaltene Trockensubstanz etwa 20 g beträgt, also z. B. vom Himbeersyrup etwa 30 g, von Johannisbeergelee etwa 35 g, von Rotwein, Essig oder dergleichen etwa 800 bis 1000 g. Nur wenn solche Mengen nicht verfügbar gemacht werden können, darf die Prüfung auch an einer geringeren Menge vorgenommen werden.

12. Fruchtsäfte, Gelees und dergleichen werden genau nach Abschnitt I mit Salzsäure, chlorsaurem Kalium usw. behandelt; dünne, nicht sauer reagierte Flüssigkeiten konzentriert man durch Abdampfen bis auf einen kleinen Rest und behandelt diesen nach Abschnitt I mit Salzsäure und chlorsaurem Kalium usw.; dünne, sauer reagierende Flüssigkeiten aber

---

[1]) Sollte der Rückstand infolge eines Gehaltes an Kupferoxyd schwarz sein, so erwärmt man ihn mit Salpetersäure, verdampft im Wasserbad zur Trockne, setzt einen Tropfen Salpetersäure und etwas Wasser zu, filtriert, wäscht aus, glüht und wägt erst dann.

destilliert man bis auf einen geringen Rückstand ab und behandelt diesen nach Abschnitt I mit Salzsäure, chlorsaurem Kalium usw. — In das Destillat leitet man nach Zusatz von etwas Salzsäure ebenfalls Schwefelwasserstoff und vereinigt einen etwa entstehenden Niederschlag mit dem nach Nr. 3 zu erhaltenden.

B. Verfahren zur Feststellung des Arsengehalts in Gespinsten oder Geweben (§ 7 des Gesetzes).

13.[1]) Man zieht 30 g des zu untersuchenden Gespinstes oder Gewebes, nachdem man dasselbe zerschnitten hat, drei bis vier Stunden lang mit destilliertem Wasser bei 70 bis 80° C. aus, filtriert die Flüssigkeit, wäscht den Rückstand aus, dampft Filtrat und Waschwasser bis auf etwa 25 ccm ein, läßt erkalten, fügt 5 ccm reine konzentrierte Schwefelsäure hinzu und prüft die Flüssigkeit im Marshschen Apparat unter Anwendung arsenfreien Zinks auf Arsen.

Wird ein Arsenspiegel erhalten, so war Arsen in wasserlöslicher Form in dem Gespinste oder Gewebe vorhanden.

14. Ist der Versuch unter Nr. 13 negativ ausgefallen, so sind weitere 10 g des Stoffes anzuwenden und dem Flächeninhalte nach zu bestimmen. Bei Gespinsten ist der Flächeninhalt durch Vergleichung mit einem Gewebe zu ermitteln, welches aus einem gleichartigen Gespinste derselben Fadenstärke hergestellt ist.

15. Wenn die nach Nr. 13 und 14 erforderlichen Mengen des Gespinstes oder Gewebes nicht verfügbar gemacht werden können, dürfen die Untersuchungen an geringeren Mengen, sowie im Falle der Nr. 14 auch an einem Teile des nach Nr. 13 untersuchten, mit Wasser ausgezogenen, wieder getrockneten Stoffes vorgenommen werden.

16. Das Gespinst oder Gewebe ist in kleine Stücke zu zerschneiden, welche in eine tubulierte Retorte aus Kaliglas von etwa 400 ccm Inhalt zu bringen und mit 100 ccm reiner Salzsäure von $1{,}_{19}$ spez. Gewicht zu übergießen sind. Der Hals der Retorte sei ausgezogen und in stumpfem Winkel gebogen. Man stellt dieselbe so, daß der an den Bauch stoßende Teil des Halses schief aufwärts, der andere Teil etwas schräg abwärts gerichtet ist.

[1]) Es bleibt dem Untersuchenden unbenommen, vorweg mit dem Marshschen Apparate an einer genügend großen Probe festzustellen, ob überhaupt Arsen in dem Gespinnste oder Gewebe vorhanden ist. Bei negativem Ausfalle eines solchen Versuches bedarf es nicht der weiteren Prüfungen nach Nr. 13 usw., 16 usw.

Letzteren schiebt man in die Kühlröhre eines Liebigschen Kühlapparates und schließt die Berührungsstelle mit einem Stücke Kautschuckschlauch. Die Kühlröhre führt man luftdicht in eine tubulierte Vorlage von etwa 500 ccm Inhalt. Die Vorlage wird mit etwa 200 ccm Wasser beschickt und, um sie abzukühlen, in eine mit kaltem Wasser gefüllte Schale eingetaucht. Den Tubus der Vorlage verbindet man in geeigneter Weise mit einer mit Wasser beschickten Peligotschen Röhre.

17. Nach Ablauf von etwa einer Stunde bringt man 5 ccm einer aus Kristallen bereiteten kaltgesättigten Lösung von arsenfreiem Eisenchlorür in die Retorte und erhitzt deren Inhalt. Nachdem der überschüssige Chlorwasserstoff entwichen, steigert man die Temperatur, so daß die Flüssigkeit ins Kochen kommt und destilliert, bis der Inhalt stärker zu steigen beginnt. Man läßt jetzt erkalten, bringt nochmals 50 ccm der Salzsäure von $1,_{19}$ spez. Gewicht in die Retorte und destilliert in gleicher Weise ab.

18. Die durch organische Substanzen braun gefärbte Flüssigkeit in der Vorlage vereinigt man mit dem Inhalt der Peligotschen Röhre, verdünnt mit destilliertem Wasser etwa auf 600 bis 700 ccm und leitet, anfangs unter Erwärmen, dann in der Kälte, reines Schwefelwasserstoffgas ein.

19. Nach 12 Stunden filtriert man den braunen zum Teil oder ganz aus organischen Substanzen bestehenden Niederschlag auf einem Asbestfilter ab, welches man durch entsprechendes Einlegen von Asbest in einen Trichter, dessen Röhre mit einem Glashahn versehen ist, hergestellt hat. Nach kurzem Auswaschen des Niederschlags schließt man den Hahn und behandelt den Niederschlag in dem Trichter unter Bedecken mit einer Glasplatte oder einem Uhrglas mit wenigen ccm Bromsalzsäure, welche durch Auflösen von Brom in Salzsäure von $1,_{19}$ spez. Gewicht hergestellt worden ist. Nach etwa halbstündiger Einwirkung läßt man die Lösung durch Öffnen des Hahns in dem Fällungskolben abfließen, an dessen Wänden häufig noch geringe Anteile des Schwefelwasserstoff-Niederschlages haften. Den Rückstand auf dem Asbestfilter wäscht man mit Salzsäure von $1,_{19}$ spez. Gewicht aus.

20. In dem Kolben versetzt man die Flüssigkeit wieder mit überschüssigem Eisenchlorür und bringt den Kolbeninhalt unter Nachspülen mit Salzsäure von $1,_{19}$ spez. Gewicht in eine entsprechend kleinere Retorte eines zweiten, im übrigen dem in Nr. 16 beschriebenen gleichen Destillierapparates, destilliert, wie in Nr. 17 angegeben, ziemlich weit ab, läßt erkalten, bringt nochmals 50 ccm Salzsäure von $1,_{19}$ spez. Gewicht in die Retorte und destilliert wieder ab.

21. Das Destillat ist jetzt in der Regel wasserhell. Man verdünnt

es mit destilliertem Wasser auf etwa 700 ccm, leitet Schwefelwasserstoff wie in Nr. 18 angegeben ein, filtriert nach 12 Stunden das etwa niedergefallene dreifach Schwefelarsen auf einem, nacheinander mit verdünnter Salzsäure, Wasser und Alkohol ausgewaschenen, bei 110° C. getrockneten und gewogenen Filterchen ab, wäscht den Rückstand auf dem Filter erst mit Wasser, dann mit absolutem Alkohol, mit erwärmtem Schwefelkohlenstoff und schließlich wieder mit absolutem Alkohol aus, trocknet bei 110° C. und wägt.

22. Man berechnet aus dem erhaltenen dreifachen Schwefelarsen die Menge des Arsens und ermittelt, unter Berücksichtigung des nach Nr. 14 festgestellten Flächeninhalt der Probe, die auf 100 qcm des Gespinstes oder Gewebes entfallende Arsenmenge.

XIV. Wollengarn.

Bundesratsbeschluß vom 30. Januar 1896, Bekanntmachung des Reichskanzlers v. 6. Februar 1896, Zentralbl. f. d. Deutsche Reich 1896, Nr. 7.

Anleitung
zur Bestimmung des Baumwollengehalts im Wollengarn.

In einem 1 Liter fassenden Becherglas übergießt man 5 g Wollengarn mit 200 ccm zehnprozentiger Natronhydratlösung, bringt sodann die Flüssigkeit über einer kleinen Flamme langsam (in etwa 20 Minuten) zum Sieden und erhält dieselbe während weiterer 15 Minuten in einem gelinden Sieden. In dieser Zeit wird die Wolle vollständig aufgelöst.

Bei appretierten Wollengarnen hat der Behandlung mit Natronhydrat eine solche mit dreiprozentiger Salzsäure voranzugehen; hierauf ist die zu untersuchende Probe so lange mit heißem Wasser auszuwaschen, bis empfindliches Lackmuspapier nicht mehr gerötet wird.

Nach der Auflösung der Wolle filtriert man die Flüssigkeit durch einen sogenannten Goochschen Tiegel (einem kleinen etwa 4 bis 5 cm hohen Porzellantiegel mit engmaschigem Sieb als Boden, auf welchen erforderlichenfalls eine Schicht Asbest gelegt wird), trocknet alsdann bei gelinder Wärme den Tiegel samt den darin zurückgebliebenen Baumwollenfasern und läßt die hygroskopische Masse vor dem Verwiegen noch einige Zeit an der Luft stehen.

Die Gewichtsdifferenz des Tiegels vor und nach der Beschickung gibt das Gewicht der Baumwollenfasern.

XV. Petroleum.

Bekanntmachung.

(Zentralbl. f. d. Deutsche Reich. 1882. Nr. 16. S. 196 ff.)

Auf Grund des § 2 der Kaiserlichen Verordnung vom 24. Februar d. J., über das gewerbsmäßige Verkaufen und Feilhalten von Petroleum (Reichs-Gesetzbl. S. 40), werden nachstehend die Beschreibung des gemäß dieser Verordnung zur Untersuchung des Petroleums auf seine Entflammbarkeit anzuwendenden Abelschen Petroleumprobers, nebst zugehörigen Zeichnungen, sodann die Gebrauchs-Anweisung für den Abelschen Petroleumprober und die Umrechnungs-Tabelle zur Ermittelung des maßgebenden Entflammungspunktes (§ 2 Abs. 2 a. a. O.) zur öffentlichen Kenntnis gebracht. Die Veröffentlichung der näheren Bedingungen für eine amtliche Beglaubigung von Exemplaren des mehrerwähnten Probers bleibt vorbehalten. Inzwischen können einzelne Musterexemplare bei der Kaiserlichen Normal-Eichungs-Kommission besichtigt werden. Die letztere ist bereit, den Fabrikanten und sonstigen Interessenten auf desfallsiges Verlangen nähere Auskunft zu erteilen.

Beschreibung des in Gemäßheit der Kaiserlichen Verordnung vom 24. Februar 1882 zur Untersuchung des Petroleums auf seine Entflammbarkeit anzuwendenden Abelschen Petroleumprobers.

(Wird jedem Apparat beigegeben und deshalb hier fortgelassen.)

Anweisung für die Untersuchung des Petroleums auf seine Entflammbarkeit mittelst des Abelschen Petroleumprobers.

I. Vorbereitungen.

1. Wahl des Arbeitsraumes.

Für die Untersuchung des Petroleums ist ein möglichst zugfreier Platz in einem Arbeitsraum von der mittleren Temperatur bewohnter Zimmer zu wählen.

2. Behandlung des Petroleums vor Beginn der Untersuchung.

Das Petroleum ist vor der Untersuchung in einem geschlossenen Behälter innerhalb des Arbeitsraumes genügend lange aufzubewahren, so daß es nahezu die Temperatur des letzteren angenommen hat.

3. Ablesung des Barometerstandes und Festsetzung des Wärmegrades, bei welchem das Proben zu beginnen hat.

Vor Beginn der Untersuchung wird der Stand eines geeigneten, im Arbeitsraume befindlichen Barometers in ganzen Millimetern abgelesen und auf Grund desselben aus nachfolgender Tafel derjenige Wärmegrad des Petroleums (s. Nr. 12) ermittelt, bei welchem das Proben durch das erste Öffnen des Schiebers zu beginnen hat.

Bei einem Barometerstande							erfolgt der Beginn des Probens
	von	685	bis einschließlich	695	mm	bei	+ 14,0 ° C.
von mehr als		695	" "	705	"	"	14,5
" " "		705	" "	715	"	"	15,0
" " "		715	" "	725	"	"	15,5
" " "		725	" "	735	"	"	16,0
" " "		735	" "	745	"	"	16,0
" " "		745	" "	755	"	"	16,5
" " "		755	" "	765	"	"	17,0
" " "		765	" "	775	"	"	17,0
" " "		775	" "	785	"	"	17,5

4. Ermittelung des maßgebenden Entflammungspunktes.

Weicht der gemäß Nr. 3 gefundene Barometerstand von dem in § 1 der Verordnung vom 24. Februar 1882 bezeichneten Normal-Barometerstande (760 mm) um mehr als $2^1/_2$ mm nach oben oder unten ab, so ist noch derjenige Wärmegrad zu ermitteln, welcher gemäß § 2 Absatz 2 daselbst bei dem jeweiligen Barometerstande dem Normal-Entflammungspunkte (21° C. bei 760 mm) entspricht und maßgebend ist. Zu diesem Zwecke sucht man in der obersten Zeile der Umrechnungstabelle (S. 14) die der Höhe des beobachteten Barometerstandes am nächsten kommende Zahl ab, geht in der mit dieser Zahl überschriebenen Spalte bis zu der durch einen leeren Raum oberhalb und unterhalb hervorgehobenen Zeile hinab. Die Zahl, auf welche man in dieser Zeile trifft, bezeichnet den maßgebenden Wärmegrad, unter welchem das Petroleum entflammbare Dämpfe nicht abgeben darf, wenn es nicht den Beschränkungen in § 1 der Verordnung vom 24. Februar 1882 unterliegen soll. (Beispiele:

Zeigt das Barometer einen Stand von 742 mm, so liegt der maßgebende Wärmegrad bei $20,_3$ ° C., zeigt es jedoch 744 mm, so liegt derselbe bei $20,_5$ ° C.)

5. Aufstellung des Probers.

Nach Ausführung der in Nr. 3 und 4 vorgeschriebenen Ermittelungen wird der Prober, zunächst ohne das Petroleumgefäß, so aufgestellt, daß die rote Marke des in den Wasserbehälter eingehängten Thermometers sich nahezu in gleicher Höhe mit den Augen des Untersuchenden befindet.

6. Füllung des Wasserbehälters und Vorwärmung des Bades.

Hierauf wird der Wasserbehälter durch den Trichter mit Wasser von + 50° bis + 52° C. soweit gefüllt, daß dasselbe anfängt durch das Abflußrohr abzulaufen.

Ist Wasser von der erforderlichen Wärme anderweitig nicht zu beschaffen, so kann man den Wasserbehälter des Probers selbst, unter Anwendung der beigegebenen Spirituslampe oder eines Gasbrenners oder dergleichen, dazu benutzen, das Wasser vorzuwärmen. Bei dieser Art der Vorwärmung ist aber jedenfalls eine Überhitzung des Tragringes an dem Dreifuße zu vermeiden.

7. Füllung der Zündungslampe.

Die mit einem rund geflochtenen Dochte versehene Zündungslampe wird mit loser Watte angefüllt, und so lange Petroleum auf die Watte gegossen, bis diese und der Docht sich gehörig vollgesogen haben. Hierauf wird der nicht angesogene Überschuß an Petroleum durch Auftupfen mit einem Tuch entfernt, die Watte aber in der Lampe belassen. Die Mündung der Docht-Tülle ist zugleich von etwa anhaftendem Ruße zu befreien.

8. Reinigung des Petroleumgefäßes und seines Deckels, sowie des zugehörigen Thermometers, Behandlung des Petroleums unmittelbar vor der Einfüllung.

Das Petroleumgefäß und sein Deckel nebst zugehörigem Thermometer werden nunmehr, jedes für sich, gut gereinigt und erforderlichen Falles mit Fließpapier getrocknet.

Der Schluß der Vorbereitungen besteht darin, daß das Petroleum, falls seine Temperatur (s. Nr. 2) nicht mindestens 2 Grad unter dem gemäß Nr. 3 ermittelten Wärmegrade liegt, bis zu 2 Grad unter letzterem abgekühlt wird. Das Gefäß ist auf dieselbe Temperatur zu bringen, wie das Petroleum, und, falls es zu diesem Zwecke in Wasser getaucht wurde, aufs neue sorgfältig zu trocknen.

II. Das Proben.

9. Erwärmung des Wasserbades auf + $54{,}_5$ bis 55° C.

Nach Beendigung aller Vorbereitungen und nach genügender Vorwärmung des Wasserbades wird dieses mit Hilfe der Spirituslampe auf den durch eine rote Marke an dem Thermometer des Wasserbehälters hervorgehobenen Wärmegrad von + $54{,}_5$ bis 55° C. gebracht.

10. Befüllung des Petroleumgefäßes und Aufsetzung des Deckels.

Inzwischen wird das Petroleum mit Hilfe der Glaspipette behutsam in das Gefäß so weit eingefüllt, daß die äußerste Spitze der Füllungsmarke sich eben noch über den Flüssigkeitsspiegel erhebt. Eine Benetzung der oberhalb der Marke liegenden Seitenwandungen des Gefäßes ist unter allen Umständen zu vermeiden; sollte sie trotz aller Vorsicht erfolgt sein, so ist das Gefäß sofort zu entleeren, sorgfältig auszutrocknen und mit frischem Petroleum zu befüllen. Etwaige an der Oberfläche des Petroleums sich zeigende Blasen werden mittels der frischen Kohlenspitze eines eben ausgebrannten Streichhölzchens vorsichtig entfernt.

Unmittelbar nach der Einfüllung wird der Deckel auf das Gefäß gesetzt.

11. Einhängung des Petroleumgefäßes.

Das befüllte Petroleumgefäß wird hierauf mit Vorsicht und ohne das Petroleum zu schütteln, in den Wasserbehälter eingehängt, nachdem konstatiert ist, daß der Wärmegrad des Wasserbades + 55° C. beträgt. Die Spirituslampe wird nach dieser Konstatierung ausgelöscht.

Hatte die Wärme des Wasserbades 55° C. bereits überschritten, so ist sie durch Nachgießen kleiner Mengen kalten Wassers in den Trichter des Wasserbehälters bis auf 55° C. zu erniedrigen.

12. Entzündung des Zündflämmchens und Aufzug des Triebwerkes.

Nähert sich die Temperatur des Petroleums in dem Petroleumgefäße dem gemäß Nr. 3 ermittelten Wärmegrade, so brennt man das Zündflämmchen an und reguliert dasselbe dahin, daß es, seiner Größe nach, der auf dem Gefäßdeckel befindlichen weißen Perle ungefähr gleichkommt. Ferner zieht man das Triebwerk auf, indem man den Kopf desselben in der Richtung des darauf markierten Pfeiles bis zum Anschlag dreht.

13. Das eigentliche Proben.

Sobald das Petroleum den für den Anfang des Probens vorgeschriebenen Wärmegrad erreicht hat, drückt man mit der Hand gegen den Auslösungshebel des Triebwerks, worauf der Drehschieber seine langsame und gleichmäßige Bewegung beginnt und in zwei vollen Zeit-Sekunden beendet. Während dieser Zeit beobachtet man, indem man jede störende Luftbewegung, namentlich auch das Atmen gegen den Apparat, vermeidet, das Verhalten des der Oberfläche des Petroleums sich nähernden Zündflämmchens. Nachdem das Triebwerk zur Ruhe gekommen, wird es sofort von neuem aufgezogen, und man wiederholt die Auslösung des Triebwerks und den Zündungsversuch, sobald das Thermometer im Petroleumgefäß um einen halben Grad weiter gestiegen ist. Dies wird von halbem zu halbem Grad so lange fortgesetzt, bis eine Entflammung erfolgt.

Das Zündflämmchen wird sich besonders in der Nähe des Entflammungspunktes durch eine Art von Lichtschleier etwas vergrößern, doch bezeichnet erst das blitzartige Auftreten einer größeren blauen Flamme, welche sich über die ganze freie Fläche des Petroleums ausdehnt, das Ende des Versuchs und zwar auch dann, wenn das in vielen Fällen durch die Entflammung verursachte Erlöschen des Zündflämmchens nicht eintritt.

Derjenige Wärmegrad, bei welchem die Zündvorrichtung zum letzten Male, d. h. mit deutlicher Entflammungswirkung in Bewegung gesetzt wurde, bezeichnet den Entflammungspunkt des untersuchten Petroleums.

III. Wiederholungen des Probens und Schluß der Prüfungen.

14. Wiederholung des Probens.

Nach der Beendigung des ersten Probens ist die Prüfung in der vorgeschriebenen Weise mit einer anderen Portion desselben Petroleums zu wiederholen. Zuvor läßt man den erwärmten Gefäßdeckel abkühlen, während dessen man das Petroleumgefäß zu entleeren, im Wasser abzukühlen, auszutrocknen und frisch zu beschicken hat.

Auch das in das Gefäß einzusenkende Thermometer und der Gefäßdeckel sind vor der Neubeschickung des Petroleumgefäßes sorgfältig mit

Fließpapier zu trocknen, insbesondere sind auch alle etwa den Deckel- oder den Schieberöffnungen noch anhaftenden Petroleumspuren zu entfernen.

Vor der Einsetzung des Gefäßes in den Wasserbehälter wird das Wasserbad mittels der Spirituslampe wieder auf 55° C. erwärmt.

15. Anzahl der erforderlichen Wiederholungen.

Ergibt die wiederholte Prüfung einen Entflammungspunkt, welcher um nicht mehr als einen halben Grad von dem zuerst gefundenen abweicht, so nimmt man den Mittelwert der beiden Zahlen als den scheinbaren Entflammungspunkt an, d. h. als denjenigen Wärmegrad, bei welchem unter dem jeweiligen Barometerstande die Entflammung eintritt.

Beträgt die Abweichung des zweiten Ergebnisses von dem ersten einen Grad oder mehr, so ist eine nochmalige Wiederholung der Prüfung erforderlich. Wenn alsdann zwischen den drei Ergebnissen sich größere Unterschiede als $1^1/_2$ Grad nicht vorfinden, so ist der Durchschnittswert aus allen drei Ergebnissen als scheinbarer Entflammungspunkt zu betrachten.

Sollten ausnahmsweise sich stärkere Abweichungen zeigen, so ist, sofern es sich nicht um sehr leichtes, beim ersten Öffnen des Schiebers entflammtes und deshalb unzweifelhaft zu verwerfendes Petroleum handelt, die ganze Untersuchung des Petroleums auf seine Entflammbarkeit zu wiederholen. Vorher ist jedoch der Prober und die Art seiner Anwendung einer gründlichen Revision zu unterziehen. Dieselbe hat sich wesentlich auf die Richtigkeit der Aufsetzung des Gefäßdeckels, der Einsenkung des Thermometers in das Gefäß und der Einhängung der Zündungslampe, sowie auf die hinreichende Ausführung der Reinigung aller einzelnen Apparatteile zu erstrecken.

16. Schluß.

Ist der gemäß Nr. 15 gefundene, dem Mittelwerte der wiederholten Untersuchungen entsprechende, Entflammungspunkt niedriger als der gemäß Nr. 4 ermittelte maßgebende Entflammungspunkt, so ist das untersuchte Petroleum den Beschränkungen des § 1 der Verordnung vom 24. Februar 1882 unterworfen.

Will man noch denjenigen Entflammungspunkt ermitteln, welcher bei Zugrundelegung des normalen Barmometerstandes (760 mm) an die Stelle des unter dem jeweiligen Barometerstande gefundenen Entflammungspunktes treten würde, so sucht man zunächst in der, dem letzteren Barometerstande entsprechenden Spalte der Umrechnungstabelle (s. Nr. 4) diejenige Gradangabe, welche dem beobachteten Entflammungspunkte am nächsten kommt. Hierbei werden Bruchteile von einem halben Zehntel oder mehr für ein volles Zehntel gerechnet, geringere Bruchtteile aber unberücksichtigt gelassen. In der Zeile, in welcher die hiernach berechnete Gradangabe steht, geht man bis zu derjenigen Spalte, welche oben mit 760 überschrieben ist (der Spalte der fettgedruckten Zahlen). Die Zahl, bei welcher jene Zeile und diese Spalte zusammentreffen, zeigt den gewünschten, auf den Normal-Barometerstand umgerechneten Entflammungspunkt an.

Beispiel.

Der Barometerstand betrage 727 Millimeter. Da eine besondere Spalte für 727 mm in der Tabelle nicht vorhanden ist, so ist die mit 725 mm überschriebene entsprechende Spalte maßgebend. Das erste Proben habe ergeben $19,_0{}^0$ C., das zweite $20,_5{}^0$ C., das hiernach erforderte dritte $19,_5{}^0$ C. Der Durchschnittswert beträgt somit $19,_{67}{}^0$ C. Derselbe wird abgerundet auf $19,_7{}^0$ C. In der mit 725 überschriebenen Spalte findet man als der Zahl $19,_7$ am nächsten kommen die Zahl $19,_8$. In der Zeile, in welcher diese Zahl steht, findet man jetzt in der mit 760 überschriebenen Spalte die fettgedruckte Zahl $21,_0$. Die letztere ist somit der auf den Normal-Barometerstand umgerechnete Entflammungspunkt des untersuchten Petroleums.

Umrechnungstabelle.

Barometerstand in Millimetern.																				
685	690	695	700	705	710	715	720	725	730	735	740	745	750	755	**760**	765	770	775	780	785
Entflammungspunkte nach Graden des hundertteiligen Thermometers.																				
16,4	16,6	16,7	16,9	17,1	17,3	17,4	17,6	17,8	18,0	18,1	18,3	18,5	18,7	18,8	**19,0**	19,2	19,4	19,5	19,7	19,9
16,9	17,1	17,2	17,4	17,6	17,8	17,9	18,1	18,3	18,5	18,6	18,8	19,0	19,2	19,3	**19,5**	19,7	19,9	20,0	20,2	20,4
17,4	17,6	17,7	17,9	18,1	18,3	18,4	18,6	18,8	19,0	19,1	19,3	19,5	19,7	19,8	**20,0**	20,2	20,4	20,5	20,7	20,9
17,9	18,1	18,2	18,4	18,6	18,8	18,9	19,1	19,3	19,5	19,6	19,8	20,0	20,2	20,3	**20,5**	20,7	20,9	21,0	21,2	21,4
18,4	18,6	18,7	18,9	19,1	19,3	19,4	19,6	19,8	20,0	20,1	20,3	20,5	20,7	20,8	**21,0**	21,2	21,4	21,5	21,7	21,9
18,9	19,1	19,2	19,4	19,6	19,8	19,9	20,1	20,3	20,5	20,6	20,8	21,0	21,2	21,3	**21,5**	21,7	21,9	22,0	22,2	22,4
19,4	19,6	19,7	19,9	20,1	20,3	20,4	20,6	20,8	21,0	21,1	21,3	21,5	21,7	21,8	**22,0**	22,2	22,4	22,5	22,7	22,9
19,9	20,1	20,2	20,4	20,6	20,8	20,9	21,1	21,3	21,5	21,6	21,8	22,0	22,2	22,3	**22,5**	22,7	22,9	23,0	23,2	23,4
20,4	20,6	20,7	20,9	21,1	21,3	21,4	21,6	21,8	22,0	22,1	22,3	22,5	22,7	22,8	**23,0**	23,2	23,4	23,5	23,7	23,9
20,9	21,1	21,2	21,4	21,6	21,8	21,9	22,1	22,3	22,5	22,6	22,8	23,0	23,2	23,3	**23,5**	23,7	23,9	24,0	24,2	24,4
21,4	21,6	21,7	21,9	22,1	22,3	22,4	22,6	22,8	23,0	23,1	23,3	23,5	23,7	23,8	**24,0**	24,2	24,4	24,5	24,7	24,9
21,9	22,1	22,2	22,4	22,6	22,8	22,9	23,1	23,3	23,5	23,6	23,8	24,0	24,2	24,3	**24,5**	24,7	24,9	25,0	25,2	25,4
22,4	22,6	22,7	22,9	23,1	23,3	23,4	23,6	23,8	24,0	24,1	24,3	24,5	24,7	24,8	**25,0**	25,2	25,4	25,5	25,7	25,9

Berlin, den 20. April 1882.

Der Reichskanzler.
Am Auftrage: Bosse.

Nachtrag zu VII. Wein.

Der Bundesrat hat am 24. Februar 1906 (Zentralblatt f. d. Deutsche Reich. S. 452) eine

Verschnittwein-Zollordnung

erlassen. Sie enthält gegen die S. 120—123 mitgeteilte „Anleitung usw." folgende bemerkenswerte Abweichungen:

§ 1. Begriffsbestimmung und Zollsatz. Im Sinne der vertragsmäßigen Vereinbarungen gelten

A. als Verschnittweine solche rote Naturweine von Trauben, welche in 100 Gewichtsteilen mindestens 9,5 und höchstens 20 Gewichtsteile Weingeist und im Liter Flüssigkeit bei 100° mindestens 28 g trockenen Extrakt enthalten;

B. als Verschnittmoste solche frische Moste von Trauben zu roten Wein, welche eine dem Mindestgehalte der Verschnittweine an Weingeist entsprechende Menge Fruchtzucker und außerdem im Liter Flüssigkeit bei 100° mindestens 28 g trockenen Extrakt enthalten.

. . .

1. Für die Destillation der Proben ist das Verfahren der Anlage 2 zu § 16 der Alkoholermittlungsordnung (S. 124 ff. dieses Buches) angeordnet unter Wegfall des Salzzusatzes und der Verdünnung.
2. Die Zuckerbestimmung bei Mosten ist stets, bei Weinen nur in besonderen Fällen auszuführen. Es ist Titration mit Fehlingscher Lösung vorgeschrieben. (Vgl. das alphabetische Register.)

Sachregister.

(Die Zahlen verweisen auf die Seiten.)

L.

M.

N.

O.

P.

T.

U.

V.

W.

Z.

Druck von A. Rietz & Sohn in Naumburg a. S.

FSC
www.fsc.org
MIX
Papier | Fördert gute Waldnutzung
FSC® C083411

Kolibri 360 GmbH
Ferdinand-Jühlke-Straße 7
99095 Erfurt, Deutschland
produktsicherheit@kolibri360.de